개정판

투사그림 검사의 이해

미술심리진단평가

개정판

투사그림 검사의 이해

미술심리진단평가

Diagnostic Test of Art Psychology

오승진 · 류정미 공저

dm 동문사

머 리 말

우리나라에서 미술치료는 1992년 미술치료학회가 설립된 지 30여 년의 시간이 흘러 성숙한 청·장년기에 접어들었다. 그동안 미술치료는 대학과 관련 학회에서 많은 미술치료사가 배출되면서 심리센터나 병원 등 다양한 기관에서 심리치료 프로그램으로 가장 선호하는 예술치료 분야로 자리매김했음은 물론 학문적으로 그 위상을 정립했다.

오늘날 건강의 개념이 단순히 질병이 없는 상태가 아닌 삶의 질과 사회적 안녕감은 물론 영적 성장으로까지 확대되면서 행복한 삶을 영위하려는 일반인에게까지 예술로서의 치유에 대한 관심이 높아지고 있다.

미술은 고유의 표현력, 창조성 그리고 언어에서 담지 못하는 인간 내면의 무의식의 상징과 의미들을 담아내며, 이런 것을 통해 자신을 이해하는 성숙시킬 수 있는 예술 분야이다. 또한 누구나 특별한 훈련 없이 쉽게 접근할 수 있고 즐거움을 줄 수 있는 분야로, 다양한 예술치료 중 가장 많이 활용되며, 프로그램 후 효과나 만족도가 높기 때문에 미술치료의 수요는 갈수록 높아져가고 있다.

미술치료는 다른 치료나 상담 프로그램과 마찬가지로 면담-심리진단-프로그램 구성 및 진행-평가라는 과정을 거치게 된다. 이런 과정에서 초기 내담자가 가지고 있는 심리적 문제를 찾는 것이 프로그램을 통한 치료적 개입에 있어 매우 중요한 역할을 한다.

내담자의 심리평가는 상담자의 소견, 면담의 내용과 심리진단척도 등을 종합하게 되는데 이 책은 심리진단 중 투사적 그림검사법으로 심리센터 등 현장에서 일반적으로 많이 활용되고 있는 대표적인 14개의 그림 진단 검사를 다루었다. 특히 보건복지부 장애재활서비스에서 실시하는 미술재활 국가인정자격을 위한 필수교과목 중 미술심리진단평가 과목의 내용에 맞게 책을 구성하여 향후 시험이나 자격인정에 적합하도록 했다.

이 책의 구성은 다음과 같다.

1장과 2장은 투사적 그림검사의 기본적인 이해를 위한 개념과 면담 기법, 그림 진단에 있어 그림을 이해하기 위한 조형의 문제를 다루었다. 3장에서 5장까지는 그림 진단 검사의 중심이라고 할 수 있는 인물화 검사와 HTP, KHTP를 설명했고, 6장에서 10장까지는 학교생활화와 여러 종류의 가족화를 소개했다. 가족화를 많이 다룬 것은 개인의 문제가 가족을 구성하는 가장 작은 단위의 사회라고 할 수 있는 가정에서 이루어지기 때문에 가족을 이해하는 것이 내담자가 가진 문제의 원인을 찾는 데 중요한 요소가 되기 때문이다. 11장에서 16장까지는 개인의 심리정서문제로 많이 다루어지는 애착장애, 우울, 대처능력, 자존감 등의 문제를 해석할 수 있는 진단도구로 구성했다.

이 책은 그간 시중에 출간된 많은 그림 진단 및 해석에 대한 책들을 편집하여 내용을 구성했다. 그간 미술치료사나 상담사들이 그림 진단을 공부하며 어려움을 겪었던 것 중 하나인 진단도구의 일관되지 못한 구성 체계를 해소하기 위해 이 책에서는 그림 진단 검사의 개요, 목표, 실시방법, 해석방법, 사례 등을 일목요연하게 정리하여 그림 진단을 공부하려는 전공자들에게 도움이 되도록 했다. 한편 그림검사도구와 심리검사도구가 어떤 관련이 있는지를 제시하여 대상자의 문제를 진단하는 데 다양한 검사방법을 활용할 수 있는 방법을 제시했다.

끝으로 이 책이 나오기까지 도움을 준 많은 분들에게 감사의 마음을 전한다. 임상현장에서 사례를 보내준 현장의 미술치료사에게 감사를 드린다. 또 이 책이 출판될 수 있도록 교정과 편집을 도와준 동문사 출판사에도 감사의 마음을 전한다.

2025년

오승진 · 류정미

차례

Contents

Chapter 04 집-나무-사람(HTP)

Chapter 05 동적 집-나무-사람(KHTP)

Chapter 06 동적 가족화(KFD)

Chapter 07 동적 학교생활화(KSD)

Chapter 08 동그라미 중심 가족화(PSCD)

Chapter 09 동물 가족화(AFD)

Chapter 10 동적 물고기 가족화(KFFD)

Chapter 11 새둥지화(BND)

Chapter 12 빗속의 사람(PITR)

Chapter 13 풍경구성법(LMT)

Chapter 14 사과 따는 사람 그림검사(PPAT)

Chapter 15 별-파도 그림검사(SWT)

Chapter 16 그림 이야기법(DAS)

Chapter

01

투사적 그림검사의 이해

1. 투사적 그림검사의 개요
2. 투사적 그림검사 평가를 위한 면담방법

1. 투사적 그림검사의 개요

투사적 검사는 내담자가 검사자극에 반응하는 방식에서 자신의 성격이나 갈등, 동기가 드러난다고 가정한다. 내담자가 자신의 반응을 어떻게 구성하고 조직하는지, 자극에 어떻게 반응하는지, 어떤 설명을 부가하는지 등은 그 개인의 심리적 특성과 관련된다.

인간을 이해하는 데 사용되는 여러 심리평가 중 그림이나 미술을 매체로 사용하는 경우 '투사적 그림검사'라고 한다. 그림검사의 기본적 가정은 다소 모호한 시간 혹은 언어자극을 제시하고 내담자가 자극을 재구성하도록 하며 그 과정에서 자신도 모르게 무의식적으로 드러나는 내담자의 욕구나 감정을 그의 성격의 일부로써 분석 및 해석할 수 있다는 것이다. 인간 개개인의 정신세계를 외부에서 직접 관찰할 수 없으므로 그림을 통해 잠재되어 있는 무의식을 관찰할 수 있다는 점에서 그림이 갖는 가치가 크다고 볼 수 있다. 그림검사는 프로이드의 무의식과 융의 정신역동 이론에서 비롯된 것으로, 그림을 그리는 순간 그림이 개인의 정신세계를 들여다볼 수 있게 해준다고 믿어왔다. 그림을 자신의 평가도구로 사용하는 많은 심리학자들과 자신의 사상과 감정을 작품에 투사하는 화가들은 이와 같은 개념을 끊임없이 지지해왔다고 볼 수 있다. 그림 속의 상징 개념은 여러 가지 기능을 한다. Hammer(1997)는 "누군가는 상징이 알 수 없고, 설명 불가한, 단어로도 옮길 수 없으며, 수많은 성질을 지니고 있는 요소"라고 설명했다. 앞에서 언급한 상징의 성격을 고려해볼 때, 그림에서 적절히 사용된다면 무의식을 의식화하는 매개체로서의 역할은 크다고 할 수 있다.

1) 투사적 그림검사의 역사

19세기 말 유럽에서는 정신장애 환자들의 그림에 대한 관심이 증가하면서 그림이 정신병리의 진단에 도움을 주는 도구로 사용될 수 있다는 인식을 하기 시작했고, 20세기 초에는 정신장애 환자들의 그림이 정신분열증 같은 정신장애 진단을 확증해줄 수 있을 만큼 타당성을 지닌다는 견해가 당대 환자들 사이에 광범위하게 퍼지게 되었다.

Hans Prinzhorn은 정신장애와 그림 간의 밀접한 관계를 경험적으로 입증하고자 했다. 그는 1920년대 유럽 전역에 걸쳐 500명이 넘는 정신병원 환자들로부터 5,000여 점의 그림을 수집했고, 이를 바탕으로 1972년 『정신장애자의 예술성(Artistry of the Mentally Ill)』을 출판했다. 그의 경험적 연구자료는 사람들에게 정신장애 환자들의 그림이 진단적 가치를 지닐 뿐 아니라 재활에 있어서도 중요한 역할을 한다는 인식을 심어주는 초석이 되었다.

그림의 형태가 정서적 양상과 성격을 알아보는 투사검사로 사용될 수 있다는 생각은 1940년대부터 구체화되었고, Koppitz(1968) 역시 그림이 지능뿐 아니라 성격을 평가하는 도구로의 활용 가능성에 대해 언급했다. 인물화를 통해 심리검사를 시도한 주요 연구는 Goodenough(1926), Machover(1949), Harris(1963), Koppitz(1968) 등에 의해 이루어졌다. Machover(1949)는 그림이 성격 및 정서를 반영한다는 100여 년의 연구 결과를 토대로 인물화 그림의 해석은 투사적 가설에 근거하여 설명할 수 있다고 했는데, 이는 그림에 자기 관심(self-concerns)을 투사하기 때문에 그린 이의 내면적인 부분은 그림을 분석함으로써 알 수 있다는 것이다. Buck(1948)은 그림이나 미술 활동의 결과물들을 통해 무의식적 의미와 시각적 상징을 해석하려는 시도를 시작했다. Buck(1948)의 집, 나무, 사람 검사(House, Tree, Person : HTP)는 집, 나무, 사람을 그리게 하여 내담자의 성격특성과 관련 정보를 제공하기 위해 고안되었고, Silver(2002)의 실버 그림검사(Silver Drawing Test : SDT)는 표준화된 검사로서 개인의 인지능력과 정서를 측정하며, 이야기 그림검사(Draw a Story : DAS)는 내담자의 정서적 내용을 평가하고 우울을 선별하기 위해 고안되었다.

2) 투사적 그림검사의 발전

1940년을 전후하여 그림이 개인의 정서적 측면과 성격을 평가하는 도구로 사용될 수 있다는 주장이 대두되면서 "그림은 개인의 심리적 현실 및 주관적 경험을 드러내준다."는 인식에 바탕을 두고 '투사적 그림(projective drawing)'이라는 용어가 등장했고, 투사적 그림검사가 발전하게 되었다. 그림을 내적 심리 상태에 대한 시각적 표상으로서 바라보게 된 것이다. 투사적 그림검사는 "사람이나 집, 나무 같은 특정한 형상에 대한 그림은 개인의 성격, 지각, 태도를 반영해준다."는 가정에 기반을 두고 있다. 그림이 '투사적'일 수 있다는 인식이 확산되면서 아동의 성격을 평가하기 위한 여러 가지 다양한 투사적 그림검사들이 심리학이나 심리치료 문헌에 등장하게 되었다. 가장 잘 알려진 투사적 그림검사 중의 하나가 벅(1948, 1966)의 'House-Tree-Person Test(HTP)'이다. HTP는 원래 당시 벅이 개발하고 있던 지능검사의 보조적인 수단으로 고안되었으나, 이후 지능과 성격 모두를 측정하는 수단으로 체계적으로 발전하게 되었다. 그는 집, 나무, 사람의 3가지 주제가 사람들에게 매우 친숙하고 쉽게 그려질 수 있으며, 무의식의 활동과 연상 작용을 활성화하는 상징성이 풍부한 소재라는 점에서 채택했다고 설명했다. 그 당시에는 주로 집, 나무, 사람의 중요한 특징들이 다 그려졌는지, 비례·조망·색깔은 어떻게 사용되었는지, 그리고 사후 질문 과정(Post Drawing Inquiry)의 대답은 어떠했는지를 기준으로 평가했다. 이후 해머(Hammer, 1958)는 임상적 평가와 미술치료, 치료 전후 효과 분석에서 HTP의 유용성을 검토한 연구들을 망라하여 정리했으며, HTP를 발달적 측면과 투사적 측면이 모두 포함된 평가도구로 더욱 정교하게 발전시켰다. 벅과 비슷한 시기에 활동했던 마코버(1948)는 사람 그림의 상징적인 의미와 구조적인 요인을 모두 고려하여 투사적 그림에 심리학적 의미를 부여하고자 했다. 마코버의 '사람 그림(Draw-A-Person : DAP) 검사'와 사람 그림에서 일어나는 투사에 대한 연구는 '사람 그림검사'의 임상적 적용에 관한 대부분의 연구들에 중요한 영향을 미쳤다. 마코버는 정신분석적 이론에 입각하여 그림검사에 대한 '신체상

(body-image) 가설'을 제시했다. 이 가설에 따르면 사람 그림은 개인이 자신을 어떻게 지각하는가에 대한 표상이며, 어떤 의미에서 종이는 환경에 해당되고, 사람 그림은 바로 그림을 그린 자신에 해당된다. 개인의 감각, 지각 및 감정은 특정한 신체 부위와 연결되고 그 과정에서 신체상이 발달하며, 그림에 이러한 신체상이 투사됨으로써 개인의 충동이나 불안, 갈등 및 보상욕구가 표현된다. 즉, 개인의 신체적·생리적·심리적·대인관계적 측면이 모두 포함된 신체상이 개인에게 내면화되고 이것이 투사되어 그림에 나타나게 된다는 것이다. 마코버의 이론을 임상 실제에 적용하면서 불만을 느낀 코피츠(Koppitz, 1968)는 전통적인 정신분석 이론 대신 자아심리학을 강조하는 설리번(Sullivan)의 대인관계 이론을 기반으로 하여 그림을 통해 아동의 발달 단계와 대인관계능력을 탐색하고자 했다. 마코버의 작업은 아동의 발달 수준과 정서 지표를 측정할 수 있는 별도의 척도를 만들었다는 점에서 독자적인 의미를 갖는다. 코피츠는 마코버의 '신체상 가설'이 임상 실제에서는 그다지 타당하지 않으며, 아동의 사람 그림이 반드시 아동의 영속적인 성격 특성이나 신체 지각을 표상하지는 않는다는 것을 발견했다. 오히려 아동의 그림은 아동의 정신적 발달 정도와 그림을 그릴 당시의 태도나 관심을 반영하며, 이러한 요인들은 아동이 성장함에 따라 변화하게 된다고 보았다. 이러한 입장에서 코피츠는 굿이너프(1926)의 초기 작업에 기반을 두어 아동 그림의 '발달적 항목'을 개발했다. 초기 연구에서 5~12세에 이르는 아동 그림 규준을 작성했던 그는 이후 연구를 확장하여 14세까지를 대상으로 하여 사람 그림을 연구했으며, 그 결과 사람 그림에서의 세부묘사는 11세 이후로는 체계적으로 발전하지 않는다고 결론지었다. 코피츠는 또한 투사적 과제로서의 그림에 대해 연구하면서 정서적 문제의 지표가 될 수 있는 그림의 특징들을 제시했다. 설리번의 대인관계 이론을 기반으로 한 코피츠는 아동이 자기 자신과 중요한 타인, 그리고 자신의 문제와 갈등에 대해 스스로 갖는 견해에 더 많은 관심을 두었는데, 이러한 관점은 '내담자의 현재'에 보다 초점이 맞추어진 것이라고 할 수 있다.

투사적 그림검사는 그려진 그림에 대한 반응과 그림을 그리는 표현적 특징을 포함한 그림투사검사로 발전했고, 인지능력의 측정을 시작으로 정서능력을 측정하는 단계로 발전했다. 또한 투사적 그림검사는 비운동성에서 운동성을 포함한 지시형태로 발전했고, 나아가 질적 해석체계에서 객관적이고 양적 체계화된 채점 체계로 발전하고 있는 실정이다. 투사적 그림검사는 사회적·정서적 문제를 가진 아동들을 대상으로 학교 장면에서 가장 많이 사용되며, 미국의 학교심리학자의 과반수가 임상현장에서 투사적 그림검사를 활용하고 있다.

3) 투사적 그림검사의 장점

(1) 반응의 독특성

투사법 검사반응은 면담이나 행동관찰, 객관적 검사반응과 달리 매우 독특한 반응을 제시해주며, 이러한 반응이 개인을 이해하는 데 매우 유용하다.

(2) 방어의 감소

반응과정에서 내담자는 불분명하고 모호한 검사 자극에 부딪혀 적절한 방어를 하기가 어렵다. 자극의 내용이 불분명하기 때문에 자신의 반응내용을 검토하고 자신의 의도에 맞추어 방어적으로 반응하기 어렵다.

(3) 반응의 풍부함

검사자각이 모호하고 검사 지시방법이 제한되어 있지 않기 때문에 개인의 반응이 다양하게 표현되며, 이러한 반응의 다양성이 개인의 독특한 심리적 특성을 반영해준다.

(4) 무의식적 내용의 반응

자극적 성질이 매우 강렬하여 평소에서 의식화되지 않았던 사고나 감정이 자극됨으로써 전의식적이거나 무의식적인 심리적 특성이 반영될 수 있다.

4) 투사적 그림검사의 문제점

(1) 검사의 신뢰도

검사자 간 신뢰도, 반분 신뢰도, 재검사 신뢰도 등 전반적 신뢰도 수준이 낮다. 특히 재검사 신뢰도가 가장 문제가 된다.

(2) 검사의 타당도

타당도 검증이 낮다.

(3) 반응에 대한 상황적 요인의 영향력

검사자의 연령, 성, 인종, 검사자의 태도, 검사자에 대한 내담자의 선입견 등이 영향을 미친다.

2. 투사적 그림검사 평가를 위한 면담방법

정신문제와 관련된 모든 임상에서 면담은 도움이 필요한 개인의 심리 사회적 어려움이나 정신장애를 진단하는 기본적인 수단으로서 심리검사의 평가 내용을 보완할 뿐 아니라, 결과의 타당성을 뒷받침해주기도 하며, 치료 계획의 토대가 되기도 한다. 투사적 그림 검사를 평가할 때 유의해야 할 점은 그림의 평가 내용뿐 아니라 여러 가지 심리검사 결과, 행동관찰, 과거력, 면담자료를 고려하고, 내담자에게 가장 적절한 이론적 틀에 따라 종합적이고 전체적으로 평가되어야 한다. 그러한 측면에서 보면, 면담은 투사 그림검사의 풍부한 평가를 위한 기본적인 과정이다. 따라서 이 장에서는 몇 가지 이론적 입장에 근거하여 면담의 접근방법이 어떻게 달라지는지, 면담 시 어떠한 내용들이 언급되어야 하는지에 대한 기본적인 사항들을 제시할 것이다.

1) 면담의 정의

면담이란 서로 간에 수용한 의도적인 목적하에 이루어지는 대화로서, 여러 가지 면에서 일반적인 대화와 매우 비슷하다. 면담은 사람들 사이에 생각, 태도, 감정 등이 교환되는 동안 언어적인 의사소통과 비언어적인 의사소통으로 이루어지는 과정이라고 정의된다(Kadushin, 1983). 면담과 대화의 차이점을 요약해보면 첫째, 면담은 의도적이고 상호 간에 수용된 목적을 위한 인간 상호관계의 상호작용을 포함한다. 둘째, 면담에는 공식적이고 체계적인 구조와 역할을 할당, 상호작용의 과정을 조절하는 일련의 기준들을 설정하는 것을 포함한다. 셋째, 면담자와 내담자의 역할이 명확하게 구별되며, 양쪽은 대등관계에 있지 않고 합의된 목적을 위해 탐색하고, 격려하고, 동의하고, 따르는 역할을 담당하게 된다.

예술치료에서 면담의 일반적인 목적은 정보적인 것(사회조사를 위한 것), 진단적인 것(평가목적), 치료적인 것(심리 사회적 조사를 위한 것)으로 기술할 수 있다. 진단적 면담(diagnostic interview)이란 임상적 진단을 내리기 위한 목적으로 이뤄지며, 내담자의 과거력과 문제를 조사하여 적절한 기관 또는 상담자에게 연결해주기 위한 자료를 수집하기 위한 과정이기도 하다. 반면에 치료적 면담(therapeutic interview)은 사실적인 정보수집에 한정하지 않고 내담자를 이해하고 공감함으로써 치료관계를 맺는 것을 포함하여 효과적인 사회적 기능수행의 변화를 유도하게 된다.

2) 면담의 이론적 접근

면담의 내용은 심리 사회적 문제를 보는 면담자의 이론적·임상적 관점에 따라 차이가 있으므로 질문의 내용 또한 차이가 있다. 따라서 여기에서는 정신의학적, 정신역동적, 심리학적 입장에 따라 면담자가 어떠한 내용을 다루는지에 대해 간단하게 소개하겠다.

(1) 정신의학적 면담(Psychiatric Interview)

정신의학적 면담은 정신과적 측면에서 검사자와 내담자 사이에 정신장애의 임상적 진단을 위해 이뤄지며, 진단은 거의 정신과적 면담에 의존하므로 정확한 면담 기술은 정신의학에서 가장 기본적이고 중요한 과정이다.

공통된 면담 기법

- 면담 초기에 치료적 관계를 형성한다.
- 주된 문제가 무엇인지 결정한다.
- 주된 문제를 중심으로 잠정적인 감별진단을 한다.
- 구체적인 질문을 통해 다양한 진단 가능성을 찾는다.
- 환자에 따라 분명하게 대답하지 못하는 경우가 있으므로 애매한 답변에 대해서는 확인 질문이 필요하다.
- 사고장애 감별을 위해 환자가 자유롭게 이야기하도록 하는 것도 필요하다.
- 개방형 질문과 폐쇄형 질문을 적절히 혼용하여 사용한다.
- 대답하기 난처한 질문도 배제해서는 안 된다.
- 자살사고에 대한 확인을 빠뜨려서는 안 된다.
- 면담 마지막에는 환자가 하고 싶은 말이나 질문할 기회를 준다.
- 최초의 면담 마지막에는 환자에게 가능한 믿음을 주고, 가능성 없는 약속은 하지 않는다.

정신과적 면담은 내담자의 증상 유형과 정도, 환자의 성격에 따라 달라진다. 대부분의 정신과 피검자들은 표면적으로는 자신의 고통을 치유하고자 치료자를 찾아오지만, 무의식적으로는 내적 갈등을 방어하고 숨기고자 하는 동기를 지니고 있다. 또한 질환 유형과 정도에 따라 어떤 내담자들은 자신의 어려움과 도움받고자 하는 부분을 정확히 기술할 수도 있으나, 어떤 내담자들은 체계화의 논리가 결여되고 비협조적인 경우도 있어서 면담이 어렵기도 하다. 그러나 위에서 제시했듯이 정신과적 면담에서는 거의 모든 상황에 공통되는 원칙이나 면담 기법이 있으며, 투사검사의 풍부하고 정확한 평가를 위해 다뤄져야 하는 면담 기법을 상황과 증상에 따라 다르다.

① 특수한 상황에서의 면담 기법

가. 우울증이 있는 내담자

우울증을 가진 내담자의 면담에서 어려운 점의 하나는 내담자의 절망감이다. 이때 면담자는 다 잘될 거라며 안심시키지 않도록 주의해야 한다. 왜냐하면 내담자는 자신의 어려움에 대한 심각성을 면담자가 모르고 있다고 이해하기 때문이다. 이러한 경우 절망적으로 생각하고 있는 부분이 이해된다는 설명과 그럼에도 분명히 도움을 줄 수 있다는 것을 설명할 필요가 있다.

면담 시 특별히 주의하여 관심을 가져야 할 부분은 자살에 대한 가능성이다. 자살에 대한 생각이 있는지, 자살에 대한 가족력이 있는지 구체적인 질문을 하여 보호책을 마련해야 한다.

나. 난폭한 내담자

난폭한 내담자의 경우도 자살 위험이 있는 환자의 경우와 비슷한 접근방법을 취한다. 질문에는 이전의 난폭 행동과 구체적인 상황, 아동기의 경험이 포함된다. 난폭한 내담자를 면담할 때 해서는 안 될 태도는 내담자가 위험해 보일 때 그 느낌을 무시하지 말아야 한다. 화가 나 있거나 안절부절못하는 내담자는 즉각 만나지 않는다. 내담자에게 화를 내거나 잘 보이려 하는 태도는 도움이 되지 않는다. 또한 기질적인 요인을 간과해서는 안 된다. 일대일로 만나는 것은 위험을 초래할 수 있으므로 삼가야 한다. 알코올이나 물질남용 또는 인지장애가 있는 경우에도 면담이 도움 되지 않는다.

다. 망상이 있는 내담자

내담자의 망상에 대해 직접적이고 공격적인 태도는 삼가야 한다. 망상은 불안과 낮은 자존감, 혼란에 대한 비적응적인 현상이긴 하나, 내담자로서는 방어와 자기 보호적인 방법으로 이해해야 한다. 올바른 면담자의 태도는 내담자의 망상을 이해하지만 동조하지 않는다는 것을 보여주는 것이 도움이 되는 태도이다. 또한 특정한 망상의 밑바닥에 있는 느낌과 공포, 희망에 초점을 맞추는 것이 도움이 된다. 망상 내담자와의 면담은 증상보다는 감정적인 면에 관심을 보이는 것이 필요하며, 보호자와의 면담은 환자가 있는 상황에서 하는 것이 내담자의 불안을 줄여줄 수 있으므로 유의해야 한다.

망상을 끌어내는 질문방법

피해망상
•사람들과 함께 살아가는 데 문제가 있었습니까?
•사람들이 당신을 적대시한다는 느낌이 있습니까?
•자신을 해치거나 모략하는 사람이 있습니까?

질투망상
•배우자가 바람을 피운다는 걱정을 한 적이 있습니까?
•실제적 증거가 있습니까?

죄책망상
•자신이 나쁜 일을 저질렀다고 느껴본 적이 있습니까?
•자책하는 일이 있습니까?
•그 때문에 벌을 받아야 한다고 느낍니까?

과대망상
•자신에게 특별한 능력이나 재주가 있습니까?
•자신이 큰일을 이룰 거라고 보십니까?

신체망상
•신체기능의 어디가 잘못되었다고 생각됩니까?
•자신의 모습에 무슨 변화가 생겼습니까?
• 그것은 무엇 때문입니까?

관계망상
- 사람들이 자신의 이야기를 하거나 비웃는다고 느낀 적이 있습니까?
- TV에서 당신에 대한 이야기가 특별히 의미 있는 것을 본 적이 있습니까?
- 무슨 특별한 메시지를 받은 적이 있습니까?

사고이입
- 자신의 생각이 소리가 되어 들린 적이 있습니까?
- 자신의 생각이 방송되어 남들이 듣는다고 느낀 적이 있습니까?
- 또는 그들이 자신의 머리에서 생각을 빼앗아간다고 느낀 적이 있습니까?

의존적인 내담자
- 한계를 분명히 정하고, 그 한도 내에서 들어주는 것이 필요하다.

가족면담
- 가족과의 면담에는 몇 가지 측면이 있다. 가장 중요한 측면 중의 하나는 비밀 보장의 문제이다. 내담자는 가족으로부터 많은 정보를 얻어내는 동시에 내담자가 원하지 않은 정보에 대해서는 비밀을 지키면서 가족에게 희망을 심어줘야 한다.
  만약 신뢰가 깨지게 되면 치료는 불가능해지기 때문이다. 그러나 보호를 위해 또는 자살이나 타살의 의도 등의 심각한 문제가 있을 때는 비밀 보장이 어렵다는 것을 내담자에게 이해시켜야 한다.

② 정신의학적 병력을 조사하는 방법

내담자의 병력을 얻어내는 데 가장 중요한 기술은 내담자 자신이 자신의 이야기를 중요한 순서대로 자유롭게 말하도록 허용해주는 것이다. 정신과적 병력 조사는 일반적인 정보 수집에 내담자의 능력과 약점, 개인적인 성격 특성까지 알아내야 하며, 숙련된 면담자는 내담자가 이야기하는 과정의 어느 시점에서 적절한 질문을 해야 하는지를 아는 사람이다.

병력 조사에 포함되어야 하는 내용

- 인적사항 : 이름, 성별, 나이, 생년월일, 주민번호, 출생지, 종교, 결혼, 교육, 직장, 인종, 친지나 이웃관계
- 의뢰 배경 : 검사를 받으려는 이유

- 주 호소 문제 : 내담자가 말하는 주된 문제, 가족이 보는 문제
- 현 병력 : 주된 문제, 내담자가 설명하는 그대로 기록, 시작 시기, 경과, 유발 인자, 환경적 요인, 이차적 이득, 치료경험
- 과거력 : 병력이 있는지 여부
- 개인력 : 유아기, 아동기, 청소년기, 성인기
- 정신성적 과거력
- 가족력 : 전체 가계도 파악(누가 해가 되는지, 도움이 되는지), 가족 분위기, 유전 요소, 가족 질환, 사회 경제
- 꿈, 공상, 가치관 : 최근 또는 반복되는 꿈이나 공상

(2) 정신역동적 면담

정신역동적 면담은 성격이 형성되는 유·아동기 동안 영향력이 있는 주변인과의 정서적 상호작용을 이해하고, 그러한 측면을 치료 과제로 연결시키고자 하는 목적을 갖는다.

정신상태 검사(Mental Status Examination)

정신상태 검사란 면담 시에 관찰한 것과 인상 전체를 기술하는 임상 평가부분으로, 면담 중에 관찰된 내담자의 외모, 말 행동 및 생각을 기술하는 것이다.

- 전반적 기술 : 외양, 행동, 동작, 태도
- 감정 : 기분, 정서, 감정반응의 적절성
- 말 : 말의 양, 속도, 질
- 지각 : 환각과 착각, 이인증(depersonalization), 비현실감(derealization)
- 흐름 : 사고의 차단(thought blocking), 우원증(circumstantiality), 지리멸렬(inchoherencer), 연상이완(loose association), 사고이탈(tangentiality) 등
- 감각과 인지 : 각성과 의식수준, 지남력(orientation), 기억, 집중과 주의, 읽기와 쓰기 능력, 시각공간 능력, 추상적 사고, 상식과 지능
- 충동조절 : 성적·공격적 충동의 통제력
- 판단과 병식(病識) : 자신의 병에 대한 인식
- 신뢰도

정신역동적 면담과 의학적 면담의 차이는 첫째, 의학적 면담에서는 내담자의 주 호소에서 병의 원인과 증상 발생에 이르기까지 직접적인 경로를 쫓게 되나,

임상적 면담에서 이와 유사한 경로만을 쫓고자 한다면 매번 상당한 어려움을 겪게 될 것이다. 즉, 내담자들은 자신의 증상에 대해 당황해하고 면담자에게 좋은 인상을 주기 위해 정보를 숨기는 경우도 있다. 역동적 접근은 그러한 반응을 이해함으로써 문제의 진단을 앞당기게 되는 것이다. 의학적 면담과 정신역동적 면담의 또 다른 차이점은 진단과 치료의 상호관계라고 볼 수 있다. 의학적 면담에서 진단이 치료에 선행한다면, 정신역동적 면담은 의학적 면담에서의 과거력 조사 그 자체가 치료적이라는 점에 이론적 바탕을 둔다. 세 번째 차이점은 의학적 면담 과정에서 내담자는 수동적인 참여자일 뿐이지만, 역동적 측면에서는 내담자를 조사 과정의 협조자로서 능동적인 참여자로 본다는 것이다. 네 번째는 관련 자료의 선택에 관한 것으로 정신의학적 면담은 진단과정의 한 측면일 뿐이며, 역동적 면담은 내담자의 정신 내적 삶이 자료를 저장하고 있는 중요한 부분이라는 것이다. 마지막으로 정신역동적 면담의 중요한 또 다른 측면은 면담과정에서 발생할 수 있는 전이와 역전이의 역할이다. 면담자로 하여금 내담자의 내적 대상세계의 성격을 이해하도록 함으로써 문제를 잘 이해할 수 있게 한다는 점이다.

정신역동적 면담의 목적은 개인의 핵심적 역동을 밝히고자 하는 것이다. 정신역동적 면담에서 포함되어야 하는 내용에는 회상적 자료와 의식적인 감정적 태도와 무의식적 연상을 포함한다. 회상적 자료는 피검자의 의식 수준에서 회상되는 내용을 중심으로 기술된다. 의식적인 감정적 태도는 면담자가 직접 피검자에게 질문함으로써 의식적 태도와 감정에 대한 정보를 얻을 수 있으며, 무의식적인 연상 자료는 연상 과정을 통해 수집되는 정신역동적 면담의 특유한 자료라고 볼 수 있다. 이러한 역동적 접근은 개인의 핵심적 역동의 진단이 주과제로서, 특히 초기 유·아동기 감정 양식이 핵심이 된다. 그러므로 초보자에게는 접근이 어려운 면담일 수 있다.

정신역동적 면담에 포함해야 할 내용

회상적 자료
- 현재의 생활방식 및 관계
- 습관
- 호소된 문제들
- 중요한 사람과의 감정적 관계
- 신체 관련 과거병력(과거력)

의식적인 감정적 태도
- 과거 및 현재의 타인과의 관계에서 느끼는 감정
- 자기 자신의 고통에 대한 태도
- 미래에 대한 생각 및 태도
- 주된 의식적 동기

무의식적인 연상 내용들
- 최초 또는 초기 기억
- 꿈
- 반복되는 공상 또는 백일몽
- 개인의 외적 태도
- 전이 내용
- 환자가 표현하는 말을 연상으로 취급해봄

(3) 심리학적 면담 기법

심리학적 면담은 다른 면담 기법에 비해 임상심리학적 평가가 주된 기준이 된다. 심리학적 면담은 이론적인 배경을 가진 면담이라기보다는 일반적인 임상에서의 심리학적 입장에서 포함될 수 있는 면담 형식으로, 주로 다음과 같은 내용을 다룬다.

면담 내용

- 개인적인 인적사항
- 내담자가 호소하고 있는 문제

- 행동관찰
- 당면한 문제나 생활조건(가족, 주거조건, 직장 및 작업조건, 경제적 문제, 특정한 스트레스 요인과 사건)
- 개인력(초기발달, 아동기 건강, 가족관계, 교육적 발달, 직업력, 성에 대한 반응 및 결혼, 현재 증상의 발달)
- 가족력
- 심리검사 결과
- 전반적인 의학적 검사 결과
- 요약과 평가
- 전문가 견해

3) 면담 기법

내담자를 면담하는 과정에서 가장 중요한 요소는 면담자가 보여주어야 할 개인에 대한 관심으로서, 그 관심은 면담자의 질문 유형에 따라 면담 과정의 흐름을 방해할 수도 있고 원조 기술로 효과성에 차이가 날 수도 있다. 보다 대중적인 질문의 형태는 직접 질문, 폐쇄형 질문, 개방형 질문, 시험적인 질문이다. 면담 초심자들은 효과적이고 촉진적인 면담을 위해 적절한 질문 기법을 익힘으로써 내담자의 중요한 이슈를 드러나게 하고, 개인으로 하여금 부드럽고 편안하게 치료에 도전하도록 하며, 보다 깊은 자아탐색을 하도록 격려할 수 있게 된다(Kleinke, 1994).

(1) 직접 질문

직접 질문은 검사자가 주제에 대한 특정한 정보를 질문하여 얻어내는 방법이다. 예를 들어, "언제부터 우울감을 느꼈습니까? 그림 속의 인물은 누구입니까? 왜 그 상황이 당신을 화나게 했는지 이야기해줄 수 있나요?" 등 직접 질문은 특정한 주제에 대한 표적 정보를 얻어내는 데 초점을 맞추어진 질문으로, 빠른 시간 내에 실제 정보를 얻어내야 하는 시간적 제한의 압력을 받고 있을 때 유용하다.

(2) 폐쇄형 질문

폐쇄형 질문은 그 상황의 특정한 국면에 초점을 맞춤으로써 말이 없거나, 자신의 이야기를 어떻게 표현해야 할지 갈피를 못 잡거나, 어떤 내용이 면담에 필요한 정보인지 잘 모르고 있을 때 명확하게 방향을 제시해주고, 면담에 적절하게 참여하도록 돕는다는 장점을 가지고 있다. 반면에 폐쇄형 질문은 일정 종류의 반응을 제한할 수도 있고, 하나만을 선택하도록 강요함으로써 특정 부분에 대해서만 이야기하도록 만들며, 내면적인 감정의 세계로 들어가는 능력을 제한하기 때문에 피면담자의 입장에서는 편치 않은 질문이 된다.

질문 형태를 예로 들어보면, “그림 속의 이 사람은 지금 화가 나거나 슬퍼하고 있습니까?” 또는 “무엇이 그 사람을 슬프거나 화나게 만들지요?”라고 물을 수도 있다. 두 질문 모두 감정에 한정된 질문인데, 후자가 더욱 제한적이며 다양한 반응을 하게 하여 그의 내면세계에 깊이 들어가는 것을 제한시켜버릴 것이다. 또 다른 폐쇄형 질문의 예를 보면 “그림 속의 이 사람은 지난 1년 동안 한두 개의 직업을 가졌습니까?”라고 질문했을 때, 만약 면담자에게 질문 내용 자체가 표적이라면 이러한 질문은 도움이 될 것이다. 그러나 이 질문은 선택을 강요하는 질문으로서 특정 부분에 관해서만 이야기하게 만들 수 있고, 만약에 피검자가 자신의 직업에 대해 말하고 싶어 하지 않는다면 대화를 중단시키는 결과를 초래하게 될 것이다.

이처럼 폐쇄형 질문은 한정된 시간 내에 신중하게 질문을 선택하여 사용하게 될 경우 면접의 방향을 제시하고 내용의 조정을 명확하게 하여 유용한 결과를 주기도 하지만, 충분한 자극 없이 너무 빠른 개방으로 내담자를 난처하고 냉정하게 만들기도 하고 충분한 감정을 읽어낼 수 있는 실마리를 잃게 만들기도 한다.

따라서 폐쇄형 질문을 사용할 때는 직접적인 질문을 적절히 사용하는 것이 좋고, 그 적절성은 피면담자에 따라 달라질 수 있다.

(3) 개방형 질문

폐쇄형 질문과는 달리 개방형 질문은 내담자로 하여금 가장 큰 관심 상황의 요소를 선택하게 하며, 자유롭게 판단하고 통제하게 할 뿐만 아니라, 예상하지 못했던 중요한 내용을 들을 수도 있다. 또한 상황에 따른 감정과 감정의 강도를 제공하는 데 폐쇄형 질문보다 유익하며, 면담자와의 관계양상에 긍정적인 영향을 준다. 개인의 개성과 특성을 적절하게 탐구하는 면담자의 능력은 보다 능동적이고 만족스런 면담 결과를 유도하여 내담자가 보다 넓은 범위의 반응을 하도록 기회를 주며, 자신의 주관적인 기준에서 선택할 수 있는 기회를 갖게 한다. 그러므로 개방형 질문을 폐쇄형 질문에 비해 피검자 중심이라고 볼 수 있다.

반면에 면담자의 차원에서는 목적과 관련이 없는 많은 이야기에 반응하는 내담자에게서 시간의 소비 문제를 발생시킬 수도 있다. 면담 경험이 부족한 내담자에게는 위협적으로 느껴질 수도 있고, 비지시적이고 제한이 없으므로 모호하고 방향성을 잃어버릴 수도 있다. 이러한 적절성의 차이 때문에 면담자는 때때로 심도 있는 정보 수집을 위해 개방형 질문을 할 것인지 신속한 정보 수집을 위해 직접 질문이나 폐쇄형 질문을 사용할지에 대한 딜레마에 빠지기도 한다. 하지만 이는 축적된 경험과 연습을 통해 극복할 수 있으리라 본다.

(4) 검증 질문

질문은 물어보는 타입에 관계없이 시험적인 방식으로 이뤄질 수 있다. 검증 질문은 내용의 관련성이 불분명할 때, 모호한 내용을 명확히 해야 할 때, 보다 구체적인 설명이 필요할 때, 더욱 분명한 특징성이 필요할 때 사용된다. 예를 들면, “네가 부모의 이혼에 대해 지금 어떤 심정인지, 얼마나 슬픈지 알고 싶구나.” 또는 “부모가 너에게 어떻게 하는지에 대해 언짢지 않다면 이야기해줄 수 있겠니?” 이러한 시험적인 질문은 질문의 영향력을 일깨워주기도 할 뿐 아니라 불편감을 느끼면 반응을 철회하도록 하는 편안한 기회를 제공해주기도 한다. 이러한 질문은 때로는 개방형 질문으로도 시험적인 질문으로도 물어볼 수도 있으며 전혀 질문이 아닌 경우도 있다. 예를 들어 “부모의 이혼에 대해 어떻게 느끼니?”라고 묻기보다는 “나는 네가 부모의 이혼에 대해 어떤 느낌을 가지고 있다고 생각하는데?”라고 질문할 수도 있으며, “그것이 사실이니?”라고 덧붙일 수도 있다. 또는 앞의 질문을 “너는 부모의 이혼에 대해 어떤 느낌을 가지고 있는 것처럼 보이는구나.”라고 바꿔서 질문할 수도 있다.

시험적 질문은 이처럼 상대방이 듣기에 편하고, 분위기를 부드럽게 만들어주기도 하며, 비심판적이고 개방된 분위기를 창출하고 보편적인 반응을 가져오므로 면담자의 능력에 따라 예리한 질문에 대한 통찰이 가능하리라 본다.

(5) ‘왜?’로 시작하는 질문

“왜?”라는 질문은 상대방으로 하여금 매우 저항적인 느낌을 갖게 한다. 일반적으로 돕는 역할을 하는 사람들은 다른 종류의 질문이나 공감적 반응을 사용하도록 권유를 받아왔다(Benjamin, 1987). 만약 “왜?”라는 질문에 상대방이 솔직하게 대답한다면 이 질문은 원조관계에서 가장 강력하고 유력한 질문이 될 것이다. 그러나 피면담자들은 도움관계를 통해 “왜?”라는 것에 대한 답을 찾는 것을 목적으로 한다. 만약 그들이 그 답을 안다면, 치료면담이나 검사면담을 해야 할 아무런 이유가 없다. 많은 면담자들은 때때로 “왜?”라는 질문을 사용한다. 전문가라면 매우 주의해야 할 부분이라고 본다.

(6) 언제 질문을 할 것인가?

질문은 유형을 드러내거나, 자아탐색을 유도하거나, 변화에 도전하게 할 때는 때때로 유용하지만, 질문의 남용은 내담자로 하여금 경멸적인 분위기를 느끼게 하거나 의존적이고 수동적으로 만들어버릴 수도 있다. 가장 좋은 질문은 자연스럽게 말하도록 편안하게 해주고 공감적으로 반응해주는 것이다. 이유는 스스로 문제의 답을 발견한 것처럼 느끼게 해주기 때문이다.

질문은 뚜렷하고 분명한 말투여야 하며, 초점이 맞아야 하고, 상대방의 어휘 수준과 기준에 적절해야 한다. 내담자가 요구하는 질문에 겁을 먹거나, 사과하듯 말하거나 하는 것은 좋은 면담자의 태도가 아니다. 질문은 짧고, 간결하며, 모호하지 않아야 한다. 종종 면담에서 실수하게 되는 질문 형식은 면담자가 유도하거나 암시적으로 기대감에 근거해서 던지는 질문으로서 그것은 진정한 질문이 아니라 질문으로 위장된 답변이며, 다만 확인하는 결과를 의도하는 것이 된다. 또한 면담자들의 실수는 동시에 두 가지 질문을 받으면 답하기 쉬운 것을 선택하는 경우가 많고, 중요한 다른 질문을 잊어버리게 되는 경우가 있어서 질문의 목적을 잃어버리는 결과를 가져올 수 있으므로 유의해야 한다.

Chapter

02

그림 진단을 위한 조형언어의 이해

1. 공간상징
2. 색채상징
3. 형태상징

내담자가 표현한 그림을 통해 그 사람이 가지고 있는 심리적 문제 또는 특징을 찾아내는 것은 무척 어려운 일이다. 그러나 그동안의 임상사례 연구와 결과를 통해 그림을 해석할 수 있는 여러 가지 방법들이 소개되었다.

그림 검사의 해석은 두 가지가 중요하다. 그것은 '어떤 정보'를 '어떻게' 읽어내는가 하는 것이다. 여기서 '어떤 정보'란 그려진 그림에서 무엇을 읽어낼 수 있는가 하는 해석 대상의 문제로 해석의 틀이 되는 이론 및 구성개념의 문제를 말하며, '어떻게'는 이를 어떻게 해석하는가 하는 방법을 말하는 것(신민섭 외, 2007)으로 여기에는 그려진 그림의 전체적 평가, 형식적 분석, 내용 분석의 방법을 사용한다.

내담자에 의해 그려진 그림은 색과 행태로 그것이 도화지라는 공간 안에 그려지게 된다. 그러므로 그림을 해석하기에 앞서 무엇을 표현하는 행위인 조형에 대한 이해가 필요하다. 이 장에서는 무엇을 표현하는 공간의 영역 의미로서 공간상징, 조형의 기본요소가 되는 색채와 형태에 대해 알아보도록 한다.

1. 공간상징

내담자는 연필과 도화지를 받고 그림을 그리라는 지시를 받게 되면 도화지라는 제한된 공간 안에 지시받은 내용의 그림을 그리게 된다. 그림은 당연히 공간의 지배를 받으며, 의식하건 의식하지 않건 그 영역 안에서 무엇인가를 표현하게 된다. 우리의 삶의 흔적 역시 공간의 지배를 받는다. 지도를 펼쳐놓고 한 달간 움직인 궤적을 보면 자신의 삶의 영역을 들여다볼 수 있다. 그것은 학교와 집을 오고 간 움직임일 수도 있고, 하는 일이 잘 풀리지 않을 때 이곳저곳 방황했다면 그 흔적 역시 지도의 여러 곳에 흔적을 남길 것이며, 다른 사람과의 만남을 회피하는 고립된 개인이라면 장소의 이동이 없을 수도 있다. 이렇듯 공간상징이란 단순히 만들어낸 이론이 아니라 인류의 소망과 혼란 또는 후

퇴와 전진을 거듭하며 살아온 궤적을 작은 도화지에 담은 보편적 인간의 흔적이다. 여기서 미술치료사는 그런 흔적을 통해 한 개인의 소망과 절망, 미래를 보는지, 현재 또는 과거를 보는지, 그의 지향점은 무엇인지 등을 읽어내려 하는 것이다.

위에서 언급했듯이 공간이란 인류의 삶의 흔적을 이해하는 기본적인 틀이며, 생명체가 존재하고 있는 세계를 인식하는 근거이다.

공간에 대한 인식은 동서양이 하나의 우주관으로 인식했지만 동양이 전체성으로서의 우주로 보았다면, 서양은 개별적 공간으로서의 인식이 강했다고 볼 수 있다. 동서양의 공간인식을 살펴보면 다음과 같다.

1) 동양의 공간인식

예부터 동양에서는 우주의 순환과 생명에 대한 원리를 음양오행사상으로 이해했다. 음양오행사상에서 우주만물은 '음(陰)'과 '양(陽)'이라고 하는 두 가지 근원적인 기(氣)에 의해 이루어졌다고 본다. 오행(五行)은 음과 양의 5가지 기운을 말하는데, 이는 목(木)·화(火)·토(土)·금(金)·수(水)이며, 이를 '오기(五氣)'라고 한다.

오기(五氣)는 동(東)·서(西)·남(南)·북(北)과 중앙(中央)의 공간에서 일어나며, 모든 생명의 순환을 구성하는 기본 요소이다. 이는 완전한 무의 상태에서 음과 양이 생성되고, 우주의 모든 질서는 음양의 순환에서 이루어진다고 본 것이다. 그러므로 동양의 공간에 대한 인식은 순환의 연결고리이며, 이것이 한 방향으로 치우쳐 있을 경우 좋지 않다고 보았고, 공간의 균형을 찾아주는 것을 조화의 원리로 이해했다.

오행은 상극과 상생의 개념을 가지고 있다. 오행의 자연스러운 흐름은 '상생'으로 보고 흐름을 역행하는 것을 '상극'으로 해석하는데, 오행의 상생과 상극의 원리는 자연계의 현상이나 인간의 생로병사의 모든 분야에 적용해서 이해하고 해결하는 학문으로 발전했고, 한의학에서 기(氣)와 함께 핵심원리 중의 하나로 받아들여지고 있다.

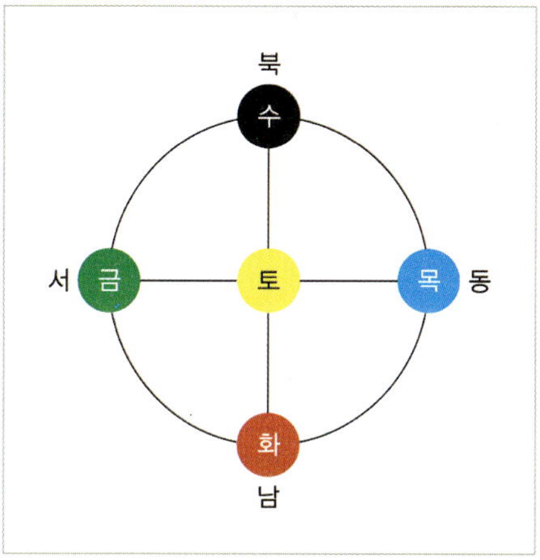

[그림 2-1] 음양오행의 공간구성

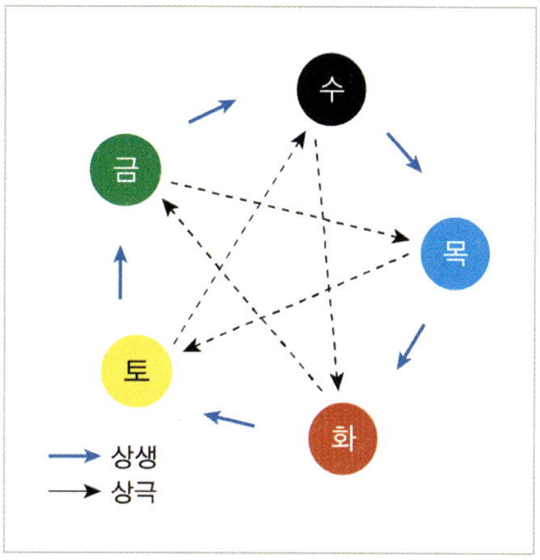

[그림 2-2] 오행의 상생-상극관계

음양오행론은 한의학의 중요한 기초이론이다. 한의학의 자연관(自然觀)과 인체의 생리(生理)·병리(病理)에 대한 원리·진단·치료·약물 등에 대한 이론과 치료적 접근은 모두 이 음양오행으로 설명된다. 자연과 인간을 오행에 맞춰 구분해놓은 것을 보면 다음과 같다.

〈표 2-1〉 오행 배속표(자연과 인간을 오행에 맞춰 구분해놓은 것)

오행	자연						사람					
	계절	현상	기후	방위	색	맛	오장	육부	오관	신체	감정	소리
목	봄	탄생	바람	동	파랑	신맛	간장	담	눈	근육	분노	탄식
화	여름	성장	더위	남	빨강	쓴맛	심장	소장	혀	혈맥	기쁨	웃음
토	장마철 환절기	변화	습기	중	노랑	단맛	비장	위	입	살	고민	노래
금	가을	수축	건조	서	하양	매운	폐	대장	코	피부	슬픔	울음
수	겨울	휴식	추위	북	검정	짠맛	신장	방광	귀	뼈	두려움	신음

2) 서양의 공간인식

서양에서는 기독교 문화라는 배경 속에서 십자(+) 형태를 신이 우주에 각인한 공간의 도식으로 받아들였다. 융학파인 프라이(Fri)는 십자형은 육체와 정신, 하늘과 대지, 과거와 미래, 개인과 공동체 사이를 펼쳐놓은 것으로 보았다. 그의 이론에 따르면 십자형은 인간 개인과 외부세계와의 관계를 나타내며, 동서남북으로 나누어진 각각의 방향 속에서 자신을 투영하게 된다고 보았다.

이러한 견해는 여러 학자들에 의해 다양한 이론이 세워지고 수정되어 현재에 이르고 있다. 학자들에 따라 공간에 투영된 인간의 심리상징이 차이가 나지만, 큰 맥락에서 공통적인 요소가 많으므로 내담자의 그림에 나타난 공간상징에 대한 해석이 필요할 경우 공간상징의 이론과 예술치료사의 풍부한 임상경험, 내담자가 가지는 개별적 특성 등을 면밀히 검토하여 해석이 이루어져야 한다. 대표적인 이론을 살펴보면 다음과 같다.

(1) 풀버의 공간상징

풀버(Pulver)의 공간상징은 십자 축을 기준으로 상징을 구체화시켰는데, 이는 다음과 같다.

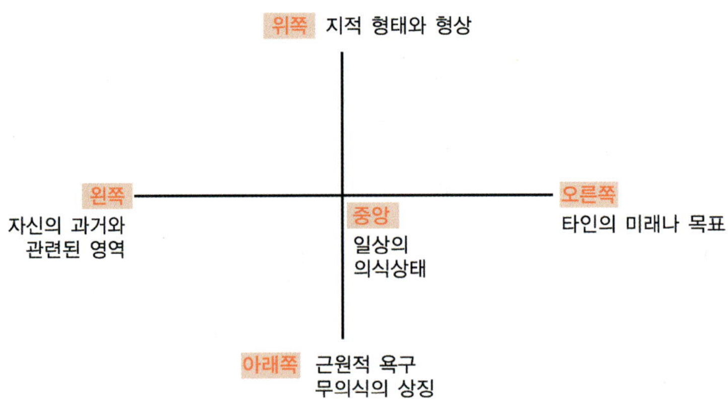

[그림 2-3] 풀버의 십자 축에 의한 공간상징

① **공간의 왼쪽** : 개인의 과거와 관련된 민감한 영역(내향성, 과거의 것과 종료된 것과 잊힌 것에 대한 관심 또는 지향)

② **공간의 오른쪽** : 타인과 미래나 목표에 관계된 민감한 영역(외향성, 미래를 추구하려는 것에 대한 관심)

③ **공간의 위쪽** : 초자아, 지적 갈망, 정신적·종교적·윤리적 내용과 그와 관련된 관심

④ **중앙** : 개인의 일상의 의식상태, 자아경험의 영역

⑤ **공간의 아래** : 인간의 근원적 욕구와 관련된 물질적·육체적·성적 내용과 무의식에서 나온 집단적 상징들

(2) 수잔 바흐의 공간상징

수잔 바흐(Susan Bach)는 중환자가 그린 그림에 나타난 대상의 위치는 그 환자의 상태를 알려주는 중요한 단서라고 생각하고 각 공간 위치에 따라 환자를 진단할 수 있는 도식적 틀을 제시했는데, 이것을 설명하면 아래와 같다.

① **상단 왼쪽** : 환자의 병이 점차적으로 삶과 결별하는 것을 암시(영원하고 신비한 내적 추구 의미)

② **상단 오른쪽** : 지금 여기(hear and now)의 상태를 암시

③ **하단 왼쪽** : 병이 악화되는 경향(어둡고 알려지지 않은 영역으로 나감)

④ **하단 오른쪽** : 미래의 가능성(이미 치료한 영역에 있는 과거의 신체적 상태이거나 심리적으로 의식화에 다가가는 것을 나타냄. 미래지향이나 경계 부근의 가까운 과거)

환자의 병이 점차 삶과 결별하는 것을 의미 (영원하고 신비한 내적 추구의 의미)	− +	+ +	현재 지금의 상태를 암시 (here and now)
어둡고 알려지지 않은 영적으로 나감(악화되는 경향)	− −	+ −	이미 치료한 영역에 있는 과거의 신체적 상태, 심리적으로 의식화해 다가가는 것을 나타냄 (미래의 가능성)

* 중환자들의 자율적인 그림에서 나타난 사물의 위치에 따라 그림과 환자를 진단한다. 중심 또는 중심 근처가 있거나 채워지지 않은 그림은 시사하는 바가 많을 수 있다. 왜 그렇게 그렸는지, 그려진 대상이나 색과 모티프가 서로 어떤 관계를 가지는지 질문할 수 있다

[그림 2-4] 수잔 바흐(1955)의 공간 도식과 상징

(3) 그린발트의 공간 도식

그린발트(Greenwalt)의 공간 도식은 공간 속에서 그려진 그림의 위치로 그 사람이 어떤 심리 상태를 보여주는지를 설명하려 했다. 이를 그림으로 나타내면 다음과 같다.

① **오른쪽 위** : 삶의 능동적 영역

② **왼쪽 위** : 수동성의 영역

③ **오른쪽 아래** : 충동, 본능 등 본능적 영역

④ **왼쪽 아래** : 유아기의 고착이나 과거의 상처

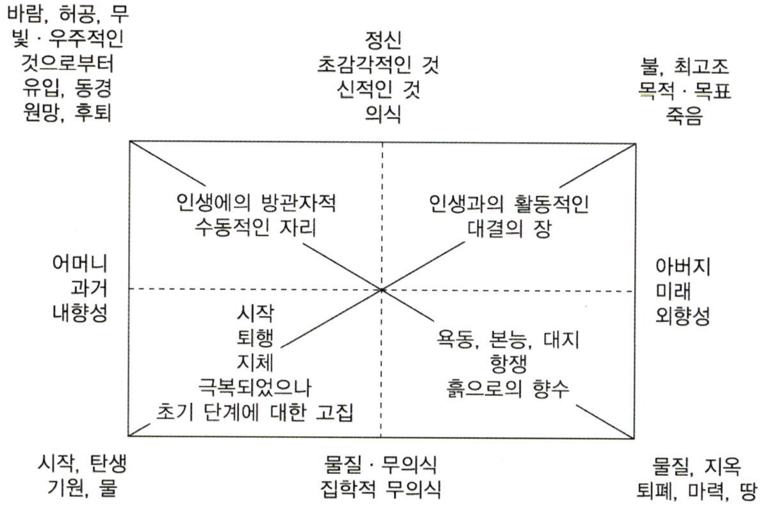

[그림 2-5] 그린발트의 공간 도식

(4) 아르투스의 공간상징

아르투스(Arthus)는 놀이에 의한 투영방법으로 어린이들의 심리 분석을 하는데 '마을 테스트'라는 투영방법을 주로 사용했는데, 이는 직사각형의 공간을 투사영역으로 보고 놀이 과정에서 주어진 형태를 구성하며, 마을을 만드는 것에서 공간이 주는 상징성을 해석할 수 있다고 보았다. 공간이 주는 상징은 아래 그림과 같다.

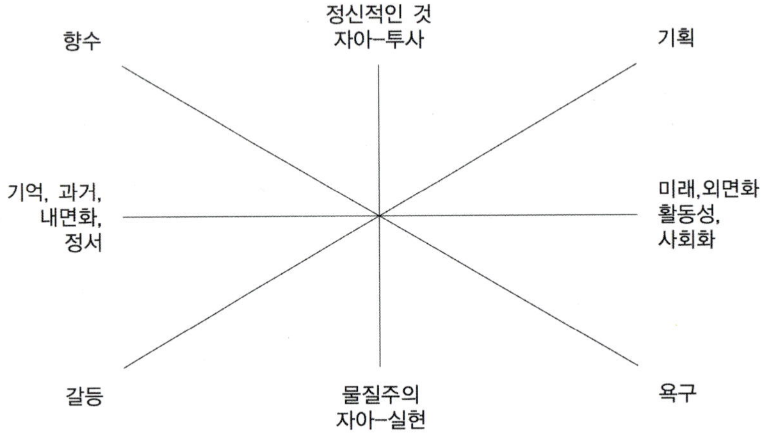

[그림 2-6] 아르투스의 공간상징

(5) 라이너의 공간상징

라이너(Rhyner)는 움직임과 방향성을 강조한 공간상징 도식을 개발하여 발표했는데, 아래 그림과 같다.

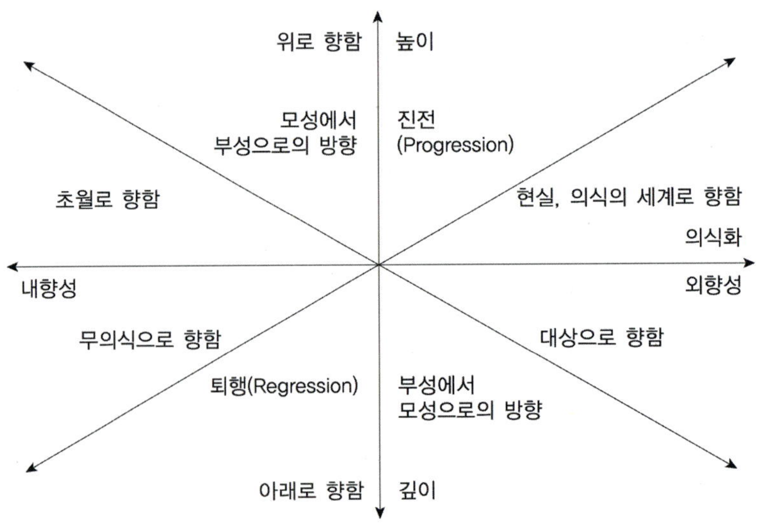

[그림 2-7] 움직임과 방향성을 강조한 라이너(Rhyner, 1977)의 공간 도식

2. 색채상징

"빛이 없는 곳에 의사가 먼저 방문한다"는 이탈리아 속담에서 알 수 있듯이 인간에게 빛은 생명을 건강하게 유지하는 데 필수적인 요소이다. 우리는 빛을 통해 색을 인식하게 되는데, 색이라고 하는 것은 빛의 영역 중 눈으로 볼 수 있는 가시광선의 영역을 말한다. 가시광선의 영역을 대표하는 색은 우리가 잘 알고 있는 빨강, 주황, 노랑, 초록, 파랑, 남색, 보라색이다.

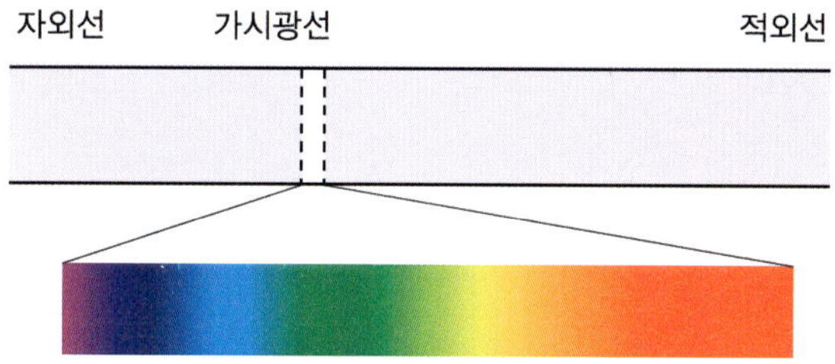

[그림 2-8] 가시광선 영역

가시광선 영역 외에 빨간색보다 파장이 긴 부분을 '적외선', 보라색보다 파장이 짧은 부분을 '자외선'이라고 한다. 빛의 영역에서 적외선이 48%, 가시광선이 43%, 자외선이 9% 정도를 차지하며, 가시광선은 우리 인간에게 심리적·생리적으로 가장 큰 영향을 미치는 매우 중요한 부분이다.

1) 색의 지각

우리가 색을 지각하고 해석하는 과정은 눈과 뇌에 의한 작용이라고 볼 수 있다. 색이 지각되는 과정은 다음의 4가지 요소에 의해 좌우된다.

① 빛에서 방사되는 에너지 분포
② 흡수, 반사, 굴절 등을 일으키는 대상물의 특징
③ 눈과 뇌의 지각
④ 심리적 요소

인간이 색의 자극으로부터 심리적 반응을 일으키는 과정은 단순히 개인이 가지고 있는 취향에 따른 반응뿐만 아니라 성별, 문화, 유전자, 경험, 개성 등 다양한 환경적 요인이 작용한다. 특정한 색을 보고 심리적 반응이 일어나는 것은 개인의 경험이나 취향에서 만들어지는 문제뿐만 아니라 문화적 토양, 한 개인을 만들어낸 유전적 요인 등 복잡한 메커니즘에서 얻어진 산물이다.

[그림 2-9] 색이 지각되는 과정

2) 색의 심리적 반응

우리의 눈으로 구분할 수 있는 색은 대개 4~5만 가지나 된다고 한다. 그러나 일상에서 이렇게 많은 색을 경험할 수는 없으며, 디즈니 애니메이션의 경우에도 400가지 전후로 색을 사용한다고 하니 일상에서 경험하는 색은 상당히 제한되어 있다고 할 수 있다. 특히 심리적 반응을 일으키는 색의 경우는 일반적으로 스펙트럼상에 나타나는 대표적 파장과 검정, 흰색, 회색 등 명도의 대표색, 그리고 스펙트럼에는 잘 나타나지 않지만 사람에게 심리적 영향을 많이 미치는 분홍, 갈색 등을 심리적 반응을 일으키는 주요색으로 보고 있다. 한국산업규격에서는 유채색의 기본 12색을 빨강, 주황, 노랑, 연두, 초록, 청록, 파랑, 남색, 보라, 자주, 분홍, 갈색으로 대표색을 규정하고, 무채색은 검정, 흰색, 회색을 기본색으로 하고 있다. 아래 표는 주요색에 대해 일반적으로 통용되는 심리적 의미를 살펴본 것이다. 표에서는 초록과 청록을 초록으로, 파랑과 남색을 파랑으로 범위를 통합하여 구분했다. 그러나 색에 대한 심리적 반응은 개인에 따라 다르게 나타날 수 있으므로 신중한 해석이 필요한 부분이다.

〈표 2-2〉 색의 심리적 반응

색명	심리적 반응
빨강	열정, 에너지, 생명력 등 본능적 욕구 자극, 관심, 역동적 에너지, 외향성
주황	친근감, 사교적, 사회성, 외향적, 풍요, 열린 마음, 진취적 성향, 식욕의 자극
노랑	모험심 자극, 뚜렷한 개성, 생동감과 따뜻함, 경쾌함, 명석함, 자유로운 사고와 행동, 주목받고 싶어 함
분홍	행복감, 애정, 청춘, 품위, 자상함, 연약함, 소녀적 취향
초록	안정감·조화·희망·회복·평화 상징, 품위 있고 성실한 사람, 예의 바름, 품위
파랑	모성애, 배려, 반성, 보호, 의무감, 휴식, 내성적, 지적 자극, 신앙심
보라	부, 권력, 화려, 우아, 신비스러운 이미지, 슬픔, 고통, 초조, 정서불안
갈색	모성적 힘, 비옥함, 양식, 편안함
검정	어둠, 절망, 소극적, 수동적, 보수적, 과시적
흰색	깨끗함, 순결, 결백, 잃어버린 과거를 보상받고 싶어 함, 내면을 들키고 싶지 않은 방어기제

※ 색채 표기는 한국산업규격의 규정에 따름

아동의 색채별 심리분석은 Alschuler, Hattwick의 1969년 「회화와 퍼스낼리티」 라는 논문에서 유·아동의 색채 사용 방법과 색채 배치를 중심으로 분석하여 아동의 심리상태를 발표했다. 선호색채별 아동의 심리상태는 다음 표와 같다.

〈표 2-3〉 아동의 색채 사용에 따른 심리분석

선호색	아동의 심리상태
빨강	비교적 자유롭게 느낀 대로 행동하고 반응한다. 신체기능이 왕성하며, 건전한 적응을 표시한다. 색을 넓은 필치로 수직·수평으로 다른 색 위에 덧칠하는 것은 적대감 혹은 자기주장의 표현이고, 조화롭고 아름답게 칠해졌을 때에는 애정표현이기도 하다.
노랑	의존적인 행동이 많고, 노랑과 파랑의 이중 표현은 성장욕구와 유아적 상태에 머무르려고 하는 욕구의 갈등 표현이다.
파랑	집중인 덩어리로 예민하고 긴장된 필치로 그리는 경우 억제된 불안을 나타내며, 선과 형으로 그리는 경우는 비교적 명랑한 성격의 아이로 주위에 잘 적응하는 행동을 보인다.
초록	내성적인 아동으로 강한 감정적 충동이 순화된 것이며, 감정의 결여나 회의적인 경향이 있다.
보라	억제된 불안한 심리상태와 관련이 깊고, 많은 친구 사귀기를 싫어하는 감상적인 면이 강하다.
주황	주위에 잘 적응하는 사회적 성격의 아동이다. 간혹 감정적 표현을 하기가 두려운 심약한 아동이 그것을 위장하기 위해 사용할 때도 있다.
갈색	파란색과 비교하여 갈색이 강한 것은 유아적 상태에 머무르려는 욕구의 표현으로 더러운 것을 싫어하며, 이 색을 고집해서 쓸 때는 모성애의 결여와 관련이 있다.
회색	대인관계가 원만하지 않고, 경계심이 강하며, 열등감을 많이 가지고 있다. 가정에서 만성적으로 억압감을 갖고 있는 경우가 많다.
검정	정서 행동에 결함이 있는 것으로 자유로운 가정의 흐름이 결여되어 있고, 공포와 불안을 가지고, 압박감을 느끼며, 고독하다.
흰색	외부와의 관계에 대한 후회로 인해 결백한 심정으로 돌아가고 싶은 마음의 반영
난색 계통	따뜻한 감성으로 남을 위하는 마음이 많으며, 어른에게 의존하는 경향이 강하고, 마음의 동요가 심하다.
한색 계통	비판적인 사고를 가지고 있고, 자기중심적이며, 지적이고 의지적이며, 독립심이 강하다.

3) 색의 생리적 반응

색의 생리적 반응이란 색자극이 눈에서부터 대뇌로 전달되는 과정에서 신경계통에 어떻게 반응하는지를 알아보는 것이다.

인간의 내분비체계는 색에도 특정한 반응을 한다. 우리가 색을 보게 되면 색은 뇌에 입력되고 특정한 호르몬 반응을 하기 위해 내분비선으로부터 신경전달물질을 밖으로 내보낸다. 내분비선은 우리 뇌가 인식한 그대로 색에 반응한다.

색이 인간에게 미치는 생리적 반응을 살펴보면 다음 표와 같다(초록과 청록을 초록으로, 파랑과 남색을 파랑으로 범위를 통합하여 구분했다).

〈표 2-4〉 색의 생리적 반응과 치료효과

색명	생리적 반응	효과 및 치료 작용
빨강	혈압 상승, 맥박 증가, 혈류속도의 증가, 식욕 촉진, 후각 및 미각의 예민함, 자율신경계에 작용, 아드레날린 분비, 뇌를 흥분시킴	활력 증대, 분노 표출
주황	식욕조절 중추자극, 식욕촉진, 나른함 유발	사회적 상호작용
노랑	뇌로의 전기화학적 전도를 신속하게 처리, 스트레스 증가	고립감으로부터의 회복, 자신감 고취, 피로회복
분홍	음식의 미감 형성	행복감
초록	음식물 알레르기 감소, 비만세포 억제, 습진·설사·위장 질환으로 인한 고통감소, 시각의 정확성 향상, 식욕증진, 진정작용	안정감, 지나친 충동자극을 조절
파랑	혈압·호흡·심장박동을 낮춤, 깊은 호흡유도, 발한 감소, 체온저하, 땀의 발산 약화, 식욕감퇴, 비행 및 싸움 반응 감소	신경의 피로회복, 상상력 자극, 해방감, 집중력
보라	정서불안을 초래하는 신체기능의 부전	예술적 감성자극, 회복력의 표현
갈색	정신적 고통 감소, 세로토닌 합성 촉진, 불안감 감소, 만성피로감 약화	침착함, 편안함, 회복
흰색	미감을 높임	해방감, 상상력
검정	식욕감퇴	과잉행동에 대한 통제, 보호

4) 색의 연상과 상징

색에 대해 연상과 상징이 생기는 것은 자연물이 주는 고유색이나 자신의 경험 또는 사회적·문화적 배경을 통해 영향을 받게 된다. 아래 표에 제시한 색의 연상과 상징은 다양한 문헌을 통해 나타난 것을 정리한 것이다.

〈표 2-5〉 색의 연상과 상징

색명	색의 연상		상징
	긍정적	부정적	
빨강	행복, 강인함, 역동성, 낙관주의, 생동력	폭발성, 죽음, 전쟁, 악마, 피, 고통, 공격성	자극적, 정열, 흥분, 애정, 위험, 혁명, 피, 더위, 열, 일출, 노을
주황	원기, 활력, 희열, 유쾌, 명랑, 가을, 태양, 오렌지, 노을, 사랑	천박, 사치, 경박함, 화려함, 요란함	기쁨, 원기, 즐거움, 만족, 온화, 건강, 활력, 따뜻함, 풍부, 가을
노랑	희망, 기대, 기쁨, 행복, 맑음, 개나리, 병아리, 밝음, 봄, 귀여움, 활발함	질투, 외로움, 연약함	명랑, 환희, 희망, 광명, 팽창, 유쾌, 황금
초록	위로, 치료, 평화, 시원함, 청순, 안전, 희망	이기심, 질투심, 게으름, 우울, 공포	평화, 상쾌, 희망, 휴식, 안전, 안정, 안식, 평정, 소박
파랑	고요함, 안정성, 평안, 온건, 신뢰감	놀라움, 우울, 차가움, 침체, 황폐화	젊음, 차가움, 명상, 심원, 냉혹, 추위, 바다
보라	고귀, 신비, 부드러움, 신성함, 포도, 제비꽃	불만, 질투, 광기, 공포	창조, 우아, 고독, 공포, 신앙, 위엄
분홍	우아한, 기품, 사랑스러운, 부드러운, 청춘, 소녀,	귀여운, 달콤한 맛, 벚꽃	나약한, 유아적인, 유치한
갈색	풍요로운 들판, 대지, 가을, 대변, 흙, 안정감	건조함, 쇠퇴, 외로움, 쓸쓸함, 불경기	풍요로운 들판, 대지, 가을, 농촌, 흙, 안정감
흰색	구름, 토끼, 흰옷, 간호원, 눈, 국화, 신부, 웨딩드레스, 의사, 병원, 간호사	뼈, 항복, 실패, 재, 냉기, 차가움, 단순함, 허무함	순수, 순결, 신성, 정직, 소박, 청결, 눈
검정	밤, 눈동자, 석탄, 피아노, 석유, 흑장미, 머리카락	악, 공포, 불안, 죽음, 그림자, 비구름, 상복	두려움, 고통, 슬픔, 우울, 공포, 악, 범죄, 부정, 죄, 침묵, 중압감, 후회, 의지, 냉담, 허무, 고생, 허무, 불안, 절망, 정지, 침묵, 암흑, 부정, 죽음, 밤

5) 색채와 생명

색은 생존본능으로 동식물들은 위장, 유혹, 보호, 경고의 기능을 위해 색을 이용하며, 우리 인간 역시 특정한 목적에서 색을 선택하기도 하고 다양한 방법으로 색을 활용한다. 이런 의미에서 색채는 생명이라고 할 수 있다. 찰스 다윈은 자신의 저서 『종의 기원』에서 색채의 생명력에 대해 다음과 같이 기술하고 있다. "…… 곧 곤충이 출현했고, 곤충은 선명한 색채의 식물에 이끌리게 되었는데, 색채가 식물의 수분과 번식에 중요한 역할을 했다. 꽃을 피우는 식물은 주목을 얻기 위함이며, 색채의 효용을 처음으로 입증했다. 곤충을 유혹하여 수분을 하는 식물은 아름다운 색을 가진 식물이며, 바람 등 동물에 의탁하지 않는 식물은 무미건조한 담갈색이다."

[그림 2-10] 생태계에서의 색 선택

인류가 달 착륙에 성공하고 나서 달 표면에 대해 "색채가 없다"라고 한 표현은 '색채가 없는 곳에는 생명도 없다.'는 의미를 그대로 담고 있는 것이다.

색은 그 자체로 표현력을 가지고 있으며, 이것을 지각하는 인간에게는 형태와 더불어 정서적 반응의 가장 큰 요소이기도 하다. 요하네스 이텐(Johannes Itten)은 색채의 잠재력을 "언어와 음 그리고 형과 색 등은 인간이 막연하게 추측하고 있는 하나의 선험적 실체를 나타내는 용기"라고 말하고 있다.

색은 정서적·심리적 반응이 즉각적으로 일어나는 조형요소이다. 그러므로 색채의 좋고 싫음은 그 사람이 가지고 있는 개인적 취향의 문제를 뛰어넘어 보편적 정서 감정이 어떻게 작용하는지를 읽을 수 있는 단서가 된다.

이상과 같이 색채를 통한 생리적·심리적 반응 그리고 치료 작용을 살펴보았다. 그러나 색채는 단순히 위에 예시한 색상자극뿐만 아니라 명도와 채도에 따라 그 반응이 다르게 나타나며, tone 분류법에 따른 감정효과 등 색채의 심리적 반응을 측정할 수 있는 다양한 방법이 있다. 그러므로 미술치료사는 색채에 대한 더 많은 지식을 쌓고, 여러 가지 사례의 특징에 따라 치료에 도입할 수 있는 색채의 치료적 방법에 대한 지식을 충분히 쌓아야 한다.

3. 형태상징

색과 더불어 형태는 조형언어를 이해하는 데 가장 기본이 되는 요소이다. 형이란 그리거나 만들어진 대상의 외관을 나타내는 모양을 일컫는 말이다. 칸딘스키는 "모든 형태는 자기의 내적 반향을 가지고 있으며, 그 형태와 같은 성질의 정신적 실체, 내적인 방향성을 가지고 있다."고 보았다.

창작과정에서 나타나는 형태는 매우 다양하여 이것을 범주화시켜 해석하는 것은 무리가 있으며, 구조화된 원, 사각형 등 일반적인 형태를 통해 상징을 이해하고 유추할 수 있는 능력을 키우는 것이 중요하다. 기본형태가 가지는 상징성을 보면 다음과 같다.

1) 원(circle)

원은 모서리가 없고 방향을 가지고 있지 않은 가장 자연스러운 모양으로 신성시되었다. 또한 원은 보편적인 상징으로서 완성과 영원성의 상징, 전체성, 완전성, 동시성, 원초의 완전함을 뜻한다. 이런 이유로 원은 인류의 문화에서 주로 신과 초월자를 나타내는 상징적인 형태로 받아들여졌으며, 원시종교에서 현대종교에 이르기까지 종교적 기호로 많이 사용되고 있다.

원은 과거에 태양의 상징으로 남성적 힘을 뜻했으나 현대에 이르러 '무한'을 상징하는 여성적인 것으로, '한정'되고 직선적이고 남성적이며 부성적인 창조력과 대립되는 상징으로 사용된다.

미술치료에서 원은 공격성 감소나 집중력을 높이는 데 효과적으로 사용되며, 우울증 성향의 사람에게 회복력을 길러주는 데 활용되기도 한다.

[그림 2-11] 만다라를 활용한 미술치료

2) 사각형(quadrangle)

사각형은 편안하고 안정감을 느끼게 하는 힘이 있다. 인간은 구획을 통해 자신의 영역을 확보하고 안정감을 얻고자 한다. 경계를 만드는 행위가 인위적으로 어려울 때는 지형이나 지물을 이용해 자신을 보호할 수 있는 은신처를 제공받았다. 이러한 구획을 통해 자신을 보호받고자 하는 심리적 안정감을 주는 구체적인 형태는 사각형으로 나타난다. 우리가 사각형을 보고 편안하고 안정감을 느끼는 것은 자신이 경험하기 이전의 인류가 가진 선험적 경험의 소산인 것이다. 이 형태는 인간의 삶의 요소가 되는 의식주 중 주거환경을 구성하는 전형적인 형태로 자리 잡은 것도 이러한 이유이다. 그러므로 사각형은 구체적이고 명백함을 나타내는 힘을 지니고 있다.

사각형은 인간이 몸담고 있는 구체적인 물질세계로서의 우주를 상징한다. 이는 4방위, 4계절, 4원소 등과 연결된다.

보호기능으로서 안정감의 기능을 지니는 사각형은 정돈의 욕구를 가진 사람의 그림에서 자주 등장한다고 한다. 또한 불안한 심리상태를 가진 사람에게 미술치료과정에서 도화지에 사각형의 구획을 그려주면 쉽게 안정감을 갖게 되는데, 이는 사각형이 가져다주는 보호기능이 작용하기 때문이다. 그러나 그림에서 사각형이 많이 나타나거나 사각형 테두리를 과도하게 그려 넣는 사람은 사고가 통제되어 있고 상상력이 부족할 수 있다. 자신의 불안증상이 편집증적으로 사각형의 형태를 반복적으로 그림으로써 보상받고 싶은 심리가 작용한다는 것이다.

3) 삼각형(triangle)

삼각형은 가장 단순화된 평면도형이다. 삼각형은 우주의 삼중성, 천(天), 지(地), 인(人), 아버지, 어머니, 자녀, 인간의 육체, 영혼을 나타낸다.

삼각형은 크게 피라미드형 삼각형과 역피라미드형 삼각형으로 구분할 수 있다. 일반적으로 많이 접하게 되는 피라미드형 삼각형은 남성성을 상징하며 양(陽), 태양, 생명, 불, 불꽃, 열, 생명력, 영적세계를 상징한다. 또한 종교적으로는 사랑, 진리, 예지의 삼위일체를 상징한다. 역피라미드형 삼각형은 여성적 힘을 나타내는 것으로, 음(陰), 수동적인 힘, 변화, 물, 무의식, 잠재력을 상징한다.

참고로 연금술에서 4대 원소를 나타내는 것으로 불은 △, 물은 ▽, 공기는 🜁, 땅은 🜃이다. 연결된 두 개의 삼각형은 대립물의 통합, 즉 '물의 불', '불의 물'을 나타낸다.

[그림 2-12] 이집트 고대 피라미드

4) 나선형(spiral)

나선이 가진 형상은 아름답다. 자연에서 접할 수 있는 나팔꽃 덩굴이 감아 올라가는 모습, 달팽이의 문양, 강의 움직임 등 나선은 자연의 일부이다. 나선은 밖으로 뻗어나가는 동시에 안으로 수축하는 형태로 우리 인류는 일찍이 나선이 가진 성장과 소멸, 차고 기욺 등 생명 순환의 상징으로 나선을 사용했다. 이것은 구석기시대 인류와 함께 나선의 형태가 등장한 것이며, 또한 지역적으로 국한되지 않고 문명이 형성된 고대의 이집트, 메소포타미아, 그리스, 중국, 인도 등 전 세계적으로 넓은 영역에서 발견된다는 점은 인간이 고민하고 해결하고자 했던 상생을 이 나선에서 찾았을 수 있다.

[그림 2-13] 울산 반구대 암각화의 나선형 무늬

[그림 2-14] 클림트 그림에 나타난 나선형 무늬

나선은 아주 복잡다기한 의미를 가진 상징이다. 나선은 여러 가지가 연관된 힘으로 태양과 달의 힘을 나타내며, 또한 대기, 물, 우레나 번개를 상징한다. 나선은 소용돌이로, 사물의 동적인 상(象), 위대한 창조력, 해방, 풍요를 상징한다.

나선형 역시 삼각형과 마찬가지로 두 개의 형태로 구분된다. 바깥으로 도는 나선과 안으로 들어가는 나선형이 있다. 일반적으로 내향성이 강한 사람은 소용돌이의 정점이 안으로 모이듯, 안쪽으로 들어가는 나선을 사용한다. 반대로 외향성이 강한 사람은 중심으로부터 외계로 진행하는 나선의 형태가 만들어진다.

다음은 나선의 방향성에 따른 상징을 그림으로 나타낸 것이다.

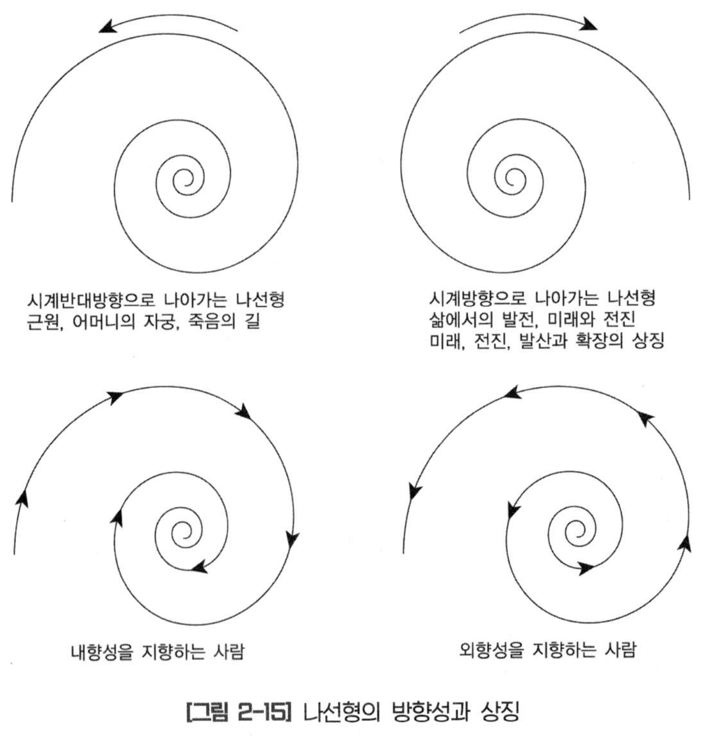

[그림 2-15] 나선형의 방향성과 상징

5) 선(line)

내담자가 그림을 그려나가는 과정에서 연필을 쥐는 힘, 속도, 특정적 형태의 강조나 움직임 등에 따라 다양한 느낌을 연출하며 이를 통해 의미와 해석을 유추해낼 수 있는 단서를 얻을 수 있다. 한국, 중국을 중심으로 한 동양에서 예부터 글씨나 그림을 그리는 사람의 필체에 따라 그 사람의 성품을 알아낼 수 있다고 한 것 역시 이러한 이치에서라고 볼 수 있다. 서양에서는 조형을 만들어 내는 데 있어 점, 면과 함께 선을 가장 중요한 요소로 보았다.

다음은 각각의 선의 형태에 따른 상징적 의미를 나타낸다.

① **대각선** : 에너지의 표현, 방향에 따라 상승 또는 추락, 승리 또는 패배, 어떤 의미로든 역동적인 힘을 담고 있다.

② **수직선** : 곧음, 경직된, 신적인 것과의 소통

③ **수평선** : 안정감, 모성적 힘, 고요, 편안함, 조화

④ **물결선** : 상하의 운동성, 감각적 민감성

⑤ **원** : 영원, 완벽성, 초월

⑥ **강한 선** : 에너지, 활력, 창의적 힘

⑦ **약한 선** : 자신감 부족, 갈등, 에너지가 약함

⑧ **헝클어진 선** : 절제되지 않음, 감정적 흥분이나 불안, 좌절

⑨ **격렬한 선** : 분노, 난폭, 폭력적 성향

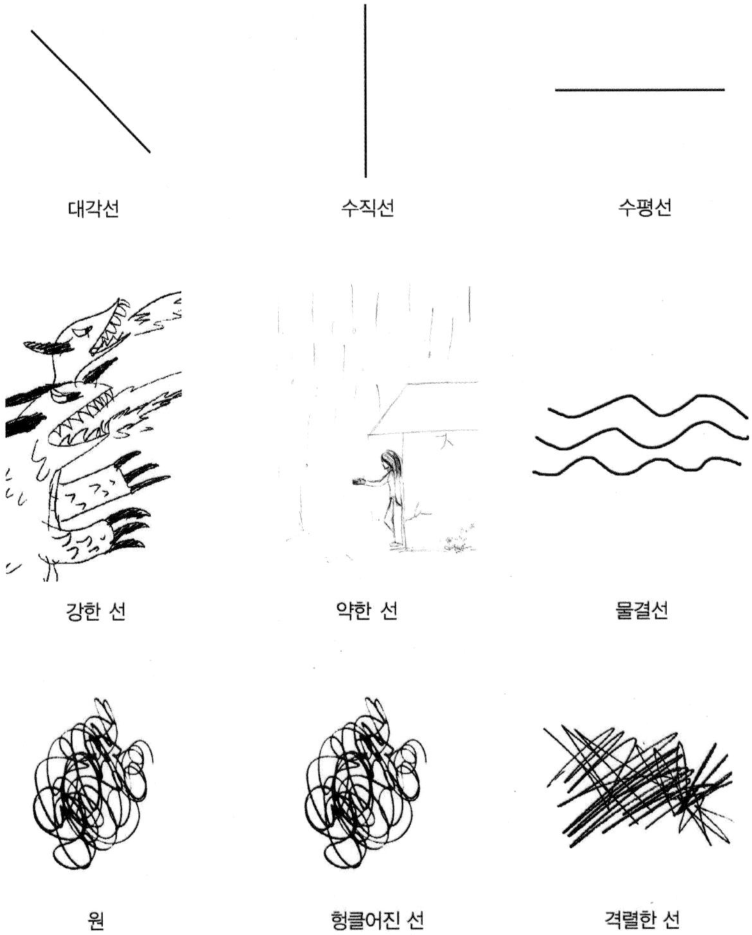

[그림 2-16] 선의 종류

Chapter

03

인물화 검사(DAP)

1. 인물화 검사(DAP)의 개요
2. 인물화 검사(DAP)의 목표
3. 인물화 검사(DAP)의 실시방법
4. 인물화 검사(DAP)의 해석방법
5. 사례

1. 인물화 검사(DAP)의 개요

모든 투사검사의 기본은 인물상에 대한 해석에서 출발한다. 그러므로 그림 진단에서 인물화 검사는 매우 중요하며 그 역사도 깊다고 할 수 있다. 인물화에 대한 관심은 20세기 초부터 시작되었으며, 아동의 그림이 그 아동 특유의 성격과 특징을 나타낸다는 데 관심을 기울이기 시작하여 아동의 그림을 연구하기 시작했다. 인물화를 심리검사 도구로 활용하기 시작한 것은 1926년 Goodenough가 '인물화에 의한 지능 측정'을 발표하면서부터 시작되었다. 그녀는 그림이 어떻게 아동의 지능발달을 반영하는지 보여주었고, 정신연령에 따른 그림 점수 척도를 개발했으며, 그녀가 개발한 인물화에 의한 지능검사는 이후 아동의 성격검사를 위한 투사적 기법으로 발전하게 되었다.

인물화 검사(DAP : Draw A Person Test)는 실시하기가 간단하고 아동, 청소년, 성인 등 모든 대상에 적용할 수 있다. 인물화 분석은 모든 투사검사의 기본이며, 특히 HTP(집, 나무, 사람 검사)나 KFD(동적 가족화 또는 가족화)의 기초가 되므로 잘 이해할 필요가 있다.

성격진단 도구로서 인물화 검사에 대한 연구는 1949년 Machover가 「인물 그림에서의 성격 투사」라는 자신의 논문에서 "그림이 성격의 중요한 부분을 진단할 수 있다."고 주장했고, 1952년 Levy가 「투사검사로서의 그림」이라는 논문에서 "그림은 의식적인 표현일 수도 있고, 무의식적인 현상의 숨겨지고 장식된 상징이기도 한 것"이라고 발표하면서 다양한 시각과 체계적인 접근이 이루어지기 시작했다고 볼 수 있다. 이러한 이론적 연구들을 바탕으로 Jolles는 인물화에 나타나는 여러 가지 특징의 상징적인 의미들을 상세히 제시하는 등 구체적인 방법이 제시되었다. 1982년 Klepsch는 "개인의 성격, 타인과의 관계 속에 있는 자기(self), 태도, 소속된 집단의 가치규범이 인물화에 드러난다."고 했으며, 같은 해 Ogden은 인물화에서 자신의 이미지뿐만 아니라 자신이 되고 싶은 모습(ideal self), 중요한 인물이 가진 특성은 물론 그려진 순서에 따라 성적 정체감도 확인할 수 있다고 보았다.

인물상에 대한 평가의 기준은 많은 학자들에 의해 제시되었다. 1956년 일본의 오토모 박사는 인물화의 신체 각 부위의 특징을 비롯하여 인물의 운동 측면이나 크기 등을 관찰하여 17개 항목으로 나누어 성격 진단에 필요한 분석의 기준을 만들어냈으며, 코피츠(Koppitz)는 발달과 성격특성을 알아보기 위해 발달적 항목과 정서적 지표를 개발하는 등 다양한 연구가 이루어지고 있다.

인물화검사는 DAP(Draw A Person)과 HFD(Human Figure Drawing)으로 혼용하여 사용하는데 본 책에서는 영문표기를 일반적으로 많이 쓰이는 DAP로 통일하였다.

2. 인물화 검사(DAP)의 목표

인물상에 담겨진 자아상의 투사, 무의식적인 동기나 욕구가 어떻게 표현되었는지, 개인의 충동, 불안, 갈등, 보상 등 개인적 욕구는 물론 사회에 대한 가치규범의 태도 등을 살펴본다.

3. 인물화 검사(DAP)의 실시방법

1) 준비물

A4용지 2장, 4B연필, 지우개

2) 실시과정

① 검사자가 종이와 연필을 준비하여 제시하고, 지시사항에 따라 그림을

그리도록 한다. “사람을 그리세요.”라고 하며, 이때 남·여에 대한 지시는 별도로 하지 않는다.

② 한 장의 그림이 완성되고 나면 다른 종이를 제시하여 방금 그린 그림과 반대의 성을 그리라고 한다.

③ 분위기를 자연스럽고 부드럽게 이끌어주어 자기가 그리는 인물에만 열중할 수 있도록 해주어야 하며, 검사시간은 제한이 없으나 10~30분 정도 소요된다.

④ 그림이 완성되면 검사자는 그림에 대해 여러 가지 질문을 하여 내담자가 그림의 특정 부분이나 느낌에 어떤 내용을 담는지에 대한 정보를 얻도록 한다.

질문들은 그림을 통한 신체 이미지에 대한 지각과 무의식적으로 DAP의 내담자들을 이끄는 개인적 느낌의 투사와 관련된 것이다.

⑤ DAP가 완성되면 협조에 대해 감사의 말을 하고, 그림에 피검자의 이름, 나이, 성, 검사 날짜, 그림의 순서를 표시한다.

⑥ 실시하는 과정에서 주의할 점은 다음과 같다.

- 검사자가 그림에 대한 암시를 주지 말아야 한다. “사람의 전체를 다 그려야 하나요?”, “단추도 그리나요?” 등의 질문에 대해 “생각나는 대로 자유롭게 그리세요.”라고만 대답한다.
- “그래요.” 또는 “그렇게 하면 됩니다.” 등의 동의는 하지 말아야 하지만, “열심히 하는군요.” 등으로 그리는 것을 격려해줄 필요는 있다. 검사의 지시는 내담자의 연령에 따라 적절한 방법으로 대처하도록 한다.
- 지우개를 처음부터 제시하거나 지우고 그릴 수 있다고 안내하지는 않으나, 내담자가 지우개를 원할 경우는 준다. 종이 사이에 먹지를 끼워 넣으면 그림의 수정을 잘 알아볼 수 있다.
- 검사하는 동안 내담자의 행동을 자세히 관찰하고 자발적인 말을 기록한다. 검사 과정에서의 전체 행동을 채점하고 해석할 필요가 있다. 성격의 전체성에 대한 이러한 인식이 DAP 결과 해석 시 가장 먼저 고려

되어야 한다.

- 내담자의 그림이 막대기 인물상이나 만화 등 고정화된 그림이라면 형식적이지 않은 인물상을 그릴 때까지 검사를 되풀이하는 것이 좋다.
- 경직되고 회피적인 내담자는 자신을 드러내기를 피하려고 노력하며, 막대 인물상이나 인물에 대한 성의 없는 표현으로 검사의 가치를 떨어뜨린다. 이런 내담자에게는 지지와 격려 또는 방어가 일어나지 않는 환경을 조성하여 온전한 인물상을 그리도록 한다.

4. 인물화 검사(DAP)의 해석방법

1) DAP 해석과정

① 검사 상황과 검사받는 내담자의 반응에 대한 관찰 및 기록

② **DAP에 대한 내담자의 태도 관찰 및 기록** : 마지못해 하는지, 적극적인지, 말이 없는지, 충동적인지, 확인을 바라는지 등 검사태도에서 의미 있는 질문을 했는지 살펴본다.

③ 그려진 인물에 대해 어떻게 묘사하는지, 활동적인지 비활동적인지, 행복해 보이는지 슬퍼 보이는지 등의 느낌을 살펴본다.

④ **인물상에서 시사된 일반적인 인상** : 인물의 크기와 위치, 누구를 그렸는지, 남녀상의 비교, 전체적인 필압과 선, 묘사의 정도, 두드러진 생략, 인물의 자세나 행동 등을 보는 것을 말한다.

⑤ **남자상과 여자상에서 차이점** : 처음 그린 성은? 좀 더 공격적인 성은? 내담자가 동일시하는 성은? 그리면서 갈등을 한 대상은 어느 것인가? 등이다.

⑥ **인물화 검사 목록에 의한 분석** : 머리, 손, 팔, 목, 어깨·가슴, 몸체, 발·다리 등 주요 부분으로 해석한다.

⑦ 해석적 가설들, 임상적 판단, 가족사, 내담자의 현재 행동 사이의 모순 등

가능한 여러 자료를 통합적으로 고려하여 최종적으로 해석한다.

2) DAP 해석 지표

DAP의 해석은 인물화의 여러 가지 항목에 대한 경험적 연구 결과들을 반영하고 있다. Machover, Jolles, Hammer, Levy, 신민섭 등의 해석을 종합하여 항목별 해석 목록이 제시되고 있으며, 그 내용을 요약해보면 다음과 같다.

(1) 그림 그리는 과정

그리는 것에 대한 저항이나 방어	수줍음, 불안, 회피, 우울증, 완고함
그림 그리는 순서	• 대부분 머리에서 발쪽으로 그림 • 머리나 허리선 아래로 내려가는 것을 망설임 – 그 부분의 상징적 의미와 관련되어 갈등 암시 • 혼란한 순서 – 충동적인, 조증의 과도한 활동, 혼란된 정신분열증 • 작은 부분의 좌우대칭 전개 – 엄격함, 강박성 • 얼굴의 이목구비를 맨 나중에 그림 – 정서적 관여에 직면하는 데 대한 저항, 무능과 관련된 부적응
그림에 대한 태도 (못 그린다, 어렵다, 창피하다)	• 낮은 자존감과 우울증, 검사자의 비난을 피하려고 함, 권위적인 인물로부터 확신을 얻기 바람
지움(수정), 생략	• 해당 부분에 대한 불안이나 불만 – 신경증, 강박증, 정신장애, 노쇠한 사람, 조증, 우울증, 어린 아동에게는 드묾, 생략은 갈등을 의미함(신체 결함)

(2) 전체적인 인물상

공허한 인물상	회피, 우울증, 정신적 결함, 퇴행, 정신분열증적인 공허감
인물상의 균형, 대칭, 비례	• 정신적 균형에 대한 내담자의 감정과 연관 • 정신적 조화나 내적인 갈등의 확장을 나타냄
기울어진 인물상	불균형감, 정신분열증의 초기, 끊임없이 변하고 불안정한 상태의 성격
기형의 인물상	전형적으로 과거나 현재에 실제적으로 기형인 부분에서 나타남, 신체 부위의 현실적인 상징적 어려움
나체상	• 그리는 경우는 많지 않음 • 미술전공 학생, 성적으로 훔쳐보는 취미, 우울증적 정신분열증, 성적 관심
대칭성	• 좌우 대칭에 대한 엄격함과 억압, 극단적인 대칭(강박적, 정서적으로 차갑고 메마름), 명백한 혼란 • 신경증, 심한 불안 신경증, 경조증
막대 인물상	회피, 엄격함(지적으로 신중함), 정신병(대인관계에 혐오를 나타냄), 불안정(신념 상실)
도화지 상단에 위치	경계를 넘거나 상단에 그림(대인관계에서 자신을 지나치게 내세우려는 경향, 극단적인 공상생활을 하는 경향, 조울증적 성격)
왼쪽으로 보이는 인물	내성적, 이기적
도화지의 왼쪽과 오른쪽	왼쪽은 자신에 관한 부분이고, 오른쪽은 환경
도식적인 그림	극단적인 상징적 사고들(악화된 정신분열증)
옆모습	• 자기 과시, 순진함, 사회적 의사소통의 함축 • 여성과 사회적으로 의존적인 사람
인물상의 분위기	행복한, 우울한, 거만한, 지배적인, 엄격한, 친절한, 관대한, 힘 있는, 부드러운 등등 여러 가지 표현이 가능하다.

(3) 남·여 인물의 표현

성의 특징적인 표현은 성 역할, 적대감, 의존성, 힘의 우위와 성적 수준의 미숙함에 의한 고착 등과 관련되는 갈등영역을 나타낼 수 있다.

균형 잡힌 인물상	균형 잡힌 성역할, 자존감
모호한 남녀의 표현	동성애적 경향(때로는 매혹적인 인물을 표현)
나약한 여자상	• 남성 : 남성우위, 과시적, 남성우위적 • 여성 : 약하고 민감함 • 자기과시적인 자기중심적인 남자 • 성적으로 미숙한 남자
나약한 남자상	남성권위를 부정하는 여자
성적 묘사의 결여	성적 역할의 무기력, 성에 대한 심리적 회피
과도한 성적 표현	성적 관심, 해소되지 못한 성적 욕구
반대성을 먼저 그림	이성에 대한 관심, 성의 동일시에 혼란이 있고 자신의 성적 역할을 받아들이지 못하거나 동성애일 가능성(Levy의 피검자 5,000명 중 87%가 동성을 먼저 그렸다. 동성애자 중 81%가 이성을 먼저 그렸다)

(4) 인물상의 크기

인물상이 작게 표현되었다면 자신을 작게 느끼거나 열등감을 반영하는 것일 가능성이 크며, 크게 표현되었다면 과대망상과 공격적 성향을 나타낸다고 볼 수 있다. 극단적인 크기의 인물상은 정신질환을 반영할 수 있다.

보통보다 현저하게 작은 인물상	위축된 자아, 환경을 다루는 데 있어서 부적절함과 걱정, 퇴행적이고 낮은 에너지 수준과 약하고 아주 작은 자아, 심한 우울증
매우 큰 인물상	• 공격성, 과잉행동, 감정조절능력의 부족이나 보상적 방어감정 • 균형이 맞지 않으며 공허하고 빈약하게 그렸다면 아동기 정신적 장애, 기질적 장애
도화지를 벗어난 인물상	• 계획 능력의 부족 • 조증, 과잉행동의 경향

(5) 인물상의 자세 및 운동

달리는 인물상	• 내담자의 활동성, 과도한 에너지 수준 • 불유쾌한 상황에서 도피하려는 높은 수준의 에너지를 가리킴 • 히스테리적인 충동성을 가리킬 수도 있음
어릿광대 인물상	• 검사에 대한 방어나 회피 • 해롭지 않은 불합리성에 대한 충동과 욕망을 감소시키려는 노력 • 자기 과시벽이 강한 경향 / 지능과 창조성이 평균 이상 • 다른 사람에게 익살스러운 행동을 하는 경향
활동적인 인물상	적극성, 활동성 또는 부족한 자기 에너지에 대한 보상심리
과도한 활동성	세계를 조정하고 예지력을 증가시키기 위한 보상적인 능력
수동적인 인물상	무력함과 약함의 과도한 감정으로 생기는 병리적 증후
발을 벌리고 섬	• 넓게 벌림(자신감, 대인관계에서 불안정을 상쇄하려 함) • 좁게 벌림(엄격함, 속박) • 딱 붙임(성적 유혹에 긴장, 저항, 수줍음)
쓰러질 듯한 인물상	불안정한 정신적 균형

(6) 인물상의 방향

균형 잡히지 않은 측면 얼굴	빈약한 판단력
여자상은 정면/ 남자상은 측면	• 남성 내담자(자기방어의 표시) • 여성 내담자(자기노출 준비가 됨)
인물상의 표현이 방향성을 갖지 않거나 부분 방향성을 띰	• 비교적 드물고, 정상에서 벗어나 기질적 요인, 낮은 수준의 정신 지능, 조현병 • 사회적 불안(사회적 교섭과 관련된 죄책감)
전체적으로 옆모습 또는 측면의 경향	• 외부세계와의 직면을 거부함 • 자기를 숨기려는 경향, 철회
뒷모습의 표현	외부세계나 환경에 대한 회피, 거부, 반항의 표현
지면선	불안정감이나 판단의 기준, 지지, 경계에 대한 욕구

(7) 음영과 완성되지 않은 그림

음영의 양	불안, 불안의 정도는 음영의 양과 관련 있음
극도의 지저분한 음영	과도한 불안이나 거기에서 오는 정서장애
그림자	의식수준에 있어서 불안과 갈등 시사
그림의 일부분에 음영	그 부분과 관련된 불안과 갈등
극단적인 음영	일반화된 불안, 적대적인 환경에 대항할 수 있는 자신감의 결여, 자기비판 감정들
완성되지 않은 그림	• 우울, 회피, 성취의 낮은 기준(아동의 경우 지적장애) • 신경증적인 압박감

(8) 주제

인물상의 주제는 대상이 가지는 힘과 역할의 투사로 해석할 수 있다.

경찰관, 로봇, 공룡	• 영웅적, 외부세계를 조절하려는 영웅적·자기주장적 상상 • 아동에게 흔히 나타남
눈사람	신체 문제에 대한 회피
광대, 만화, 바보 같은 인물상	자기 경멸이나 자기 적개심의 표현
나이든 사람	성숙함과 지배력을 가지려고 애씀
젊은 사람	유아적 방어, 표현의 자유와 아동기의 적은 책임 갈망, 정서적인 미성숙

(9) 선의 묘사

희미한 선	• 주장의 부족(표면에 나서기 꺼림, 마음이 약함) • 불안, 소심함, 불안정함(기본적인 방어로 철회를 사용함) • 불확실성, 우울, 생기의 부족, 열성의 결핍 • 지성적이고 내성적, 정신적
진한 선	• 주장적이고 지배적이며, 힘과 통제를 위한 노력 • 지나친 적대적 충동들, 자기확신의 표시 • 음영과 강한 압력이 결합함(불안을 나타냄) • 긴장과 적대감의 표시
강한 압력으로 더럽혀진 많은 음영	어린아이, 불안신경증, 정신병
연속적인 선	결심, 뇌기능 장애

압력이 가볍고 끊어진 선	무서움, 불안정, 부적응
빈약한 협응	과도한 긴장, 불안, 명백한 두뇌 손상일 가능성
스케치선 (예술적인 스케치의 결핍)	명확하지 못한 선의 움직임, 필압이 약하면 부적절함, 불안, 불명확, 불안정
긴 선	통제
짧은 선	충동적
몸 쪽으로 향한 선	내향성
바깥쪽으로 향한 선	외향성
필압	에너지 수준
무거운 필압	불안과 긴장
수직적 필압	결의, 주장, 남성다움

(10) 세부 묘사

과도한 표현	주의 깊게 장면을 조직화함(강박적 성향)
완전함 결여	심하게 혼란된 우울증 환자(윤곽선만 그림)
거의 상세하지 않음	아동, 정신적 결함, 우울증, 회피적인 성향, 자신감 부족
강박신경증 환자	미세한 세부, 지나친 염려, 자주 지움
편집증 환자	눈과 귀를 지나치게 상세히 그림
지적인 성인	보다 조화롭고 균형 잡힌 세밀함
정신지체인	아동의 그림을 연상시키는 대강의 그림
정신병 환자	급성은 기괴한 부분들, 해부학적 지표들을 그림
우울증 환자	나약함, 소극적임, 맹인, 공허한 인물상

(11) 증상에 따른 특징

갈등	생략, 음영, 지움, 끊어진 선, 떨린 선, 비대칭
강박증적 경향	지나친 세부묘사, 대칭성 강조, 많이 지움, 많은 시간 요소, 많은 질문
공격성	날카로운 손가락, 음울하고 날카로운 눈, 평평한 코, 강조된 콧구멍, 꽉 쥔 손, 벙어리장갑 같은 손(숨겨지거나 잘린 손), 심하게 음영이 그려진 머리
비행청소년	• 군인이나 카우보이(힘과 강함을 위한 노력) • 공격성의 상징(총, 칼, 방망이) • 크기나 체력의 강조(큰 머리는 지적 통제를 위한 노력)

아동화의 특징	큰 머리, 손이 약함(환경을 다루는 힘 약함), 입 강조(구강적 의존), 크게 위로 치켜 올라간 입(승인 얻기를 바람), 보지 못하는 눈(의존심, 분별력 결여), 투시화(정상), 두족화, 옷(그리지 않거나 무시), 활동성(과잉행동)
우울증	입의 강조, 낮은 활동 수준, 머리를 숙이거나 앉음, 시무룩한 표정, 주름진 이마, 헝클어진 머리, 발·다리를 그리는 데 저항(저활동성), 육체적 충동을 용납하지 못함(에너지 및 열의의 결여), 코와 발에서의 갈등(성욕), 보이지 않는 눈(대처, 직면 능력 결여), 팔과 손 생략(무능에 대한 강한 감정), 과장되고 기형인 신체(육체적 분열을 느낌), 상세함의 결여, 머리에 음영을 넣지 않음
조현병	공상 속에서 성취와 힘을 얻으려 함, 좌측에 그려진 인물, 내성적인 인물상, 확장된 머리, 귀와 눈의 세부묘사(환청과 의심), 굳은 몸, 기괴한 그림, 투시화, 혼란의 연속, 심한 불균형, 형식화된 인물상, 생식기의 표현, 인간성의 말살, 혼동된 측면상, 개략적인 인물상
동성애	• 긴 속눈썹이 그려진 큰 눈을 가진 남성상 • 남성상에서의 높은 굽, 매혹적인 남성의 옆얼굴 • 부드러운 입, 아치형의 눈, 꼼꼼한 여자의 머리 모양 • 남자상에서의 잘록한 허리, 남자상에서의 엉덩이와 직장의 강조, 남자상과 여자상의 차이가 거의 없는 경우
기질적 장애	• 비율에서 벗어난 머리, 지나치게 큰 머리, 선이 굵고 단순함 • 전체적으로 나약함, 세밀하지 않고 많이 생략함 • 형상이 과도하게 큼, 피검자에 의해 표현되는 중요한 감각 • 접근의 완고함, 상동적 표현, 유별난 필압 • 머리의 윤곽선을 진하게 그림
부적당한 감정 지표	• 매우 작은 인물상, 매우 크고 과장된 인물상, 약한 손과 발 • 장님이나 보이지 않는 눈, 굽어진 발, 꽃잎 같은 손가락
비정상의 지표	• 인물상의 괴상함, 인물의 부분 처리에 있어서 과도한 부적당함 • 과도한 상징적 인물 처리, 인물 처리의 단순함, 내부기관이 보임 • 극도의 긴장, 음영, 필압 • 머리는 정면이며 몸통은 측면의 인물상
심한 정서장애에 대한 경고	• 보지 못하는 눈, 해부학적 지표들, 크게 벌리고 있는 입 • 추파를 던지는 입, 꽉 쥔 주먹, 잔인한 특성 • 극도의 지저분한 음영, 뭉개어 그린 입, 갈고리 같은 손가락 • 주요 부분(팔, 다리, 손 등) 생략, 딱딱하고도 도시적인 인물상 • 균형의 상실, 지나치게 기울어짐, 생식기 강조, 난화 • 측면의 혼동, 아주 작고 공허한 그림, 도화지를 벗어난 큰 그림, 내사시
알코올중독	• 구강이 강조되는 구강적 의존성(몸의 중앙선, 주머니, 의존성) • 우울한 특징들은 특히 낮은 활동 수준에 의해 나타남 • 아주 작은 얼굴 생김새(약한 자아), 성적인 갈등, 지표 나타남(발, 코, 머리 등)

편집증	• 머리 강조(부적절한 감정들에 대한 엄격한 보상) • 눈과 귀의 강조(세계에 대한 지나친 관심, 적대적이라고 느낌) • 측면의 인물상을 그림(검사 상황의 회피 및 의심) • 날카로운 눈을 그림(위험과 위협에 대해 지켜봄) • 갈퀴 모양의 손가락(환경에서 조작된 극도의 적개심과 공격심) • 머리카락을 지나치게 상세하게 그림(성적 통제에 대한 큰 관심) • 동성애적인 표시를 가짐(일부 편집증 환자에 있어서 성도착) • 그림 그리기를 거부
퇴행 및 철회의 지표	• 감은 눈 • 오목한 입 • 동결된 움직임(명상에 잠긴 모습) • 왼쪽을 바라보는 측면상 • 경직된 측면상 • 그림 그리기를 거부 • 빈약함(곤봉 모양의 발, 약한 다리, 병약한 팔, 꽃잎 같은 손가락, 아주 작은 손가락)
의존성의 지표	• 중앙선 강조(단추) • 오목하고 받아들이는 입(관심과 사랑, 승인을 요구함)
히스테리적 충동의 지표	• 불규칙한 선의 압력 • 정확성의 결여 • 톱니 모양의 들쭉날쭉한 선 • 극단적인 변화 • 머리카락의 지저분한 처리 • 유아적인 얼굴 생김새 • 약한 손과 팔

(12) 머리

머리 그림에서 내담자는 무의식적으로 지능에 대한 관심을 표현한다. 공상영역 몰두 정도, 합리적인 통제, 개인 상호 간의 관계에 대한 관심과 자아개념, 일반적으로 손상을 입은 피검자의 인물상에서 혼란을 보여주는 부분이기도 하다.

과장된 세부묘사 또는 강조	활발한 공상을 나타냄
관찰자로부터 고개를 돌림	위축, 검사 상황의 거부(회피), 환경적 문제 거부
측면	회피, 약간의 위축, 죄의식
큰 머리	• 강한 지적 노력을 보여줌 • 지적으로 훌륭한, 허영심 강한 사람(확대된 자아) • 만족의 원천에 따른 주목할 만한 공상적 행동 • 지적 성취에 대한 보상 압력을 가진 지적 부족감 • 지적 작용에 대한 유기체의 관심 • 부족함을 근거로 한 거만하고 자기중심적인 태도 가능성 • 학교과목에서의 어려움 때문에 정서적·사회적 부적응을 보이는 아동 • 아동, 지적장애, 공격성, 편두통(뇌수술), 편집증, 자아도취증
작은 머리	• 강박증 환자, 지적 부족감 • 고통스러운 사고 부분과 죄의식을 부정하기 위한 욕구의 강박적인 표현 • 신체적 충동의 만족을 방해하는 지적 통제를 부정하려는 소망

(13) 얼굴

얼굴은 세상을 나타내는 전면이다. 얼굴은 사랑, 미움, 공포, 공격, 유순함 또는 부적당한 감정, 반항, 혼란, 온화함 또는 불안 표현 등으로 그림의 경향성을 보여준다.

강한 강조	외부의 상황과 사회적 관계에 대한 관심, 사회적 주장에 대한 내적 충동, 공격적이며 사회적으로 우월한 자기상을 그림으로써 부적합성, 약함, 자기주장성의 결여에 대한 보상
희미하거나 생략됨	• 대인관계에 동반되는 갈등에 대한 회피 • 사회적 관계로부터 철회
날카로운 얼굴	• 달걀 모양이면 여자다움, 예민함, 심미적인 • 사각형이면 남성다운, 힘 있는, 권력에의 투쟁
얼굴을 마지막에 그림	사회적 관계에서 어려움, 자기표출 회피
코와 입술 부분의 선	얼굴에 대한 성숙, 깊이를 나타냄, 정서적 성숙과 관련
주름 잡힌 이마	지적 열망, 감정적 조절에 대한 스트레스, 걱정, 정신쇠약

(14) 머리카락

짙은 음영	• 성적욕구 또는 정신적 통제에 대한 심한 불안 • 사고나 공상에 대한 불안
음영이 없는 긴 머리카락	성적욕구에 대한 양가감정 또는 적개심
헝클어지거나 단정치 못한 여자의 머리	• 청소년의 경우 성욕에의 충동성 • 여성들에 대한 남성의 불신(알코올중독자, 편집증 여성)
여자상의 헝클어진 머리카락과 남자상의 단정한 머리카락	심리, 성적으로 유아적인 남자, 여자관계와 남자 지배에서 성적 혼란
정성들여 손질한 머리카락	자기과시를 즐기는 여자, 허영심, 동성애적인 남자
매우 자유로운 머리카락	성적으로 매력 있고 활동적인 여성
자극적인 머리카락	유아기적 성충동에 대한 각성
음영이 없는 머리카락	우울, 리비도의 저하
머리카락에 많은 주의를 기울임	자기애적, 자기중심적, 자만심이 강함
다듬은, 단정한 머리카락	여성상의 경우 성적 통제
머리카락에 가려진 부분의 음영 정도	남자다움의 한계와 부족, 남자다워지려는 노력
단정치 못한 머리카락	성적 부도덕, 통제의 결여

(15) 가슴

생명을 주는 모유, 어머니와 어머니로부터 받는 대상의 상징을 제공한다. 가슴은 주는 것보다 받는 것, 의존성과 관련된다.

짙은 음영 혹은 불균형적인 확대	의존적, 유아적, 이기적
큰 앞가슴의 모성적 여성	어머니나 대리모가 지배적이고 과보호적인 가정에서 자람, 심리적으로 미성숙
작은 가슴	아동에게 사랑, 애정, 인정을 제공함에 있어 냉정함, 여자가 그림(여성임을 거부), 어머니에 대한 거부, 성숙한 여성에 대한 두려움
밑으로 늘어뜨린 장식선이 그려진 가슴	어머니에게 의존적인 남자
가슴과 골반의 강조	• 여자가 그림(생산적이고 지배적인 어머니와 동일시) • 남자가 그림(어머니상에 대한 의존, 사랑과 인정에 대한 강한 추구)
크고 단단한 가슴	• 발랄한 성적 욕구를 가진 젊은 여자상 • 젊은 여성이 남자와 동등한 '소년다움', '자유연애'를 위해 좀 더 성숙한 여성에 대한 거부를 나타냄

(16) 귀

귀는 다른 사람과의 의사소통을 이루는 데 중요한 요소이다. 또한 외부세계의 감각적 자료들을 처리한다.

강조	외부세계에 대한 민감성, 편집증, 농아, 청각장애, 신경증, 지나친 강조는 환청 의심
강조의 결여	비평 거부, 타인의 견해 부인, 귀의 포함은 다른 특징들보다 더 늦게 확립됨(아동기 생략은 정상)

(17) 눈

눈은 마음의 창으로, 내면의 감정을 드러내는 것으로 여겨진다. 외부와의 접촉을 형성하는 기관이다.

보지 않음	정서적 미성숙, 자기중심성, 어린 아동, 퇴행한 성인, 낮은 지능, 의존성, 분별력의 결여
어울리지 않게 작음	세상을 내몰고 닫아버리려는 욕망, 자아도취
색맹, 감고 있는 눈, 모자에 의해 감춰진 눈, 속이 텅 빈 구멍	세상을 보는 데 대한 명백한 반항, 적개심, 불쾌한 상황을 피하려는 경향, 불쾌감 차단
크고 두드러진 눈	적의적, 협박적, 남성 동성연애자, 자기중심적 히스테리
날카로운 눈	과도하게 경계하는 편집증 환자, 의심
튀어나온 눈	성적 흥분
사시	혼란된 사고
작은 눈 속의 큰 눈동자	죄의식을 가진 강한 시각적 호기심, 훔쳐보는 행위에 대한 갈등

(18) 다리

몸의 지지, 균형, 이동, 자율성 등을 제공하는 기능을 한다.

다리 생략	압박과 의존의 병적인 감정, 자율성 결여, 거세감정, 성적욕구를 수용함에 있어서의 어려움
긴 다리	자율성을 위한 노력
큰 다리	자율성을 위해 노력하는 것에 대한 양가감정
짧은 다리	부동감, 자율성의 결여
발을 넓게 벌림	권위에 대한 도전, 불안감에 대한 부인, 외부 충격에 대한 대비, 안전에 대한 강한 욕구
다리의 교차 또는 꼭 붙인 그림	융통성이 없고 경직됨, 성욕의 거절, 성적 접근의 거절
위축된 다리	허약함, 불완전, 상실감의 증가
심하게 음영이 진 다리	동성애적 공포의 표시, 자기결정을 위한 노력과 관련된 갈등의 지표
가장 먼저 다리를 그림	실망과 우울의 강한 표시

(19) 단추

아동에게 있어서 독립하려는 노력에 장애물이기 때문에 중요성을 갖는다. 오랫동안 어머니에게 의존하도록 만드는 것이 단추이다.

중간선에서 아래로 달린 단추	어머니에 대한 지속적인 의존, 구강의존으로의 퇴행, 자기중심적인, 신체 열중, 권력에 대한 맹종과 의존심에 대한 관심을 가진 신체자각
강조	의존, 미숙함, 불충분함
소맷부리 단추	통제에 대한 판에 박힌 강박적인 세부장식

(20) 목

목은 신체적 충동에 대해 정신적 통제의 조정지표로 제공된다.

길고 가는 목	• 충동 통제의 조정 결여, 정신분열증 유형에 근접 • 특별히 강조된 경우 적개심의 표시
넓고 굵은 목	완고한 태도, 엄격함, 충동에 잘 동화함
1차원적인 목	과도한 충동과 욕구 통제의 결여
측면에서 목의 기초선 생략	부적절한 조절로 인한 근본적인 욕구와 충동의 범람
넥타이, 목걸이, 의장 등으로 강조된 목	신체적 충동보다 지적인 통제 강조

(21) 몸통

신체적 충동의 원천이다.

생략	신체적 충동 거부, 쇠퇴한 남성, 아동, 신체 상실
길고 좁은 몸통	조현적 경향
매우 작은 몸통	신체적 욕구의 부정, 열등감과 신체적 허약감
매우 큰 인물	충족되지 못한 많은 본능적 욕구, 신체적 우월을 위한 노력
이성의 몸통에 진한 음영	이성에 대한 적개심

(22) 성적 묘사

성도착	특별한 부분이나 기관에 대한 집중은 성적 만족의 강조
성적 갈등	여성 다리의 짙은 음영, 허리와 목의 수축, 음영 혹은 강조, 강조된 성적 특성, 남성과 여성의 성적 차이의 결여, 이성을 먼저 그림, 나체상
성적 묘사의 결여	성이 수용되지 않는 생활에서 성적욕구를 다루는 데 있어서 무능력, 미성숙, 회피
지나친 관심	청소년기의 성적 관심, 예술가, 정신분석학자, 불충분한 성욕 또는 성교 불능자
성적 상징	모자, 신발, 코, 파이프, 총, 지팡이, 담배, 머리카락, 성교불능에 대한 공포, 성적 편견, 심리적인 미성숙

(23) 발

발은 토대, 자기 이동의 도구로서 자율성을 상징한다.

발의 상징성	• 경우에 따라 음경 상징, 청소년 및 성적 관심을 가진 중년 남성의 그림에서 중요 • 사춘기 소녀가 그릴 때 외상 가능성
생략	• 운동성과 자율성의 결여를 의미함 • 몸져누워 있거나 우울함 혹은 낙심함
매우 작은 발	성욕의 억압적이고 경직된 통제, 타인에 대한 의존성
매우 큰 발	• 보호에 대한 과도한 요구를 나타내는 경향 • 지지기반에 대한 강한 욕구
매우 긴 발	남성의 성욕에 대한 과도한 관심, 독립에 대한 충동

날카로운 발	적대감의 지표들과 결합된 경우 수용할 수 없는 적대심
발끝으로 선 그림	현실 파악이 미약함, 좌절된 환경에서의 도피에 대한 욕구
지나치게 상세히 그려진 발	강박적
높은 굽을 신은 발	동성연애자, 육체적 매력을 갈망하는 여성
반대 방향으로 향한 발	양가감정, 특히 독립을 위한 투쟁에 대한 양가감정
곤봉 같은 발	걷는 데 있어서의 미숙함, 어린이, 노약자
발가락 강조	원시적인 공격성

(24) 손

큰 손	• 힘을 얻기 위한 노력, 연약함에 대한 보상(어린 소녀, 청소년) • 부족감과 충동성 때문에 사회적 관계에서 세련된 조정을 원함
생략	환경을 다루는 데 있어서 부족감, 공격성, 적개심, 성적 감정에 대한 죄책감, 거세 약점
맨 나중에 그림	부족감이나 권력 투쟁의 거부로 환경에 적응하기를 저항
주머니나 뒤로 숨긴 손	회피, 꺼려함
짙은 음영	실제 또는 공상적 행동에 대한 죄의식(자위행위, 폭행, 절도)
생식기 부근에 그려진 손	성적 몰두, 자위에 대한 죄의식, 성적 접근에 대한 방어
손 처리에 대한 혼란	보통 성취와 사회 접촉에서 신뢰의 결여를 보여줄 수 있음

(25) 손가락

환경을 다루기 위한 도구이다. 사회적 접촉의 장소, 공격 가능성, 의사소통 가능성을 의미한다.

크고 뾰족하거나 갈고리 같은 손가락	상당한 적대감, 편집증, 명백한 공격성
꽉 쥐거나 잘린 손가락	공격적 충동을 억압하기 위한 부단한 노력
막대 같은 손가락	유아적 공격성
꽃잎, 포도 같은 손가락	빈약한 손재주, 유아적 감정
손가락의 짙은 음영	죄의식(아마도 성욕이나 적개심과 관련됨)
다섯 손가락보다 더 많은 손가락	매우 야심 있는, 욕심 많은
발톱 같은 손가락	원시적인 공격성
매우 긴 손가락	억압되어 있는 피상적인 성인
관절, 손톱의 과도한 묘사	적대감에 대한 엄격한 통제를 유지하기 위한 노력

(26) 신발

세밀히 그린 신발	젊은 사춘기 소녀에 있어서 성적인 대상에 대한 강박적인 관심 표현 시 남성과의 성행위에 대한 관심
뾰족한 신발	공격성
짙은 음영	성적 관심과 노력
신발의 결여	원시적, 억압되지 않은 공격성과 성욕
휘어진 신발	자기 과시적이기도 하고 자기 도취적인 여성들의 경우 신발에 장식을 정교하게 함

(27) 어깨

강한 힘을 제공한다.

넓은 어깨	강함, 힘에 대한 극단적인 관심, 청소년, 힘을 얻으려는 노력
작은 어깨	열등감, 보상이나 대리물에 관심, 신체적 힘을 중요시하지 않음
각진 어깨	엄격함과 적개심을 가진 지표로, 극도의 방어와 적개심을 나타냄
균형이 잘 잡힌 둥근 어깨	부드럽고 유연하며 조화가 잘된 힘의 표현
한쪽이 처진 어깨	정서적 불안정, 성적 역할의 갈등 표시
지우거나 강화된 어깨	힘에 대한 표현으로서, 신체 발달을 위한 충동과 육체적 노력의 몰두

(28) 팔

세계를 조정하는 것, 다른 사람을 거부하는 것, 다른 사람에게 손을 내미는 것, 다른 사람을 밀어내는 것, 다른 사람을 곁에 끌어당기는 것, 분노의 표현, 자기방어, 원하는 것을 획득하는 것, 사랑하는 것, 자위 따위에 의한 자기 성적 흥분의 도구로 사용된다. 팔은 강함과 약함에 대한 감정과 노력을 나타낸다.

혼란된 처지	• 피검자가 환경을 다루는 데 피하거나 양가감정을 가짐 • 권력투쟁, 적개심, 성적 욕망
생략	• 우연한 생략, 적개심이나 성적 욕망과 관련된 죄의식 • 세계를 부정하고 상징적으로조차 다루기를 거부함, 능동적 철회
짧음	야망의 결여, 약함을 느끼고 삶에 굴복
가느다란 팔	결핍된 성취에 대한 강한 감정, 약함과 무용감
날개 같은 팔	무력함, 다른 사람과 접촉하는 정신분열자
포개진 팔	• 세상에 대한 거부, 의심과 적개심으로 세상을 경멸 • 공격적으로 행동하려는 충동에 대한 엄격한 통제
뒤로 숨겨진 팔	• 죄의식과 손을 숨기려는 욕망 • 공격성 표현의 통제 필요
짙은 음영	때때로 자학 암시
넓은 팔	강함에 대한 노력, 육체적인 힘과 완력이 두뇌를 능가한다고 주장
근육의 강조	육체적 노력, 동성연애자, 청소년기 남성들
긴팔	성공에 대한 노력과 야망, 사랑과 애정을 요구함
지나치게 긴 팔	부적당한 감정을 보상받기 위한 야망
바깥으로 뻗은 팔	애정과 사회적 상호작용을 위해 뻗음
팔을 그린 선이 거침없이 그려진 경우	환경을 확장시키고자 하는 정도를 나타냄
어깨보다 넓은 팔	자아 통제 부족, 충동적
쭉 뻗은 양팔(大자)	내담자가 억압된 상태에서 정서적 도움을 필요로 함

(29) 입

강조	구강적 성욕, 강한 의존 욕구, 미성숙, 알코올중독자
활 모양의 입	청년기의 성욕, 자기도취적, 허영심이 많은 청소년기 소녀
드러난 이	구강적 공격성, 통렬하고 신랄한 빈정거림
넓고 위로 향한 입	억지로 꾸민 적응, 수용될 수 없는 감정들을 감추기 위해 수용될 수 있는 얼굴과 미소로 표현하는 경향
입의 상처	적개심과 분노, 비판적, 언어적 가학성, 공격적
움푹 들어간 입	구강적 의존성, 심리적 미성숙, 관심과 인정에 대한 욕구
굳게 다문 입	자신을 드러내려는 것에 대한 거부, 의존 욕구에 대한 거부, 억압이나 적개심
비웃는 듯한 입	다른 사람에 대한 멸시, 공격성, 적개심, 약하고 불안정한 감정들이 있기 때문

얇은 입	완고한 강박성 충동들 속에서 구강기 의존욕구의 부인이나 거절, 자기중심적이고 독립적인 사람들에 있어 구강의존에 대한 거부
생략	애정 욕구의 강한 거부, 심한 죄의식, 천식환자, 우울

(30) 코

코는 성적 관심과 권력 투쟁의 상징이다.

긴 코	공격성, 우월을 탐함, 외형적이고 활동적
음영이 진 코	여성에 대한 약점을 투사한 유아적인 남성에 있어서 거세 감정을 나타냄
단추 모양의 코	유아적인 성욕, 아동기적인 의존성
삼각형 모양의 코	권력 투쟁, 유아기적 성
평평한 코	처벌 받은 권력 투쟁
강조된 코	음경에 대한 관심을 넌지시 비침
날카로운 코	상당한 공격성과 우월 추구
뚜렷한 콧구멍	원시적인 공격성, 분노

(31) 기타

근육 강조	미술전공 학생, 남성 동성연애자, 자기 일에 열중함, 자기중심적인, 자기중심적 신체 도취자, 근육이 쇠퇴한 사람(보상적 의미)
눈썹	• 정돈(판에 박힌 세련됨과 몸치장, 신체적 자아도취증 여성) • 위로 올라간 눈썹(경멸하거나 건방진 태도, 미심쩍은 태도) • 숱이 많은 눈썹(야성적, 거친, 억제되지 않음)
모자	• 미성숙, 성적 욕망을 숨김, 남성의 성적 무력감 • 머리카락 없음(유아기 성욕에 대한 정신분열증적 표시와 남성다움에 대한 보상적 공상)
배	확장(신체적 나약함, 갱년기 우울증, 임신에 대한 갈망, 탐욕과 욕망을 나타냄, 아동화의 전형)

(32) 정상적인 지표들

크기	용지의 2/3 정도 활용, 남녀의 크기는 비슷하거나 여자를 약간 작게 표현함
배치	종이의 중간 또는 약간 위에
시작	머리와 얼굴에서 시작
소요시간	10~30분
자발성	어떤 생기나 활동 — 융통성이 있고 엄격하지 않음 — 을 보여줌
비율	현실적인 비율과 조화되고 경미한 경우 이외에는 왜곡이 없음
예술적 표현	그림이 상식적이며 균형 잡혀 있어 보기에 불편하지 않음
지움	지우개를 잘 사용하지 않으며, 더 잘 그리려고 할 때만 지움
선의 질	선이 일관되고 안정된 필압을 보임
성	주로 동성을 먼저 그림
성적인 특징	• 여성은 가슴, 남성보다 긴 머리카락, 둥근 엉덩이 • 남성은 넓은 어깨, 가슴, 짧은 머리
나이	내담자의 나이에 가까움
허리띠	상투적인 통제의 표시
형식적인 옷	일반적 정서에 따르는 경향
눈	눈동자를 그리지만 검게 칠해 강조하지는 않음
콧구멍이 없다	유아적 공격성 결여
주관적	지나친 자기비판 없이 그려진 인물상을 수용함
유머감각	유머를 가지고 그림의 부족한 점들을 수용할 수 있음
발 / 귀	강조되지 않음
완전한 인물상	대부분 완전한 인물상을 그림

DAP 해석의 유의점

DAP 해석은 그림을 그리는 과정에서의 행동관찰과 언어기록, 그림을 완성한 후 검사자 질문에 대한 내담자의 반응, 완성된 그림의 형식적 분석 등을 토대로 평가한 후 모든 자료를 종합하여 해석하는 것이 중요하다.

인간행동과 관련된 해석은 내담자의 성격적 특징은 물론 과거사, 현재의 문제 등 개인을 형성한 동기가 되는 복합적인 환경에 대한 충분한 검토 없이 정확한 해석이 이루어질 수 없다.

임상적인 인상들과 상충되는 해석들은 대상의 개인력, 여러 가지 검사, 현재와 과거의 행동으로부터 타당성 있는 증거에 의해 입증될 때까지 점검되고 신중하게 유보되어야 한다. DAP가 성격구조와 신체 관계의 영역에 대한 중요한 통찰을 가져다줄지라도 내담자가 수반하는 모든 주위 환경을 예측하고 단정 지을 수는 없다.

해석할 때 필요한 것은 결과 제시에 있어서 극단적이거나 단정적인 태도를 취하지 말아야 하며, 내담자 개인의 문제에 집중할 수 있도록 개별적이고 신중하며 조심스럽게 접근해야 한다.

어떤 문제나 위기에 처한 개인들은 정신병리적 문제나 증상을 가지고 있다 하더라도 보상적 행동들 및 적응기제를 가지고 있기 때문에 개인이 처한 상황을 일반화하기보다는 문제에 대처하는 방법을 제시하고 균형을 갖출 수 있도록 조절하는 힘을 길러주어야 한다.

5. 사례

사례 1 시설에 거주하는 성인 지체장애

[그림 3-1] DAP의 사례(31세 남자)

[그림 3-1]은 시설에서 거주하는 지체장애인의 그림이다. 어린 시절 보육원에서 자라 부모님에 대한 상의 개념이 이루어지지 않았고, 정체성에 혼란도 나타났다.

전체적인 신체상이 왜곡되어 있는 것으로 보아 하반신 지체장애로 인해 신체상에 대한 개념화가 이루어지지 않음을 알 수 있다. 큰대자로 뻗은 양팔과 중앙선을 강조한 단추의 표현은 수동적이고 방어적인 태도와 타인에 대한 의존욕구가 보이며, 정서적인 지지가 필요하리라 본다.

사례 2 시설에 거주하는 지체장애의 중년 남성

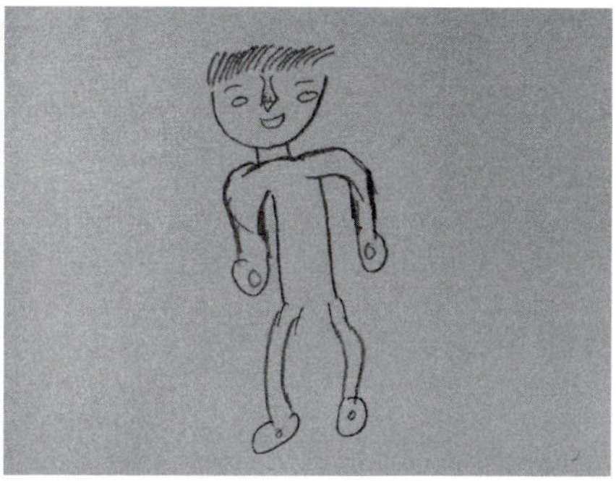

[그림 3-2] DAP의 사례(43세 남자)

[그림 3-2]의 내담자는 시설에 거주하는 하반신 성인지체장애로, 신체에 대한 인식부족으로 하반신을 표현하는 데 어려움이 나타났다. 이는 무력감과 부적절감이 매우 심하여 우울한 상태에 이르며 과도하게 위축되어 있음을 알 수 있다. 텅 빈 눈에서는 관계성에 어려움이 있는 것으로 보인다. 팔이 짙은 선으로 강조된 것은 하반신 지체장애로서 물리적으로 팔을 많이 사용하는 육체적 노력을 보여준다.

Chapter

04

집-나무-사람(HTP)

1. 집-나무-사람(HTP) 그림검사의 개요

사람들을 이해하기 위해 그림을 이용한 것은 비교적 최근인 19세기 말부터 시작되었다. Goodenough(1926)는 아동기에서 청소년기까지 규준이 되는 인물화의 발달 과정을 연구했으며, 그림과 지능의 발달 관계를 규정했다. 또한 1949년 Machover는 아동의 그림에 대한 임상적 해석 기준을 마련하여 '인물화에 의한 성격검사'를 개발했다. 이것은 내담자가 그린 인물을 가지고 성격특성을 이해하고자 한 것이었다. 그 후에 Koppitz(1968)는 발달에 따른 점수화 체제와 인물화 분석을 연구하여 많은 사람들이 폭넓게 사용하게 되었다. 한편 Buck(1948)은 단일과제의 그림검사보다는 집-나무-사람들을 그리게 하는 것이 내담자의 성격을 이해하는 데 보다 효과적이라고 생각했다. 따라서 그는 집-나무-사람(House-Tree-Person) 그림을 발달적·투사적 측면에서 연구했다. 일반적으로 HTP는 내담자의 성격과 행동양식, 대인관계에 대해 파악할 수 있다. 또한 내담자의 감수성, 성숙도, 융통성, 성격 통합의 정도와 환경과의 상호작용에 관한 상세한 정보를 얻을 수 있으며, 내담자의 지적 기능 수준을 파악할 수 있다.

Buck이 집, 나무, 사람의 3가지 과제를 사용한 것은 집, 나무, 사람은 누구에게나 친밀감을 주는 것이며, 모든 연령의 내담자가 그림 대상으로 쉽게 받아들이며, 다른 과제보다 솔직하고 자유로운 언어표현을 자극할 수 있기 때문이었다.

비록 개개인의 성격을 이해하기 위해 여러 가지 심리검사를 사용하지만, 성격의 모든 면을 이해한다는 것은 불가능한 일이다. 그러므로 Buck의 HTP검사가 성격의 이해에 보다 효과적이다.

2. 집-나무-사람(HTP) 그림검사의 목표

내담자 자신의 무의식 영역과 자신에 대해 인식하는 자아개념, 가정과 외부 환경을 인식, 그리고 관계를 맺는 정도와 그 양상을 알아본다.

3. 집-나무-사람(HTP) 그림검사 실시방법

HTP검사는 개별검사로서 실시하고, 그림을 완성한 후에 여러 가지 질문을 행하여 내담자의 성격에 대한 많은 정보를 얻는다.

그러나 내담자의 적응수준이나 성격의 성숙도를 대체적으로 알기 위해서는 집단검사로 실시하는 것도 가능하다.

1) 준비물

A4용지 4장, 4B연필 1~2자루, 지우개

2) 실시과정

① 준비한 A4용지 4장의 우측상단에 1번부터 4번까지 번호를 적어둔다.

* 이것은 인물화에서 남녀의 어떤 성을 먼저 그렸는지 알기 위해서이다.

② "지금부터 그림을 그려봅시다. 이것은 그림을 잘 그리고 못 그리는 것을 조사하는 것이 아니므로 즐거운 마음으로 그리십시오. 또한 이것은 사생을 하는 것이 아닙니다. 자기가 생각한 대로 그리면 좋습니다."라고 설명한다.

③ "한 장의 종이에 하나씩 모두 4장의 그림을 그리십시오."라고 말한 뒤 1

번의 종이를 가로로 제시하면서 “이 종이 위에 집을 그리십시오.”라고 지시한다.

* 내담자는 그림을 그리라는 지시를 한 후부터는 그리기 시작했을 때부터 마칠 때까지의 시간을 측정하지만, 너무 엄밀히 측정할 필요는 없다.
  또한 검사자는 내담자의 여러 가지 질문에 대해 “당신이 생각한 대로 그리십시오.”라고만 대답해주며 내담자의 질문은 기록해둔다.

④ 2번의 종이를 세로로 제시하며 “나무 한 그루를 그려보십시오.”라고 지시한다.

⑤ 3번의 종이도 세로로 제시하며 “사람을 한 사람 그려보십시오. 얼굴만이 아니라 전신을 그려보십시오.” 하고 지시한다.

* 검사자는 내담자가 사람을 다 그리고 나면, 그 그림이 남자(성)인지 여자(성)인지 질문하여 대답을 3번의 아래에 기입한다.

⑥ 4번의 종이를 세로로 제시하며 “이번에는 남자(혹은 여자)를 한 사람 그려보십시오. 역시 얼굴만이 아니라 전신을 그려보십시오.” 하고 3번의 인물과는 반대되는 성의 인물을 그리도록 지시한다.

* 단, 내담자가 그린 그림이 현저하게 만화처럼 그려지거나, 막대형 그림이거나, 추상적인 그림일 경우에는 다시 한번 그리게 하는 것이 좋다.
  만일 내담자가 다시 한번 그리게 했을 때도 역시 만화적으로 그리거나 막대형의 그림 또는 추상적인 그림일 경우에는 해석적인 유의미성을 지닌다고 할 수 있다.
  즉, 검사에 대한 거부감의 표시일 수 있다.

3) 그림 그린 후의 질문(PDI : Post-Drawing-Inquiry)

HTP검사에서 그림 그린 후의 질문은 내담자가 HTP에서 표현한 것의 독특한 의미와 문제를 파악하는 데 매우 중요한 역할을 한다. 질문은 특별히 일정한 형식이 없으며, 검사자의 필요에 따라 행하는 것이 좋다. 또한, 질문에 대한 대답은 그 이유를 묻는 것이 바람직하다.

다음은 HTP검사를 실시한 후 내담자에게 일반적으로 사용하는 질문사항들이다.

(1) 집 그림

질문사항	내담자의 답변
이 집은 도심에 있는 집입니까? 교외에 있는 집입니까?	
이 집 가까이 다른 집이 있습니까?	
이 그림에서 날씨는 어떠합니까?	
이 집은 당신에게서 멀리 있는 집입니까? 가까이에 있는 집입니까?	
이 집에 살고 있는 가족은 몇 사람이며, 어떤 사람들입니까?	
가정의 분위기는 어떠합니까?	
이 집을 보면 무엇이 생각납니까?	
이 집을 보면 누가 생각납니까?	
당신은 어떤 집에 살고 싶습니까?	
당신은 이 집의 어느 방에 살고 싶습니까?	
당신은 누구와 이 집에 살고 싶습니까?	
당신의 집은 이 집보다 큽니까? 작습니까?	
이 집을 그릴 때 누구의 집을 생각하고 그렸습니까?	
이것은 당신의 집을 그린 것입니까?	
(특수한 집인 경우) 왜 이 집을 그렸습니까?	
(그림에서 이해하기 곤란한 부분에 대해) 이것은 무엇입니까? 왜 그렸습니까?	
이 그림에 첨가해서 더 그리고 싶은 것이 있습니까?	
당신이 그리려고 했던 대로 잘 그려졌습니까? 어떤 부분이 그리기 어려웠고, 마음에 들지 않습니까?	

(2) 나무 그림

질문사항	내담자의 답변
이 나무는 어떤 나무입니까?(불확실할 경우 상록수 혹은 낙엽수인지 질문한다)	
이 나무는 어디에 있는 나무입니까?	
한 그루만 있습니까? 숲속에 있나요?	
이 그림의 날씨는 어떠합니까?	
바람이 불고 있습니까? 바람이 분다면 어떤 바람이 어느 방향으로 불고 있습니까?	

이 나무는 몇 년쯤 된 나무입니까?	
이 나무는 살아 있나요? 말라 죽었다면 언제쯤 어떻게 말라 죽었습니까?	
이 나무는 강한 나무입니까? 약한 나무입니까?	
해가 떠 있습니까? 떠 있다면 어느 쪽에 떠 있습니까?	
이 나무는 당신에게 누구를 생각나게 합니까?	
이 나무는 남자와 여자 중 어느 쪽을 닮았다고 봅니까?	
이 나무는 당신에게 어떤 사람을 느끼게 합니까?	
이 나무는 당신으로부터 멀리 있는 나무입니까? 가까이 있는 나무입니까?	
이 나무에 필요한 것은 무엇입니까?	
이 나무는 당신보다 큽니까? 작습니까?	
(상흔 등이 있으면) 이것은 무엇입니까? 어떻게 해서 생겼습니까?	
(특수한 나무인 경우) 왜 이 나무를 그렸습니까?	
이 그림에 더 첨가해서 그리고 싶은 것이 있습니까?	
(그림에서 이해하기 곤란한 부분에 대해) 이것은 무엇이며 왜 그렸습니까?	
당신이 그리고자 한 만큼 잘 그려졌습니까? 어떤 부분이 그리기 어려웠고, 마음에 들지 않습니까?	

(3) 인물화(남녀 각각의 인물화에 대해)

질문사항	내담자의 답변
이 사람의 나이는?	
결혼했습니까? 가족은 몇 명이며, 어떤 사람들입니까?	
이 사람의 직업은?	
이 사람은 지금 무엇을 하고 있습니까?	
지금 이 사람은 무슨 생각을 하며, 어떻게 느끼고 있습니까?	
이 사람의 신체는 건강한 편입니까? 약한 편입니까?	
이 사람은 친구들이 많습니까? 어떤 친구들입니까?	
이 사람의 성격은 어떻습니까? 장점과 단점은 무엇입니까?	
이 사람은 행복합니까? 불행합니까?	
이 사람에게는 무엇이 필요합니까?	
당신은 이 사람이 어떻습니까? 좋습니까, 싫습니까?	

당신은 이 사람처럼 되고 싶습니까?	
당신은 이 사람과 함께 생활하고 친구가 되고 싶습니까?	
이 사람을 그릴 때 누구를 생각하고 있었습니까?	
이 사람은 당신을 닮았습니까?	
(특수한 인물인 경우) 왜 이 사람을 그렸습니까?	
(그림에서 이해하기 곤란한 부분의 경우) 이것은 무엇인가요? 왜 그렸습니까?	
이 그림에 더 첨가해서 그리고 싶은 것이 있습니까?	
당신이 그리고자 한 만큼 잘 그려졌습니까? 어떤 부분이 그리기 어려웠고, 마음에 들지 않습니까?	

4. 집-나무-사람(HTP) 그림검사의 해석방법

HTP검사의 해석이란 HTP 그림에 의한 성격의 여러 면을 밝혀나가는 것을 말한다. 이 해석은 HTP검사와 함께 실시한 다른 심리검사들의 결과와 그림을 그린 후의 질문 등을 참작하는 동시에 내담자와의 면접 외에 행동관찰과 검사 시의 태도 등으로부터 얻어지는 임상소견 등도 고려해야 한다. 즉, 그림만 가지고 성격의 단면을 추론하는 맹분석(blind analysis)에 의해서만 해석해서는 안 된다는 것이다.

HTP검사의 그림을 해석하는 데는 다음의 3가지 면을 종합하여 행할 필요가 있다.

1) 전체적 평가

전체적 평가란 그림의 전체적인 인상을 중시하고, 조화가 잘 이루어져 있는가, 구조는 잘되어 있는지, 이상하고 특이한 곳은 없는지에 대해 해석해나가는 것이다. 전체적 평가에서 파악해야 할 것은 내담자의 적응 수준, 성숙도, 신체상의 혼란 정도, 자신과 환경에 대한 인식방법 등이다.

2) 형식적 분석

형식적 분석이란 집, 나무, 남성상, 여성상 등을 어떻게 그렸는지를 분석하는 것이다. 형식적 분석은 '구조적 분석'이라고도 하며, HTP검사의 모든 그림에 공통적으로 행한다. 예를 들어 어떤 부분부터 그려나가는지, 그림을 그려나간 순서, 종이 위의 어느 쪽에 그리는지, 위치, 크기, 필압, 선의 농담, 불연속적인 선의 성질, 그림의 대칭성, 운동, 원근법, 음영, 생략, 강조, 지우기 등을 살펴보며, 이러한 것들을 통해 성격의 단면을 읽어나가는 방법이다.

(1) 검사 시의 태도와 소요시간

그림을 그리고 있는 동안 내담자의 태도를 관찰하는 것도 해석에 중요한 단서가 된다. 내담자의 행동, 그림 표현의 스타일, 심리상태나 기분 등을 살펴보아야 한다. 그림검사는 능력을 평가하는 것이 아니므로 그림을 그리는 데 시간을 제한하지는 않지만, 내담자가 그림을 그리는 데 소요되는 시간은 기록해 두는 것이 좋다. 너무 빨리 그리는 것은 아닌지, 반대로 너무 오랫동안 그리는 것은 아닌지, 지시를 한 후에도 한참 동안 그림을 못 그리는 건 아닌지 등에 대해서도 주의 깊게 관찰하여 해석해야 한다. 만약 소요시간이 2분 이하로 짧거나 30분 이상 걸릴 때는 의미가 있으며, 그림을 그리는 데 갈등을 느끼는 경우가 있다. 특히 그림을 그리는 데 오랜 시간을 소요하는 경우 내담자는 완벽성이나 강박 경향을 갖는 경우가 많다.

(2) 순서

집, 나무, 사람을 어떤 순서로 그렸는지, 하나의 그림에서 각 부분별로는 어떤 순서로 그려나가는지 관찰해야 한다.

또한 그림을 그리는 순서가 집 그림은 지붕, 벽, 문, 창문 순서로, 인물화는 일반적으로 사람을 표현할 경우에는 얼굴, 눈, 코, 입, 목, 몸, 팔, 다리의 순으로 그리지만, 얼굴 내부를 먼저 그리고 윤곽선을 나중에 그리거나 발을 먼저 그리고 얼굴을 마지막에 그리는 경우는 대인관계에 문제를 보이거나 타인과의 정서적 접촉을 즐거워하지 않는 사람임을 나타낸다.

(3) 크기

그림의 크기와 용지 여백 부분과의 관계는 내담자의 환경, 내담자와 부모와의 관계를 나타낸다. 일반적인 경우 그림의 크기는 용지의 2/3 정도로 그림을 그리며, 이는 자신감을 의미한다. 그러나 지나치게 그림이 작은 경우는 위축감, 내적 열등감, 부적절한 감정, 소심함, 강한 자기억제를 나타낸다. 특히 도화지 상부에 지나치게 작게 그림이 그려질 경우 낮은 에너지 수준, 통찰력의 결여, 이치에 맞지 않는 낙천주의를 나타낸다.

반면에 지나치게 그림이 큰 경우는 과잉 행동적, 정서적 조증 상태, 열등감에 대한 과잉 보상심리, 적의와 공격성, 불안정감, 공상적인 자아를 나타낸다.

(4) 위치

그림을 용지의 중앙에 그리는 것이 일반적이고 안정된 경우이다. 그러나 그림을 용지의 정중앙에 그리기를 고집한다면 불안정성과 인간 상호관계에서의 완고함과 융통성이 없는 상태를 나타낸다. 그림의 위치가 용지의 중앙보다 지나치게 위쪽에 위치하는 경우는 욕구나 포부 수준이 높고, 어려운 목표를 설정해놓고 갈등과 스트레스를 느낄 가능성이 높으며, 현실세계보다는 자신만의 공상 속에서 만족감을 얻으려는 경향성을 나타낸다. 반대로 중앙보다 지나치게 아래쪽에 위치하는 경우는 불안정하거나 부적절한 우울증적 상태를 나타낸다.

(5) 필압

필압은 내담자의 에너지 수준을 나타낸다. 필압이 강한 것은 자신감과 적극적인 경우를 나타나며, 필압이 지나치게 강한 선은 심한 긴장, 공격성, 자기주장성을 의미하는데, 이는 분노 에너지가 많음을 나타낸다. 반면에 필압이 지나치게 약한 경우는 우유부단하고 소심하며, 에너지 수준이 낮고 우울하거나 의욕 상실을 나타낸다. 필압에 있어 강약의 변화가 적당한 것은 유연한 태도를 가지고 환경에 적응하는 것을 나타낸다.

(6) 선(stroke)의 질

안정되고 정확한 스트로크는 심리적으로 균형감 있고 자기표현에 솔직한 사람을 나타낸다. 긴 스트로크는 자신을 통제하는 사람에게서 나타나고, 짧고 연속적이지 못한 스트로크는 충동적이고 흥분하기 쉬운 경향을 나타낸다. 둥근 곡선은 의존적이고 불안하며 우유부단한 성향에서 나타난다. 직선은 자기주장적이고 공격성을 의미하며, 지나친 직선은 경직되어 있고 융통성의 부족, 충동적 경향을 나타낸다. 선의 방향이 일정하고 망설임이 없는 경우는 목표가 있고 안정적이며, 반면에 선이 일정치 않고 여러 방향으로 바뀐 경우는 자기 확신이 없고 정서적 혼란 및 불안감을 나타낸다. 뚝뚝 끊어진 선이나 스케치풍의 선은 자신감 결여와 불안감을 나타내며, 새로운 환경에 대한 불안을 의미한다.

(7) 지우기

적당히 사용하는 경우는 가소성과 순응성이 있으나, 지나치게 사용하는 경우는 불안감, 우유부단함, 불확실성, 자신에 대한 불만족을 나타낸다. 여러 번 다시 지우고 그린 그림은 그 부분에 대한 갈등을 나타내며, 어떤 부분을 몇 번이고 고쳐 그리는 것은 그 부분과 그 부분이 상징하는 것에 대한 갈등을 나타낸다.

(8) 대칭성

대칭성의 결여는 내담자의 불안정감을 나타내며, 신체적인 면에 부적응감을 가지고 있음을 보여준다. 경직된 대칭성은 우울한 사람에게서 보이며, 자로 잰 것처럼 정확하게 대칭적인 것은 불안감이 있으며 자기통합을 통제하고자 하는 경우에 나타난다.

(9) 방향

방향은 내담자의 환경에 대한 태도와 감정, 대인관계의 대처방법을 나타낸다. 일반적인 방향과 다르게 그린 그림은 내담자가 억압하고 있거나 적대적인 심리 상태를 나타내며, 인물화의 그림이 완전히 정면을 향해 그려진 경우에는 경직성이 있고, 옆으로 서 있거나 돌아선 인물화는 도피적인 경향을 나타낸다. 얼굴을 옆으로 하고 몸체는 정면을 향하며 다리는 옆으로 향하게 그리는 것은 통찰력이 낮고, 남성으로서 남자의 상을 옆으로 그리고 여자의 상을 정면으로 그리는 것은 자기방어가 강한 것을 나타낸다.

(10) 세부묘사

세부묘사는 그림을 어느 정도 상세하게 그리는지를 나타낸다. 내담자가 일상생활에서 실제적인 면을 의식하고 처리해가는 능력과 관련이 있으며, 지나치게 상세하게 그리는 경우는 자신과 외부와의 관계를 적절히 통합하지 못하거나, 환경에 대해 지나친 관심과 강박, 정서혼란, 신경증, 초기분열증에서 나타날 수 있다. 반면에 적절한 세부묘사가 되지 않는 경우는 낮은 에너지와 위축감, 우울증이 있을 때 나타난다.

(11) 생략과 왜곡

그림에서 생략되거나 왜곡되어 있는 경우에는 그 부분이 내담자에게 갈등이 있음을 나타내고, 특정 부분이 아니라 그림 전체에 생략이나 왜곡이 되어 있는 경우는 적절한 세부묘사가 결여된 것과 같은 의미이다.

(12) 절단

절단은 그림이 용지의 끝에서 잘리는 것을 말하며, 사회생활에 잘 적응하지 못하는 경우에 나타난다. 용지의 윗부분이 절단된 것은 행동하기보다는 사고하는 것에 관심이 높으며, 성취욕구가 강하고, 현실생활에서 얻을 수 없는 만족을 추구하고 있음을 나타낸다. 용지의 아랫부분이 절단된 것은 충동성이 강하고, 그것을 강하게 억제하여 성격의 통합을 유지하고자 하는 것을 나타낸다. 용지의 왼쪽이 절단된 것은 미래를 두려워하여 미래에 집착하며 의존적이고 강박적인 경향을 나타내고, 용지의 오른쪽이 절단된 것은 과거로부터 미래로 도피하려는 욕구와 자신의 감정을 솔직하게 표현하는 것에 대한 두려움이 있고, 행동에 대한 강한 통제를 나타낸다.

(13) 그림자와 음영

그림에 그려진 음영은 그 부분과 관련된 불안과 갈등을 나타낸다. 집, 나무, 인물화의 내부 전체나 일부분을 진하게 칠한 음영이 있는 경우는 불안과 강박으로 우울함을 나타내며, 퇴행하고 있는 것을 나타낸다. 지붕의 음영은 현실보다는 공상에 만족을 구하는 경향을 나타내며, 창문의 음영은 환경에 대한 적의로 불안을 나타낸다.

(14) 투시화

투시성은 정서적·기질적 원인에 의해 성격의 통합을 상실하고, 현실검증의 장애로 자기와 외부와의 관계를 제대로 지각하지 못하여 구별되지 않는 상태를 나타낸다. 일반적으로 투시화는 병적인 징조이며, 정신분열증 환자에게 주로 나타난다.

(15) 원근법

원근법에는 '벌레의 관점'(worm's eye view)과 '새의 관점'(bird's eye view)이

있다. '벌레의 관점'과 '새의 관점'은 내담자의 환경에 대한 부적응 상태를 나타낸다. '벌레의 관점'은 자신이 열등한 존재라는 감정과 가치 없는 존재라는 자기비하적인 평가, 위화감 등을 나타내며, 가정에서 행복하지 못하다고 생각할 때 폐쇄적인 사고의 사람에게서 나타난다. '새의 관점'은 자신을 우월한 사람으로 보며, 가정을 벗어나 있음을 보여주는 경우가 많다. 또한 가정이나 가정환경에 부여된 가치를 근본적으로 거부하는 사람에게서 자주 나타난다.

(16) 지면의 선

지면의 선은 불안감이 있을 때 나타나며, 안정을 얻으려는 욕구를 의미한다. 불안이 심한 상태일수록 지면의 선이 강하고 진하게 나타난다. 왼쪽이 올라가 있는 경사면은 미래가 불확실하여 위험을 느낄 때 나타나며, 오른쪽이 올라가 있는 경사면은 미래를 향해 노력해나가고 있다는 감정을 나타낸다.

(17) 운동성(움직임)

집 그림에 운동성의 표현은 잘 나타나지 않으나, 나무나 인물화에서는 운동성이나 동작이 여러 가지로 표현되는 경우가 많다. 운동성이 없는 경직된 느낌을 주는 그림은 성격이 경직되어 융통성이 없는 정신분열증 환자가 그리는 경우가 많다.

(18) 기타

날씨가 표현된 것은 내담자 자신의 환경에 대한 감정을 나타내고, 외부환경이 자신에게 적의를 가지고 있거나 압력을 가하고 있다고 느끼는 사람은 궂은 날씨로 표현한다.

3) 내용분석

내용분석은 무엇을 그렸는지를 다루는 것으로 집, 나무, 남자상, 여자상에 있어서 이상한 부분, 형식 분석의 사인(sign) 등을 참고로 하여 그림 가운데에 강조되어 있는 부분을 다룬다. 내용분석에 있어서는 명백하고 큰 특징을 먼저 다루되, 그림 그린 후의 질문(PDI: Post Drawing Inquiry)을 내담자에게 실시하고, 내담자에게 질문하고, 질문에 답하면서 연상하는 것을 묻는 것이 그림 해석에 도움이 된다. 또한 그림 자체에 현저한 특징이 없는 경우에도 그림 그린 후의 질문(PDI)을 행함으로써 내담자의 성격을 이해하게 되는 경우가 많다.

(1) 집 그림 해석

집은 내담자가 성장해온 가정생활을 나타내며, 자신의 가정생활과 가족관계를 어떻게 인지하고 집에 대해 어떤 감정과 태도를 가지고 있는지가 나타난다. 따라서 집 그림은 내담자가 현재의 감정을 어떻게 바라보고 있는지 이상적인 장래의 가정과 과거의 가정에 대한 소망과 전체적으로 평가함과 아울러 필수 부분인 지붕, 벽, 출입문, 창문 등을 어떻게 그리는지(반드시 PDI가 필요)를 파악한다. 특수한 집은 내담자의 자화상이나 특별한 관심을 나타내기도 한다.

① 굴뚝

- 집 그림에서 굴뚝을 그리지 않는 것은 별다른 문제가 없다.
- 일반적으로 굴뚝은 인간관계에서의 따뜻함과 관련되며, 남성에 대한 성적 관심, 힘에 대한 관심, 가정에서의 심리적 온정에 대한 지나친 관심을 나타낸다.
- 굴뚝에서 많은 연기가 나오게 그린 경우는 마음속에 긴장이 있고, 가족 간의 갈등과 정서적 혼란을 나타낸다.
- 굴뚝을 그리지 않은 경우는 수동적일 수 있거나 가정에 심리적인 따뜻함이 결여되어 있음을 나타낸다.

② 문

문은 환경과 직접적인 상호작용을 하는 부분으로서 대인관계에 대한 태도를 나타낸다.

- 문의 생략은 심리적으로 얻기 어려운 것을 나타내며, 가정환경에서 타인과 접촉하지 않으려는 감정, 외부와의 교류를 원치 않는 냉정한 사람에게서 나타난다.
- 문이 마지막에 그려지는 경우는 사람과의 접촉이 어려우며, 측면의 문은 현실도피를 나타낸다.
- 너무 작은 문은 접근의 까다로움이나 수줍음을 나타내고, 너무 큰 문은 사회적 접근을 나타낸다.

③ 지붕

지붕은 정신생활, 특히 생활의 공상영역을 상징한다.

- 지나치게 큰 지붕을 그리고 다른 부분은 작게 그린 것은 공상에 열중하며 외면적인 대인관계로부터 도피하려는 경향을 나타낸다.
- 그물무늬의 음영 넣기는 지나친 양심과 죄책감을 나타내며, 강조는 공상에 대한 과잉 통제와 관련된다(Jolles, 1964).
- 지붕을 그리지 않는 경우는 공상력이 없거나 지적장애일 가능성이 있으며, 보통의 지능을 가지면서 지붕을 그리지 않거나 한 개의 선으로 그린 경우는 위축된 성격이거나 구체적인 것만 원하는 사람에게서 나타난다.

④ 창문

집의 창문은 인간의 눈 같은 것으로, 문은 환경과의 직접적이고 능동적인 접촉을 나타내며 창문은 환경과의 수동적인 접촉을 나타낸다.

- 창문이 그려지지 않은 것은 위축과 편집증적 경향성을 나타내며, 많은 창문은 개방과 환경적 접촉에 대한 갈망을 나타낸다.
- 커튼이 쳐진 창문은 가정에서의 아름다움에 대한 관심, 수줍은 접근을 나타내며, 절반 정도 열려진 커튼은 환경과 통제된 교류를 나타낸다.

⑤ 방들

- 방은 그 방에 기거하는 사람과 관련이 있다. 일반적으로 방은 그린 사람이 방과 관련된 특별한 의미가 있거나 방과 연관되어 있는 긍정적이거나 부정적인 경험들을 나타낸다.
- 욕실의 강조는 Freud의 '항문기적 성격'으로, 인색하고 성을 잘 내며 아는 체를 잘하는 것으로 강박 관념적인 사고로 나타내며, 욕실을 너무 강조해 그리는 사람들의 대부분은 아동기 때 가족들과 긴장하며 싸운 경험이 있는 경우이다. 그리고 욕실은 은신처이며, 아주 조용한 장소가 된다. 어른이 되어서도 은신처가 된다.
- 침실의 강조는 아주 조용하고 우울해 보이는 경우로, 우울증적 경향이 있는 사람을 위한 은신처이며 성적 행위를 위한 장소를 나타낸다(Burns, 1980).
- 식당과 부엌의 강조는 양육을 위한 장소로, 구강과 관련된 의존성과 애정 욕구로 나타낸다.
- 거실의 강조는 사회화를 위한 장소로 나타낸다.
- 불결한 방의 강조는 가정 혹은 자신에 대한 적개심을 나타낸다.

⑥ 계단과 보도

계단 혹은 보도는 사회적 상호관계의 환영을 나타내는데, 즉 "나에게 오신 것을 환영합니다."(Burns, 1980)라는 의미이다.

- 창도 없는 편편한 벽에 기대어 있는 계단은 접근과 관련된 갈등을 나타낸다(Burns, 1980).
- 잘 조화되고 쉽게 그려진 보도는 통제와 사회성을 나타낸다(Buck, 1948; Hammer, 1969; Jolles, 1964).
- 긴 보도나 집에 기대어 있는 계단은 유도된 접근을 나타낸다(Burns, 1980).

⑦ 벽

- 벽의 선은 자아의 강함과 관계가 있다.
- 튼튼한 벽은 완강한 자아를 나타내며, 얇은 벽은 약한 자아와 상처 입기 쉬운 자아를 나타낸다.
- 벽면이 경사진 것은 자아의 통합성과 안정성이 흔들림을 나타내며, 부서진 벽들은 분열된 성격을 나타낸다.
- 벽의 지면선이 없는 것은 현실과의 접촉이 어려움을 나타낸다.
- 벽을 통해 집의 내부가 보이도록 그린 투시화가 성인에 의해 그려질 때는 비판력과 현실검증이 부적절하고, 될 수 있는 한 장면을 구조화하려는 강박적인 욕구가 있음을 나타낸다.

(2) 나무 그림 해석

나무 그림은 내담자의 기본적인 자기상을 나타내며, 자신의 마음상태에 대해 어떻게 느끼고 있는지를 무의식적으로 변형하여 정신성숙도의 정도를 이해할 수 있다. 나무의 필수부분은 줄기와 가지이며, 그리는 순서는 보통 줄기부터 시작하여 잎으로 그려나가지만, 화가 또는 통합되어 있는 사람은 뿌리부터 그리기도 한다.

- 지면의 선을 먼저 그리고 나무를 그리는 것은 타인에게 의존적이며 타인으로부터 인정받고 싶어 하는 사람에게서 나타나고, 나무를 그린 후 지면의 선을 그리는 것은 행동에 있어서 처음에는 침착하지만 곧 불안해지며 타인의 인정을 구하는 사람에게서 나타난다.
- 잎을 맨 먼저 그리는 것은 마음의 안정성이 없고 표면적인 허영과 허식을 구하는 경향이 있음을 나타낸다.

나무 그림에 대한 해석은 전체적인 평가가 중요하며, 부분에 구애받지 않고 먼저 전체를 직관적으로 바라보는 것이 중요하다.

① 주제

나무에 좀 더 구체적인 내용이 포함되거나 단순하게 나무만 그리지 않고 어떤 주제를 담은 그림을 그리는 경우가 있다. 이때 그 주제는 그 사람 개인이 경험하는 갈등과 정서적 어려움을 나타낸다.

가. 나무에 개가 오줌 싸는 것을 함께 그린 경우

자기 자신을 상징하는 나무에 오물이 묻은 그림을 그렸다면, 이는 자신에 대한 가치감과 자기존중감의 결여, 부적절감 등을 나타낸다.

나. 나무를 베는 남자를 함께 그린 경우

이는 매우 드물게 나타나는 그림이나, 상징적으로 나무를 베는 남자는 아버지상(father image)이 투사된 것으로 해석된다. 그러므로 아버지와의 관계에서 단절감, 거세불안, 억압된 분노, 손상된 감정 등을 나타낸다.

다. 버드나무를 그린 경우

버드나무는 가지가 약하고 가지 끝이 밑으로 축축 늘어져 있는 나무이다. 대개 우울한 내담자들이 이러한 그림을 그리는 경향이 많다.

라. 사과나무를 그린 경우

열매를 가진 나무를 그렸을 때 내담자 자신은 과일에, 나무에는 어머니를 투사한다고 한다. 그러므로 예를 들어 애정욕구와 관련하여 어머니로부터 거절당한 느낌, 좌절감을 경험한 아동이라면 과일이 모두 땅에 떨어지거나 다른 사람이 과일을 모두 따 간 그림을 그릴 수 있다. 7세 이하의 아동이라면 사과나무는 일반적으로 잘 그리는 그림으로 위와 같은 해석을 할 필요가 없지만, 청소년이나 성인이 사과나무를 그렸다면 애정욕구와 의존욕구가 매우 높고, 다른 사람의 사랑에 목말라 있는 상태를 나타낸 것이라고 할 수 있다.

마. 죽은 나무를 그린 경우

PDI(Post Drawing Inquiry)에서 내담자가 나무가 죽은 것이라고 대답한다면

이는 '나는 죽은 것과 다름없음'을 상징할 수 있는 것으로, 대부분 상당히 부적응적임을 의미한다. 사회적으로 매우 위축되어 있는 정신분열증 환자, 우울증 환자에게서 나타날 수 있으며, 치료 예후가 부정적일 소지가 높다. 또한, 나무가 죽었다고 지각할 만한 외적·내적 사건이 있는지, 나무가 왜 죽었는지 반드시 질문해야 한다.

바. 열쇠구멍 모양으로 그렸을 경우

선을 하나로 죽 이어서 나무 기둥부터 잎까지 마치 열쇠를 집어넣는 구멍 모양으로 그리는 경우가 있는데, 이를 '열쇠구멍 나무(keyhole tree)'라고 부른다. 저항적이고 부정적인 태도를 보이는 내담자에게서 나타난다. 우울하고 위축된 아동의 경우 이러한 열쇠구멍 나무를 아주 작은 크기로 그리는 경우도 종종 있다.

② 뿌리

뿌리는 현실을 지배하려는 자신의 능력을 어떻게 인지하고 있는지를 나타낸다. 뿌리는 생명의 원천이면서 질기고 고정되어 움직일 수 없는 부분이므로 정착, 안전, 소속감을 의미한다.

- 뿌리를 강조해서 그린 경우에는 미성숙함이나 미해결된 과거와 관련하여 관심을 두고 있음을 나타낸다. 즉, 과거로 돌아가려고 하는 것은 성장에 방해가 된다.
- 죽은 나무뿌리를 그린 경우는 어린 시절에 대해 강박관념이나 우울증적인 느낌을 가지고 있음을 나타낸다.
- 검사지 맨 밑바닥을 대고 뿌리가 자라나는 것으로 그린 경우에는 불안정감과 나아가 안정되고 싶은 욕구를 나타낸다.

③ 나무 기둥

나무 기둥은 에너지, 생활환경에 대해 느끼는 감정을 나타낸다. 줄기는 나무의 중심이면서 나무 골격의 가장 안정되고 나무의 실체를 형성하는 부분이므로 지속성, 안정감을 의미한다.

- 나무 기둥에 짙은 음영을 그린 경우는 심한 불안을 의미한다.
- 나무 기둥에 상흔을 그린 경우는 외상적인 경험을 나타낸다.
- 나무 기둥이 가늘고 폭을 매우 좁게 그린 경우는 불안정하고 불안한 생활을 반영한다.
- 바람에 휘날리는 나뭇가지는 주위 환경으로부터 압력과 긴장을 나타낸다.
- 나무 기둥의 위로 갈수록 가늘게 그린 경우는 에너지가 약화되었음을 나타낸다.

④ 나뭇가지

나뭇가지는 환경에서 만족을 구하고 타인과의 관계를 통해 무엇인가를 성취하고자 하는 힘을 나타낸다. 나뭇가지의 크기, 수, 유연한 정도, 균형의 정도는 잘 성장해나가기 위한 환경과의 접촉을 의미한다.

- 나뭇가지가 아래로 처져 있는 것을 그린 경우(특히 수양버들)는 사고가 과거를 지향하고 있음을 나타낸다.
- 아주 자세하게 양쪽을 똑같이 그린 경우는 강박적인 통제의 욕구를 나타낸다(Jolly, 1964).
- 부러졌거나 잘린 경우는 외상이나 거세당한 느낌을 나타낸다(Hammer, 1969; Jolly, 1964).
- 나뭇가지가 위로 향해 있는 경우는 주변 환경에서 기회를 잡고자 하는 욕구를 나타낸다.
- 집 쪽으로 향해 비대칭적으로 나뭇가지를 그린 경우는 가족에 대한 애착이나 안전감을 나타낸다.
- 나무 기둥에 비해 지나치게 크게 나뭇가지를 그린 경우는 주변 환경에서 만족감을 얻고자 지나치게 애씀으로 인한 부적절감을 나타낸다.

- 연결되지 않거나 부러진 나뭇가지를 그린 경우는 꿈을 꾸는 듯이 환상 속에서 살고 있음을 의미한다.
- 나뭇가지 위에 집을 그린 경우는 위협적인 주변 환경으로부터 보호받고자 하는 욕구를 나타낸다.
- 나무 기둥에서 튀어나와 새로 자라나는 나뭇가지를 그린 경우는 믿을만한 주변 환경을 향해 새로운 희망을 나타낸다.

⑤ 수피

수피는 외부환경과 접촉하는 부분을 나타낸다. 대개의 경우는 선이나 음영 내지 공백으로 표현한다.

- 수피가 벗겨진 것으로 그린 경우는 힘들고 파란만장한 과거를 갖고 있는 것을 의미한다.
- 수피를 검게 칠한 경우는 외부환경과의 불안이나 긴장감을 나타내며, 우울한 기분을 나타낸다.
- 수피를 매우 상세하고 자세하게 그린 경우는 외부환경과의 관계에 관심을 가지는 것이며, 강박적 행동을 통제하려는 조심성을 나타낸다.

⑥ 수관

수관은 나무의 내부와 외부가 연결되며, 신진대사와 호흡을 하는 부분이다. 일반적으로 나무 기둥의 윗부분은 갈라지므로 잔가지와 잎들에 의해 수관을 표현한다.

- 나무 기둥이 짧으면서 수관이 큰 나무를 그린 경우는 자신감이 있으며, 정열적으로 몰두함을 나타낸다.
- 나무 기둥이 아주 가늘고 수관을 지나치게 크게 그린 경우는 완전한 만족을 얻고자 마음의 안정을 상실하고 있음을 의미한다.

⑦ 나무의 크기와 기울기

- 크기가 지나치게 커서 용지에 의해 절단된 느낌을 주는 것은 통찰력의 부족, 생활공간으로부터의 일탈과 회의, 적의 등과 관계가 있고, 용지 내에 들어가 있는 큰 나무는 자기확대의 욕구를 나타내며, 공상보다는 현실적인 활동에서 만족을 얻으려는 것을 나타낸다.
- 나무의 크기가 너무 작은 그림은 자신에 대해 열등감이나 무력감을 느끼고 있으며, 위축되는 경향이 있는 사람이다.
- 나무가 수직이 아니고 왼쪽으로 기울어져 있는 경우는 자기방어적이며 내향적이고, 자신에 대한 관심이 강한 것을 나타낸다. 또한, 감정을 억제하며 활동하는 것을 바라지 않고, 미래를 두려워하며 과거에 집착하고, 때로는 게으르고 타성적인 사람에게서도 나타난다.
- 오른쪽으로 기울어진 나무는 외향적이며, 타인에게 접근하려 하고, 활동적이며, 생활에 대한 적극적인 태도를 가지고 있고, 불행한 과거를 잊어버리고 미래를 향해 나아가지만, 간혹 침착성이 없고 외부의 자극에 의해 충동적으로 움직이기 쉬운 사람에게서 나타난다.

⑧ 나무 외의 상징물

가. 새

일반적으로 새는 자유를 지향하거나 도피하고자 하는 욕구를 의미한다. 또는 성장하고자 하는 욕구를 나타내기도 하고, 특히 새둥지는 둥지가 주는 안전감을 원하는 퇴행적인 사람들이 주로 표현한다.

나. 풍선

풍선은 상승하고자 하는 욕구를 의미한다. 지배 또는 회피의 욕망이나 욕구를 나타내기도 한다(Burns, 1982).

다. 구름

구름을 그리는 것은 불안한 마음이 머리 위에 놓여 있는 상태와도 같다. 구름을 많이 그렸을 경우에는 가족구성원의 수와 일치하거나 삼각관계에 놓인 사랑과 연관되기도 한다.

라. 연

엄격한 가족 분위기로부터 벗어나고자 하는 욕구를 나타낸다(Burns & Kaufman, 1972). 다른 인물에 인접하여 연을 날리고 있는 모습을 그렸다면 자신이 벌을 받을 것이라고 지각하여 그것을 구체화한 것이다(Burns & Kaufman, 1972).

마. 달

달을 그리는 것은 우울증과 관련된다(Burns, 1982).

바. 눈

눈을 그리는 것은 유아적 행복감과 공상적 만족을 나타내나, 극단적일 경우 우울증이나 자살하고자 하는 마음과 연관된다.

사. 원

원으로 된 그림이나 원형은 물체에 대해 지나치게 집착하는 정신분열증적 성격을 나타낸다(Burns & Kaufman, 1972).

⑨ 기타

- 열매가 떨어지고 있거나 떨어진 나무를 그린 경우는 거부감, 상실, 죄책감, 포기를 나타낸다.
- 나무 속에 동물들을 그린 경우는 따뜻한 곳에서 보호받고자 하는 욕구를 나타낸다.

(3) 인물화의 해석

인물화는 가장 깊이 연구된 것으로, 나무 그림이나 집보다 자기상을 더 잘 나타낸다. 그러나 인물화는 내담자에게 경계심을 품게 하고 자기를 방어하려는 생각을 갖게 하기 때문에 의식적·무의식적으로 자기의 모습을 왜곡시켜 나타내며, 자기 이외의 사람을 그리는 경우가 많다.

원칙적으로 인물화는 자기의 현실상이나 이상상을 나타내며 자기에게 있어서 의미하는 사람, 일반적인 사람을 어떻게 인지하고 있는가를 나타낸다.

내담자가 인물화로 표현하는 자기상에는 심리적인 것과 신체적인 것이 있다. 예를 들면, 보통 신장의 성인이나 아동이 크기가 작은 인물을 그리거나 의존하고 있는 인물 또는 약한 인상을 주는 인물을 그리는 경우가 있다. 이런 그림은 내담자가 자기를 작고 무의미한 사람이라고 생각하거나 의존적인 사람으로 인지하고 있는 경우가 많다.

인물화가 내담자의 신체상태를 나타내는 경우도 잘 알려져 있다. 이를테면 신체장애인이 그리는 그림은 직접적 혹은 간접적으로 장애의 존재를 보인다는 연구 보고도 있다. 인물화에는 내담자의 현실상뿐만 아니라 이상상도 표현된다. 예를 들면 내성적인 경향의 청년이 무장한 경찰관의 늠름한 모습을 그리는 것은 적극적으로 활동하는 인간이 되고 싶다는 심리적인 이상상을 나타내는 것이며, 현실적으로 왜소하고 병약한 사람이 럭비선수를 크게 그리는 것은 신체적인 이상상을 그리고 있는 것이다. 이러한 인물화로 내담자는 자신의 특별한 공포와 불안, 강박적으로 하고 있는 것, 자신의 성적 역할의 인지방법 등을 알 수 있다. 인물화를 해석함에 있어서는 그림 그린 후의 질문과 내담자와의 면접 등을 통해 전체적으로 해석해야 한다.

인물화는 자기상뿐만 아니라 내담자에게 의미 있는 사람을 표현하는 경우가 많다. 특히 아동은 양친의 상을 의미 있는 사람으로 그리는 경향이 있다. 이것은 아동이 양친을 동일시하여 자신의 행동양식의 본보기로 양친을 바라보기 때문이다.

아동이 4~6세경에는 인물을 구성하는 부분으로 얼굴, 몸통, 손, 발을 구별하게 된다. 따라서 인물화의 필수 부분은 얼굴, 몸통, 두 개의 손, 두 개의 발, 코, 입, 두 개의 눈이다. 인물화를 그리는 순서는 얼굴을 먼저 그리며, 다음에 몸통 그리고 손, 발을 그려나가는 것이 보통이다.

특히 얼굴의 부분만 매우 상세하기 그려 완성하려는 내담자는 강박적인 성격일 경우가 많다. 제일 먼저 의복을 그리려고 한 사람은 인간관계에 어려움이 있으며, 따뜻함을 가지고 애정관계를 맺지 못하는 냉정한 사람인 경우가 많다. 또한 다리부터 그려나가는 것은 성에 대한 관심과 갈등 혹은 성도착의 가능성을 나타낸다. 얼굴을 마지막으로 그리거나 얼굴 내부를 먼저 그리고 윤곽을 나중에 그리는 것은 타인과 정서적인 접촉을 즐기지 않는 사람에게서 자주 보인다. 손을 먼저 그리는 것은 죄악감을 갖고 있거나 인간관계에 어려움이 있는 사람의 경우가 많다.

① 인물의 묘사 순서

대부분의 내담자는 자신과 동성인 인물을 먼저 그린다. 인물화에서 이성상을 먼저 그리는 사람은 이성에 대한 성적 관심이 강한 사람, 의미 있는 사람이 이성이며 그 사람과 심리적으로 밀착된 경우, 성의 동일시에 혼란이 있고 자신의 성적 역할을 심리적으로 받아들이지 못하거나 동성애 등의 가능성이 있다.

여자가 남자보다 이성상을 먼저 그리는 경우가 많고, 남녀 모두 청소년기에 증가하는 경향이 있다. 이성상을 먼저 그리는 내담자에 대한 연구에 의하면 성범죄자, 동성애자, 알코올중독자, 약물중독자, 정신장애자들이 그렇지 않은 사람보다 이성상을 먼저 그린다는 보고가 상당히 많다.

② 인물의 크기

인물화의 크기는 내담자의 자존심과 활동성 등을 의미한다. 내담자의 성별에 관계없이 내담자의 약 반수는 남성상을 여성상보다 더 크게 그리는 경향이 있다. 어쨌거나 이성상을 지나치게 크게 그리거나 작게 그리는 것은 어떤 의미에 있어서 성적 역할에 혼란이 있다고 보인다.

여성 내담자가 여성상을 아주 크게 그릴 경우 남성의 지배력을 무시하려는 남성적 여성인 경우가 있다. 그려진 여성이 어머니의 상인 경우는 가정 내에서 지배력이 부친보다 모친에게 더 있다고 인지할 수도 있다.

③ 인물의 행위

인물이 지나치게 활발한 움직임을 보이는 경우에는 운동 활동에 대한 강한 충동 또는 불안정하여 안절부절못하는 상태, 정서장애의 조증 상태를 나타낸다. 반대로 자세가 엄격하고 굳어 있어 움직임이 적으면 강박적 억제의 표현이며, 억압되어 있는 불안이 내재되어 있음을 나타낸다.

어딘가에 앉아 있거나 기대어 있거나 누워 있다면 활동 에너지가 낮아져서 쉬고 싶거나 정서적으로 무미건조한 상태를 의미한다.

이처럼 인물의 행위는 내담자의 에너지 수준이나 피로 정도의 의미도 내포되어 있다.

④ 그림의 위치

- 그림의 위치가 용지의 중앙보다 지나치게 위쪽에 위치하면 불안정한 자아상과 연관이 있으며, 중앙보다 지나치게 아래쪽에 위치하면 보다 안정된 상태 또는 우울감, 패배감을 나타낸다.
- 적절한 중앙 위치는 적응이 원활한 자아 중심적 경향과 관계가 있다.
- 용지의 왼쪽에 위치하면 자아의식적·내향적 성향을 나타내며, 용지의 오른쪽에 위치하면 외향적 성향을 의미한다.

⑤ 생략과 왜곡, 강조와 과장

- 신체 부분이 실제에 비해 생략되거나 왜곡되어 있으면 그 부분과 관련된 심리적 갈등이 있음을 나타내거나 부정적인 자아상을 나타낸다.
- 신체의 생략과 왜곡은 신체 기능의 어려움과 불편함을 의미하고, 신체 부

분이 과장되게 강조되어 있거나 흐린 모습으로 나타나는 경우에도 심리적 갈등을 나타낸다.

⑥ 머리

사람 그림에서 머리는 상징적으로 아동의 인지적 능력, 즉 지적 능력 및 공상활동에 대한 정보를 나타낸다.

- 보통보다 큰 머리는 과대평가 혹은 고도의 열망을 나타내며(Buck, 1948), 보통 이하의 지능(Machover, 1949), 일반적으로 아동들은 성인보다 비율적으로 큰 머리를 그린다.
- 현저하게 작은 머리는 자신의 지적 능력, 공상세계와 관련된 부적절감을 느끼고 있으며, 지적인 표현과 관련하여 수동적이고 억제적이며 위축된 태도를 보일 수 있음을 나타낸다.

⑦ 얼굴

- 얼굴이 생략되어 있고 뒤통수를 그리는 경우 세상과 직면하기를 원하지 않는 것을 나타내며, 외모에 대해 극도의 불안을 느끼고 세상에 대한 억제적이고 회피적인 태도를 나타낸다. 또한 억압된 분노나 거부적인 태도를 나타낸다.
- 얼굴의 과도한 강조와 강한 강화는 부적절함과 약함을 공격적·사회적으로 현저한 행동으로 보상함을 나타낸다(Machover, 1949).

⑧ 눈과 눈썹

- 현저하게 큰 눈은 의심, 관계망상 혹은 다른 편집증적 특징으로서, 특히 눈이 검고 위협적이거나 날카로운 경우에는 공격적 표출행동 경향을 가진다(Machover, 1949).
- 눈에 음영이 진 경우(Machover, 1949)에는 상당한 불안이 있고, 사회성에

과민성이 보인다(Machover, 1949).

- 여성들은 남성들보다 눈을 크고 상세하게 그린다(Machover, 1949).
- 보통보다 작거나 감은 눈은 내향적 경향(Machover, 1949)으로, 타인과 감정을 교류하는 데 있어 극심한 불안을 느끼며 회피하고 있음을 의미한다.
- 작은 눈에 비해 큰 안와는 강한 시각적 호기심과 죄의식, 성적으로 훔쳐보는 취미와 관련된 갈등(Machover, 1949)이 있음이 보인다.
- 소위 '텅 빈 눈'인 생략된 동공은 자신의 환경을 인식하는 것에 관심이 없고 막연하게 특성이 없는 것으로 인식하는 사람들의 경우에 내성적이며 자아도취적 경향을 나타낸다.
- '피카소'의 눈(혼란되게 그려진 하나의 눈 혹은 인물의 얼굴 중앙에 그려진 하나의 눈)은 다른 사람이나 의미 있는 다른 사람에 대해 과도한 관심이나 경계심을 나타낸다(Burns & Kaufman, 1972).
- 상당한 정교화, 특히 정돈된 눈썹은 과도하게 몸단장을 함으로써 솔직한 행동에 대한 비평적인 태도를 반영하는 경우일 수도 있다(Machover, 1949).
- 조잡한 눈썹은 세련되고 훌륭한 몸단장과는 거리가 먼 '야만적이고 난폭하며 노골적인' 경향을 보인다(Machover, 1949).
- 일어선 눈썹은 경멸적인 태도를 보인다(Machover, 1949).
- 남성이 속눈썹을 자세히 그린 것은 동성애적 경향의 가능성을 나타낸다.

⑨ 귀

- 귀를 너무 크게 그린 경우는 정보를 지나치게 받아들이려 하는 것이므로 대인관계 상황에서 너무 예민함을 의미하며, 너무 작게 그린 경우는 반대로 정서적 자극을 피하고 싶고 위축되어 있음을 나타낸다.
- 귀를 너무 강조하여 그렸다면 감정 교류에 대한 불안감과 긴장감, 다른 사람이 나를 어떻게 생각할까에 대한 예민함, 타인의 의도에 대한 불신과 의심 그리고 스스로를 방어하고자 하는 욕구로 나타난다.

⑩ 코

코는 후각이라는 통로를 통해 외부 세계의 정보를 받아들임과 동시에 얼굴 중앙에 눈 다음으로 가장 눈에 띄기 쉬운 위치에 있다. 그렇기 때문에 코를 어떻게 그렸는가는 환경으로부터 정서적 자극을 어떻게 받아들이고 반응하는지와 외모에 대한 관심 여부나 정도를 알 수 있다.

- 코를 그리지 않는 경우는 자신이 타인에게 어떻게 보일지에 매우 예민하고 두려움을 의미한다. 이로 인해 사회적 상황에서 위축되고 지나치게 회피적일 수 있다.
- 코를 너무 크게 그렸다면 주변 사람과의 관계에서 정서적 자극에 너무 예민하거나 외모에 지나친 관심을 가지고 있음을 의미한다. 반대로 너무 작게 그렸다면 외모에 대해 자신이 없고 위축되어 있으며, 타인과의 감정 교류에 대해 수동적이고 회피적인 태도를 가지고 있음을 나타낸다.
- 콧구멍을 너무 강조해서 그린 경우는 대인관계에서 미성숙한 태도와 공격적인 행동이 보인다.

⑪ 입

입은 세상과 직접 의사소통을 하게 하는 부분임과 동시에 음식이라는 일차적인 중요한 양분을 받아들임으로써 사람이 살아갈 수 있게 해주는 기관이다. 그러므로 입을 어떻게 그렸는가는 그 사람의 생존, 심리적인 충족 등과 관련된 여러 가지 정서를 나타낸다.

- 입을 그리지 않는 경우는 애정의 교류에 있어서 심한 좌절감이나 무능력감, 위축감, 양가감정을 느끼고 있음을 의미하며 애정을 줄 수 있는 중요한 인물들, 즉 부모 같은 대상과의 관계에 상당한 갈등이나 결핍이 있음을 나타낸다.
- 입을 너무 크게 그린 경우는 타인과의 정서적 교류, 애정의 교류에 있어서 불안감을 느끼지만 과도하게 적극적·주장적·공격적인 태도를 보일 때 역

으로 불안감을 보상하고자 함을 나타낸다. 반대로 입을 너무 작게 그리면 내적인 상처를 받지 않으려고 정서적 상호작용을 회피하거나, 절망감이나 우울감이 나타난다.

- 이를 뾰족뾰족하게 그렸다면 상당한 공격성과 내면의 불안감을 나타내며, 이를 하나하나 그린 것이 아니라 치열의 전체 윤곽선만 그렸다면 정서적인 욕구를 수용하고 표현하는 데 불확실성과 주저함이 있음을 나타낸다.

⑫ 목

목은 머리에서 일어나는 인지적 활동, 즉 사고, 공상, 감정과 몸에서 일어나는 신체적 반응을 연결하는 통로이다. 마음과 몸에서 일어나는 경험에 대해 스스로 통제감을 느끼고 편안해함을 의미한다.

- 목을 그리지 않은 경우는 인지적 활동이나 신체적 반응에 대한 통제력 모두가 약화되어 신체적 행동의 통합이나 조절이 부족한 상태, 즉 뇌기능장애, 해리장애, 사고장애일 가능성을 나타낸다.
- 목이 너무 길게 그려진 경우는 자신의 행동을 조절할 수 있을지, 충동통제를 할 수 있을지에 대해 자신감이 부족하며 억제된 혼자만의 공상에 몰두함으로써 해결하고 싶어 함을 의미한다.

⑬ 팔

팔은 우리가 하고자 하는 것을 수행해주며, 외부환경과 직접적인 접촉을 하는 신체 부위이다. 그러므로 팔을 어떻게 그렸는지는 환경과 어떻게 상호작용했는지, 현실 속에서 어떻게 대처하고 자신의 욕구를 충족하는지를 나타낸다.

- 경직된 두 팔(또한 자세 특징)은 강박적이며 억압된 성격을 나타낸다(Buck, 1948; Jolles, 1964; Machover, 1949).
- 팔을 그리지 않는 경우는 세상과 관계를 맺고 싶어 하지만, 내적인 갈등이나 양가감정으로 인해 부분적인 억압이 일어나고 있음을 나타낸다.

- 손을 허리에 대고 팔꿈치를 옆으로 벌리고 있는 팔은 자기도취 혹은 으스대는 경향이 있는 것을 말한다(Machover, 1949).
- 팔을 너무 길게 그렸다면 세상과 교류하는 능력에 대한 부적절감을 과잉보상하려 함을, 너무 굵게 그렸다면 세상과 타인을 지나치게 통제하거나 지배적 행동을 보임으로써 무능력감을 과잉보상하려 함을, 근육질의 팔로 그렸다면 공격적 태도를 통해 자신의 힘과 환경과의 교류능력을 과시적으로 강조함을 나타낸다.
- 팔의 생략은 손의 생략과 같이 죄의식, 극단적인 우울증, 일반적인 무력감, 환경에 대한 불만, 강한 철회 경향 등을 나타낸다(Machover, 1949).

⑭ 손

손은 세상과의 교류, 자신의 욕구충족을 위한 행동, 현실에서의 대처 행동을 보다 정교하게 할 수 있도록 해주는 신체 부분이다. 그렇기 때문에 손에 대한 그림을 통해 환경에 대한 통제능력을 알 수 있다.

- 손을 그리지 않는 경우는 환경에 부적절감이 매우 심함을 나타낸다.
- 팔은 그리고 손을 그리지 않았다면 타인과 교류하고자 하는 소망과 교류를 제대로 해낼 수 없을 것 같은 불안감 간의 심한 내적 갈등이 있음을 나타낸다.
- 손을 주머니에 넣거나 해서 안 그린 경우는 회피와 양가감정을 느끼고 있음을 나타낸다.
- 손을 너무 크게 그린 경우라면 과잉 행동성이나 주장성을 통해 환경을 통제하고 대처하는 자신의 능력에 대한 부적절감을 과잉보상하고자 함을 나타낸다.
- 손을 너무 작게 그렸다면 스스로의 통제력이 너무 부족하다고 느끼고 수동적이고 억제적인 방식으로 행동하고 있음을 나타낸다.

⑮ 다리

다리는 어떤 목표 지점을 향해 자기 위치를 옮기고 충족감을 줄 수 있는 원천으로 다가갈 수 있게 해주며, 환경의 위험으로부터 도피할 수 있게 해주고, 현실 상황에서 지탱해 설 수 있게 해주는 부분이다. 그러므로 다리 그림은 여러 가지 영역과 그 사람의 심리적 상태와 특성을 알 수 있게 해준다.

- 다리를 그리지 않는 경우는 무력감과 부적절감이 매우 심하여 우울한 상태에 이르며, 과도하게 위축되어 있음을 나타낸다.
- 다리를 너무 길게 그린 경우는 자율성, 독립성에 대한 욕구와 과잉 행동성 혹은 과잉 추구적인 행동을 통해 현실 대처능력과 관련된 부적절감을 과잉 보상하려는 욕구로 나타낸다.
- 너무 굵게 그린 경우 세상을 지나치게 통제함으로써 내적 부적절감을 과잉보상하려 하고, 다리를 근육질로 그렸다면 과잉보상의 방법으로 자기주장적이고 공격적인 태도를 보이는 경향이 있음을 나타낸다.
- 다리를 너무 짧고 가늘게 그렸다면 세상에 대처하는 데 대한 부적절감, 억제 경향성과 수동적인 태도를 가지고 있음을 나타낸다.
- 다리를 딱 붙인 모습으로 그렸다면 융통성이 부족하고 경직된 성향이 있음을, 두 다리를 교차시키고 있는 경우는 성적인 불안감과 억제 경향성을, 다리를 넓게 벌린 자세로 그리면 반항적 자세를 취함으로써 내면의 불안정감을 과잉보상하려 함을 의미한다.

⑯ 발

발은 땅과 직접적인 접촉을 하는 부분이자, 그 사람을 세상에 위치시키는 가장 일차적인 부분이다.

- 발을 그리지 않는 경우는 세상에 혼자 독립적으로 서는 것에 대한 심한 부적절감을 느끼고 있음을 의미할 수 있고, 때로는 현실지각의 왜곡이 있을 가능성도 나타낸다.

• 발을 너무 크게 그린 경우는 자신의 독립성을 지나치게 강조함으로써 자율성에 대한 부적절감을 과잉보상하려 함을, 반대로 너무 작게 그린 경우는 자율성에 대한 부적절감과 두려움을 느끼고 있음을 의미한다.
• 발이나 신발을 단순화시켜서 동그스름한 모양으로만 그린 경우는 자율성의 발달이 매우 미숙한 수준임을, 발끝을 뾰족하게 그린 경우 자율성의 성취와 관련된 적대감과 공포감 억압된 분노감을 나타낸다.
• 발가락을 뾰족뾰족하게 그리거나 마치 닭발 모양처럼 선 하나로 발가락만 그리고 발바닥을 그리지 않는 경우는 현실지각의 심한 왜곡, 사고장애나 신경증적 장애, 지적장애를 나타낸다.
• 발을 지나치게 자세하거나 정교하게 그린 경우는 의존과 독립의 갈등, 자율성 문제에 대해 강박적으로 집착하고 있거나, 부적절감을 과시적으로 보상하고자 함을 나타낸다.

⑰ 몸통

어깨 바로 밑의 쇄골부터 가랑이까지의 부분이 몸통에 해당되는데, 그 사람의 내적인 힘을 보유하고 있는 부분이라고 할 수 있다.

• 몸통을 그리지 않는 경우는 퇴행이 매우 심하고 사고장애가 있음을 의미하거나, 지적장애 혹은 신경증적 장애가 있음을 나타낸다.
• 몸통을 너무 길게 그렸다면, 지나친 행동성을 보임으로써 스스로의 내적 힘이 부족하다는 느낌을 과잉보상하려 함을 나타낸다.
• 몸통을 너무 넓게 그렸다면, 주변 사람에게 요구를 많이 하거나 권위적인 태도를 취함으로써 내적 힘의 결핍감을 과잉보상하려 함을 나타낸다. 반대로 너무 작게 그린 경우 스스로의 힘과 관련하여 부적절감을 느끼며 수동적이고 억제된 행동을 나타낸다.
• 몸통을 길면서도 필압이 낮고 흐리게 그렸다면, 부적절감으로 인해 대인관계에서 위축되어 있음을 나타낸다. 또한 몸통을 너무 짧고 굵게 그렸다

면, 화가 나면 매우 난폭해질 가능성을 나타낸다.

⑱ 어깨

어깨는 짐을 지거나 무게를 지탱하는 능력을 나타내므로 상징적으로 책임을 지는 능력과 관련된다.

- 어깨를 그리지 않는 경우는 스스로 책임지는 것에 대해 부적절감을 느끼며, 책임지는 상황을 회피하고자 함을 나타낸다.
- 각이 진 어깨는 공격적·적대적 경향을 나타내고, 작은 어깨는 열등감을 나타낸다(Buck, 1948; Jolles, 1964).
- 어깨를 너무 크게 그렸다면 상징적으로 책임감이 너무 강하고, 자신이 너무 책임을 지려 한다는 의미에서 지배적이거나 과도하게 권위를 내세움을 나타낸다. 반대로 너무 작게 그렸다면 스스로 책임 있게 완수하는 능력에 대해 자신이 없고 책임감을 가져야 하는 상황에서 위축되고 수동적 자세를 취하려는 경향을 나타낸다.

⑲ 옷

옷은 내담자의 사회적 역할과 지위, 성격과 관심을 상징한다.

- 속옷을 입었거나 발가벗은 모양을 그린 경우는 성적인 것을 숨어서 들여다보려는 경향을 나타내는 것일 수도 있고, 과시적인 경향을 의미하기도 한다.
- 옷을 많이 입고 있는 경우는 유아기적 성향이거나 성적으로 부적응하고 있는 성격을 나타낸다.
- 지나치게 큰 옷을 입고 있는 경우는 부적절감과 자아경멸감을 나타낸다.
- 비치는 옷을 입고 있는 경우는 성적인 것을 들여다보려는 경향과 과시적인 경향을 나타낸다.
- 단추를 강조하여 그린 경우는 의존적, 유아적, 무능력한 성격을 나타낸다.

특히 단추를 중앙의 밑 부분부터 아래로 쭉 내려서 그린 경우는 퇴행을 나타낸다. 소맷부리에 단추가 강조되어 그린 경우는 의존성과 강박상태를 나타낸다.

- 호주머니를 강조하여 그린 경우는 유아적·의존적인 남성의 성격을 나타낸다. 호주머니를 크게 그려 강조하고 있는 경우는 어머니에 대한 정서적 의존성과 관련된 갈등을 가진 청년기의 남성다워지려는 노력을 나타낸다.
- 넥타이를 강조하여 그린 경우는 성적인 무력감 또는 부적절감을 나타내는 것으로, 특히 사춘기와 40세 이상 남성의 경우에서 많이 나타난다. 넥타이를 작고 불확실하게 그렸거나 빈약하게 그린 경우는 약한 성욕으로 인한 절망감을 나타낸다. 눈에 띌 정도로 넥타이를 길게 그린 경우는 발기불능의 두려움에 대한 지나치게 보상적인 성적 공격성을 나타낸다.
- 큰 구두는 안정감의 욕구를 나타낸다. 구두나 구두끈 등을 지나치게 자세하게 그린 경우는 강박적이고 뚜렷한 여성적 특성을 나타내는 것이며, 흔히 사춘기 이전의 소녀들에게 나타난다.

⑳ 신발

- 신발을 상세하게 그리는 것은 남성인 경우에는 여성에 대한 관심, 여성의 경우에는 여성다움을 구하거나 보이려는 욕구를 나타낸다.
- 남근 모양의 신발을 그리거나, 몇 번이고 고쳐 그리거나, 진한 음영을 칠하는 것은 성적 능력의 쇠약을 고민하는 초로기의 남성에게서 많이 나타난다.
- 커다란 신발은 안정에 대한 욕구를 나타낸다(Burns & Kaufman, 1972).
- 신발, 레이스 등을 너무 자세히 그리는 것은 강박적이며 지나치게 여성의 특징을 나타내는 것으로, 사춘기 소녀의 경우에 흔히 관찰된다(Machover, 1949).

㉑ 소지품과 액세서리

- 남성상이 파이프, 담배, 지팡이, 총, 권총 등을 소지하고 있는 모양을 그리는 것은 일반적으로 남성다움에 대한 욕구를 갖는 내담자에게서 많이 보인다.
- 청소년기의 남녀 내담자가 허리띠를 강조하여 그리는 것은 성충동을 의식적 혹은 무의식적으로 통제하려는 것이다.
- 귀걸이를 그린 경우 외모에 관심이 많음을 나타내며, 너무 자세하고 정교하게 그렸다면 타인에게 자신을 과시하고 드러내 보이고 싶어 하는 자기애적 욕구 혹은 대인관계 불안감을 강박적으로 보상하고자 하는 욕구를 나타낸다.
- 큰 서류가방을 그리는 것은 성적 능력의 무력함을 지적인 힘으로 보상하려는 시도를 나타낸다.

5. 사례

사례 1 조울증과 조현병을 겪고 있는 중년여성

[그림 4-1] HTP의 사례(46세 여자)

[그림 4-1]은 조울증으로 병원에서 약물치료를 받고 있는 중년여성의 그림이다. 집은 설계도식 표현을 했고, 나무는 필압이 매우 강하며 도화지에 꽉 차게 표현되었다. 인물의 표현은 얼굴 중 눈이 잘린 코 부분부터 표현되었고, 과하게 큰 그림이 표현된 것으로 보아 조증의 경향을 그대로 드러내고 있다.

* 양식을 활용한 그림 진단 사례 1

[그림 4-2] HTP의 사례(23세 여자)

* 양식을 활용한 그림 진단 사례 2

[그림 4-3] HTP의 사례(26세 남자)

* 양식을 활용한 그림 진단 사례 1

HTP검사 보고서

이름	하ㅇㅇ	나이	23세(만 21세)	성별	남	생년월일	1992.8.30
주소	M시 S동 ㅇㅇ아파트					집전화	
직업	대학생					직장전화	
학교	ㅇㅇ대학교	검사일시	2011.9.18		치료실	검사자	

의뢰사유

현재 대학교 4학년에 재학 중인 내담자는 활발하고 밝으나 학교생활에 있어 무기력함과 느린 행동으로 인해 잦은 지각을 하는 편이다. 교우관계에 있어서 대체적으로 원만하나, 평소 솔직한 표현과 자신의 확고한 주장으로 몇몇 교우들과의 의견충돌이 잦은 편이라고 한다. 따라서 내담자는 이번 HTP검사를 통해 정서 및 대인관계 양상 등 개선점을 찾고자 검사를 의뢰하게 되었다.

가족배경 및 개인력 / **Family Tree**

가족배경

2남 중 첫째로 장남으로서의 기대감을 많이 받으며 성장해왔다. 무뚝뚝한 아버지의 성격으로 인해 부자간의 대화는 많지 않은 편이며, 본인이 생각하기에 아버지는 어렵고 무서운 존재이다. 어머니와는 어릴 적부터의 잦은 다툼으로 인해 애증의 관계였지만, 현재는 안타까운 마음에 어머니에게 잘하고자 노력하고 있다고 한다. 맞벌이 부모님으로 인해 동생과는 어릴 적부터 가장 많은 시간을 보내왔으며, 가족구성원 중 가장 친밀한 관계이다.

개인력

어린 시절부터 욕심이 많고 고집이 강한 성격으로, 고등학교 때까지 부모님과의 소통에 있어 대립이 많은 편이었다. K시 대학 진학으로 기숙사 생활을 하면서 부모님과 소통에 있어 대립이 줄어들었으며, 한번 결심한 의지와 목표는 이루어내고자 노력하지만 결심하기까지 오랜 시간이 걸린다고 한다. 평소 학교 친구들과의 사이는 원만하며, 주위에서 '독특하다'는 이야기를 많이 듣는 편이라고 한다.

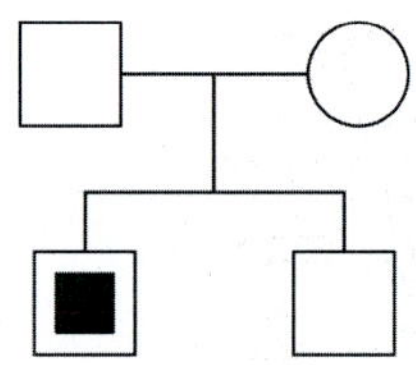

검사자의 행동관찰

또래보다 작은 체구에 짧은 커트 머리와 안경을 쓴 외모로, PDI 전에 그림의 의도를 설명하며, 자신의 그림에 대한 검사자의 반응을 물었다. 자신이 그리고자 하는 이상향이 뚜렷하여 망설임 없이 그림을 그려나갔으며, 선을 그릴 때는 한 번에 그리지 않고 덧칠하듯이 나누어 그렸다. 지우개의 사용량은 많지 않았다.

요약 및 검사자의 견해

높은 에너지를 소유하고 있는 내담자는 평소 자기 자신을 활력이 넘치는 존재로 생각하며, 그와 같이 행동하기 위해 노력하고 있음이 보인다. 타인과 접촉에 있어 활발한 모습으로 보이나, 관계를 맺는 것에 있어 정서적으로 예민함을 가지고 있으며, 우울과 불안이 있는 것으로 보인다. 또한 미래나 일에 대해 성취욕이 강하나, 열등감이 있어 안정되지 못하고 현실에서의 자기 자신에 대한 불안정감이 있음이 나타났다. 이러한 점들을 보아 주위의 따뜻한 도움과 스스로 자기 세계에서 벗어나 외부세계에 대한 긍정적인 면과 함께 관계에 있어 먼저 다가간다면 현재보다 훨씬 개선된 모습을 볼 수 있을 것으로 생각된다.

* 양식을 활용한 그림 진단 사례 2

HTP검사 보고서

이름	노○○	나이	26세	성별	남	생년월일	1989.10.25
주소	J시 M동 ○○읍 ○○-○번지					집전화	
직업	학생	핸드폰번호	010-××××-××××			직장전화	
학교	○○대학교	검사일시	2011.9.20		치료실	검사자	

의뢰사유

현재 대학교 3학년에 재학 중인 내담자는 일상생활을 하면서 자신의 감정을 잘 드러내지 않는 편이다. 그로 인해 주위에서 받은 스트레스를 잘 해소하지 못하며, 요즘 들어 부쩍 감정기복의 변화가 많다고 한다. 따라서 내담자는 이번 HTP검사를 통해 자신의 감정표현과 스트레스 수위를 조절하고 해소하며, 감정기복 변화의 원인과 해결점을 찾고자 하는 바람으로 검사를 의뢰하게 되었다.

가족배경 및 개인력

가족배경

외아들로 태어나 집의 첫째와 막내 역할을 도맡아 했고, 부모님의 맞벌이로 인해 어릴 적부터 스스로 하는 법을 터득했다.

엄격한 부모님 밑에서 어린 시절부터 예의범절에 많이 신경을 쓰며, 사고를 일으키지 않으려 조심히 행동하며 자라왔다. 부모님과의 관계는 대체적으로 우호적이며, 대학교 재학으로 인해 입학 시기부터 현재까지 따로 생활하고 있다.

개인력

외아들로서 자라온 부담감과 어릴 적 직장생활로 바쁘신 부모님 아래서 혼자 있는 시간 때문에 외로움을 느끼는 부분이 많았다. 엄격하신 부모님 탓에 주눅이 드는 일이 잦았으며, 교우관계에서 대체로 원만한 편이나 조용하고 내성적이다. 평소 혼자 있는 시간이 많으며, 시끄러운 곳을 싫어한다고 한다.

Family Tree

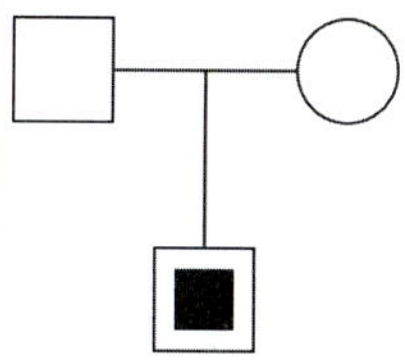

검사자의 행동관찰

보통의 체구에 검은 테 안경을 쓴 외모로, 대체로 편안한 분위기 아래 검사가 이루어졌다. 검사 진행 시 "그림을 잘 못 그리겠는데요……."라는 말과 함께 중얼거리는 모습이 보였고, 전체적으로 지우개의 사용량이 적은 편이나, 다른 그림 때와는 달리 나무 그림에서 수관을 자주 수정했다.

요약 및 검사자의 견해

온순한 성격의 내담자는 사회나 타인과의 관계에 대해 상호작용이 잘 이루어지고 있는 편이나, 스스로 타인의 감정을 공유하고 자신의 감정을 표현하는 것에 있어 조심성이 있는 것으로 보인다. 평소 생활의 일부분을 타인의 희생에 초점을 두는 것에 대한 긴장감으로 인해 쓸쓸함과 우울감이 보인다. 내적인 활동의 의지는 강하나 끈기 있게 하지 못하는 등 융통감이나 생동감이 경직되어 있으며, 원활한 에너지 발산에 있어 어려움이 있는 것으로 보인다. 또한 애정의 욕구와 의존의 욕구가 있는 것으로 보아 주위의 많은 관심과 사랑이 필요로 하며, 평소 타인과의 많은 대화와 만남을 통한 친밀감 형성의 시도를 통해 개선된 내담자의 모습을 볼 수 있을 것으로 생각된다.

Chapter

05

동적 집-나무-사람(KHTP)

1. 동적 집-나무-사람(KHTP)의 개요
2. 동적 집-나무-사람(KHTP)의 목표
3. 동적 집-나무-사람(KHTP)의 실시방법
4. 동적 집-나무-사람(KHTP)의 해석방법
5. 사례

1. 동적 집-나무-사람(KHTP)의 개요

동적 집-나무-사람(KHTP : Kinetic House-Tree-Person) 그림검사는 Burns(1987)가 개발했고, HTP와는 달리 한 장의 종이에 집, 나무, 사람을 각각 그리도록 하며, 어떠한 움직임이 들어가도록 그리라고 지시하는 부분이 다르다. 분리된 집, 나무, 사람을 통해서도 심리진단이 가능하지만 HTP를 종이 한 장에 나타내봄으로써 이를 전체적으로 관찰하여 내담자의 심리적 역동성을 엿볼 수 있다.

HTP의 단점을 보완하기 위해 Burns는 HTP에 상호작용이 나타나지 않는 문제들을 보완하기 위해 역동성을 부여하도록 동적 집-나무-사람 기법을 발전시켰다.

다카하시 유하루(高僑雅春, 1947)는 Buck의 HTP검사에서 한 장을 더 추가해서 마지막 장에는 처음 그린 인물의 반대되는 성의 사람을 그리게 하는 방법을 도입하여 HTPP검사를 개발했으며, HTPP검사는 그린 사람의 에너지 수준, 외향성과 내향성, 공격성, 불안과 자기통제, 열등감, 지능수준, 판단과 사고방법, 심리적 외상 경험, 방어기제를 나타낸다.

특히 집 그림에서는 내담자의 자아상이 투사되며, 가정환경 및 가족구성원과 관련된 정서를 일으키게 하여 내담자의 성격이나 정서에 영향을 주었을 가정환경에 대해서도 알 수 있으며, 나무그림에는 내담자의 깊고 무의식적인 감정이 나타나며 부정적이고 정서적으로 혼란된 특징들이 투사될 수 있다.

사람 그림에는 자아상, 성격, 불안, 우울과 같은 정서적인 측면이 투사된다.

2. 동적 집-나무-사람(KHTP)의 목표

내담자의 성격과 내면세계를 보다 역동적이고 효과적으로 파악할 수 있다.

3. 동적 집-나무-사람(KHTP)의 실시방법

동적 집-나무-사람 그림은 한 장의 용지 위에 집, 나무, 사람을 함께 그리는 것으로, 집-나무-사람을 전체적으로 볼 수 있다.

1) 준비물

A4용지 1장, 4B연필, 지우개

2) 실시과정

① 내담자에게 A4용지를 가로로 제시한다.

② 지시사항에 따라 그림을 그리도록 한다.

"이 종이 위에 집, 나무 그리고 어떤 행동을 하는 사람의 전체 모습을 그려주세요. 그림을 그릴 때 만화 혹은 막대기 같은 사람이 아닌 사람의 전체 모습을 그려주세요."

③ 다음은 그림을 완성한 후 내담자에게 일반적으로 사용하는 질문사항들이다.

질문사항	내담자의 답변
집	
• 이 집에는 누가 살고 있습니까?	
• 사는 사람은 어떤 사람(들)입니까?	
• 이 가정의 분위기는 어떻습니까?	
• 이 집에서 살고 싶을 것 같습니까?	
• 이 그림에 더 첨가해서 그리고 싶은 것이 있습니까?	
• (이해하기 힘든 부분에 대해) 이것은 무엇입니까? 어떤 이유로 그렸습니까?	
나무	
• 이 나무는 어떤 나무입니까?	
• 이 나무는 몇 살 정도 되었습니까?	
• 이 나무의 건강은 어떻습니까?	
• 만약 이 나무가 사람처럼 감정이 있다면, 지금 이 나무의 기분은 어떻습니까?	
• 나무에게 소원이 있다면 무엇입니까?	
• 이 그림에 더 첨가해서 그리고 싶은 것이 있습니까?	
• (이해하기 힘든 부분에 대해) 이것은 무엇입니까? 어떤 이유로 그렸습니까?	
사람	
• 이 사람은 무엇을 하고 있습니까?	
• 이 사람은 몇 살 정도 되었습니까?	
• 이 사람의 직업은 무엇입니까?	
• 지금 기분이 어떤 것 같습니까?	
• 무슨 생각을 하고 있는 것 같습니까?	
• 이 사람의 일생에서 가장 좋았던 일은 무엇입니까? 이 사람의 장점과 단점은 무엇입니까?	
• 이러한 사람이 되고 싶습니까?	
• 이 사람과 친구가 되어 함께 생활하고 싶습니까?	
• 누구를 생각하며 그렸습니까?	
• 당신은 이 사람을 닮았습니까?	
• 이 그림에 더 첨가해서 그리고 싶은 것이 있습니까?	
• (이해하기 힘든 부분에 대해) 이것은 무엇입니까? 어떤 이유로 그렸습니까?	

4. 동적 집-나무-사람(KHTP) 그림검사의 해석방법

1) 그림을 그린 순서에 따른 해석방법

(1) 집, 나무, 사람의 각 그림을 전체로 해서 다른 그림과 비교하여 분석해야 한다.

(2) 한 개의 그림 중에서 부분이 그려지는 순서에 따라 분석해야 한다. 일반적으로는 각 그림에서 집 그림인 경우에는 지붕, 벽, 문, 창문의 순서로 그리게 되며, 사람 그림인 경우에는 얼굴, 눈, 코, 입, 목, 몸, 팔, 다리의 순서로 그리게 된다.

(3) 집, 나무, 사람 중 가장 먼저 그린 그림이 무엇인지 파악해야 한다. 소수의 사람들은 지시사항에 따라 집, 나무, 사람의 순서로 그림을 그리지만 대부분의 사람들은 자신들 나름대로 순서를 적용시켜 그림을 그리게 된다.

① 집을 가장 먼저 그린 경우는 다음과 같은 의미를 나타낸다.

- **세상에 소속되고자 하는 욕구** : 생존을 위한 장소를 나타낸다.
- **신체에 소속되고자 하는 욕구** : 신체적 욕구 또는 강박관념을 나타낸다.
- **사회에 소속되고자 하는 욕구** : 성공에 대한 욕구 또는 성공에 대한 멸시를 나타낸다.
- 자상한 배려가 나타나는 가정일 수 있다.
- **자상한 배려를 주고받는 가정** : 창조적이고 즐거운 장소를 나타낸다.

② 나무를 가장 먼저 그린 경우는 다음과 같은 의미를 나타낸다.

- 삶의 에너지에 대한 갈망과 성장에 대한 욕구를 필요로 하는 사람이다.

즉, 성장에 대한 욕구를 가지고 있는 사람이나 생기가 넘치는 사람들에게 잘 나타나는 형태이다. 그러나 자살하고 싶은 사람이나 삶에 대한 의지를 잃어버린 사람도 나무를 먼저 그리는 경우가 있다. 또한 조금이라도 나아지려고 노력하는 사람에게도 이러한 경우가 있다. 물론 해석을 효과적으로 하려면 전체 그림의 한 부분으로 나무 그림을 살펴보아야 한다.

③ 사람을 가장 먼저 그린 경우는 다음과 같은 의미를 나타낸다.

- 세상에 대한 소속감을 통제하는 것과 관련된 걱정을 나타낸다.
- 신체의 과시 또는 신체를 숨기는 것을 나타낸다.
- 성공 또는 성공에 대한 멸시를 나타낸다.
- 삶의 에너지를 주는 사람을 나타낸다.
- 기쁨을 주고받는 사람을 나타낸다.
- 타인을 그린 경우는 특별한 사람임을 나타낸다. 예를 들어 죽은 가족구성원, 사랑하는 사람, 증오하는 사람, 영웅 혹은 영웅적이지 못한 인물에 대한 강박적 사고를 가지고 있음을 나타낸다.

2) 밀착

밀착(사람과 집, 나무와 집 사이 등)은 그림을 그린 사람이 자신의 삶 속에서 겪는 다양한 일들을 분리시키지 못하고 해결할 수 없다는 것을 나타낸다. 자신의 삶의 문제를 해결하지 못하거나 확실하고 명확한 삶의 길을 가지 못하는 사람들은 만성적으로 충족감을 느끼지 못하고 불만족스러워한다.

3) 구획 나누기

한 개 또는 그 이상의 직선을 사용해서 그림들을 의도적으로 구획하는 '양식(style)'의 형태이다. 예를 들어, 집안에 사람을 그려 넣는 경우에 해당된다.

이는 다른 사람으로부터 자신이나 자신의 감정을 격리시키는 것이며, 다른 사람에게 거절당하거나 그것에 대한 두려움을 나타낸다. 의미 있는 느낌의 수용을 거부하거나 그것을 수용하는 것에 어려움이 있음을 나타내며, 개방적 의사소통에 대한 능력이 없음을 나타낸다.

4) 테두리 따라 그리기

모든 그림을 용지의 테두리를 따라 네 면 중에 두 면 또는 그 이상의 테두리에 그림을 그리는 것을 말한다. 예를 들어, 각 용지 테두리를 밑면이나 윗면으로 생각하고 그리는 경우이다. 직접적인 상호작용이나 참여보다 수동적인 관여를 하고자 하는 욕구를 의미하며, 친밀하고 깊은 수준의 참여를 거부하고 방어하는 사람들에게 주로 나타난다.

5) 포위하기

한 개 또는 그 이상의 모습을 선으로 둘러싸고 있는 경우를 말한다. 이는 위협을 주는 대상이나 사물을 격리시키거나 없애버리고자 하는 욕구를 나타낸다.

6) 동적 집-나무-사람(KHTP)에 대한 상징들

① **고양이** : 어머니에 대한 양가감정, 고양이에 대한 몰두는 어머니나 여성과의 상호작용, 동일시에 있어서 갈등이나 경쟁의 상징이다.

② **광대** : 심각한 열등감을 갖고 있을 때 나타난다.

③ **구름** : '불안이 사람의 머리 위에 걸려 있는' 어떤 것이다. 구름의 수는 가족의 수 혹은 사랑의 삼각관계에 있는 사람의 수와 관계된다.

④ **기차** : 보통 소년들의 그림에서 과장하거나 강조하고자 할 때, 힘에 대한 욕구나 인식을 상징한다.

⑤ **나비** : 도피적인 사랑과 아름다움을 추구하는 것과 관련된다.

⑥ **난로** : 양육 및 구강적 욕구와 관련된다.

⑦ **냉장고** : 박탈에 대한 우울증과 관련되고, 냉장고의 차가움은 빛이나 열과 반대되는 상징이다.

⑧ **눈사람** : 정서적인 박탈과 관련된다.

⑨ **달** : 우울함과 관련된다.

⑩ **램프** : 사랑, 온정 혹은 성적인 문제들과 관련된다.

⑪ **물에 떠 있는 그림** : 종종 우울증에 빠져 있거나 우울증 경향을 가지고 있다.

⑫ **뱀** : 성적 긴장을 나타내는 남성의 상징. 아동들의 경우 요충을 제거해주는 것이 필요하다.

⑬ **별** : 박탈(신체적 혹은 정서적)과 관련된다.

⑭ **북** : 아동이 개방적으로 표현하는 데 어려움을 치환시킨 분노의 상징이다.

⑮ **불 주제** : 종종 분노와 온정에 대한 욕구와 관련된다.

⑯ **불타고 있는 잎** : 충족되지 못한 의존적 욕구 그리고 그 결과로서 생겨난 분노 혹은 양가감정을 나타낸다.

⑰ **빗자루** : 가족의 청결을 강조하는 인물을 나타내는 상징

⑱ **사다리** : 긴장과 불확실한 균형과 관련된다. 사다리와 인물들 사이가 가까운 것은 중요한 관계 혹은 상호작용을 의미한다.

⑲ **새** : 자유를 추구하거나 도피하려 할 때 혹은 위로 성장하려는 경우에 나타나고, 새둥지는 보금자리의 안전을 열망하는 퇴행된 사람의 경우에 흔하다.

⑳ **숫자** : 종종 동적 그림에서 대상의 수는 그림 그리는 사람을 탐색할 수 있는 의미를 갖고 있다. 흔한 상징으로, 예를 들면 이혼 중인 가정의 아동들이 그린 그림에서 4개의 구름은 가족 가운데서 네 명의 불안한 사람을 상징한다.

㉑ **쓰레기** : 새로운 형제의 탄생에 대해 당황한 아동들이 그린 그림에서 종종 발견된다. 종종 질투 때문에 퇴행적이거나 경쟁적인 행동을 나타낸다.

그것은 (보다 어린) 형제들에 대한 경쟁의식이나 양가감정에 대한 심각한 죄의식과 관련된다.

㉒ **연**(때때로 풍선들) : 구속하는 가족 환경에서 도망가고 싶은 갈망. 사람이 자신의 연을 날리며 다른 사람에게 근접해 있는 그림은 구속되거나 벌을 받고 있는 것으로 인식하고 있다는 것을 말한다.

㉓ **열**(예 태양, 불), **빛**(예 백열전구, 램프, 투광 조명등), **따뜻함**(예 다리미질, 햇살) : 온정과 사랑에 몰두하거나 온정과 사랑에 대한 욕구를 보여준다.

㉔ **오토바이** : 힘, 우월성과 관련된다.

㉕ **위험한 물건들** : 위험한 물건들이 많이 있는 것, 예를 들면 망치, 칼 등은 분노(사람을 가리키고 있을 때) 혹은 수동적·공격적 분노(간접적으로 사람을 가리킬 때)를 나타낸다.

㉖ **잎들** : 의존성과 관련될 때는 양육의 원천에 집착하는 경우의 상징으로 본다.

㉗ **자전거** : 보통의 아동들이 묘사하는 활동이며, 너무 강조되었을 경우는 아동(보통 소년)의 남자답기 위한 노력을 반영한다.

㉘ **잔디 깎는 기계**(때때로 자귀, 도끼, 날카로운 도구) : 소년들의 그림에서 보통 아버지와의 경쟁과 동시에 거세의 두려움을 나타내는 상징의 주제이다.

㉙ **전기** : 사람의 생각을 왜곡하거나 독점하고 있는 온정, 사랑, 힘에 대한 큰 욕구를 나타낸다.

㉚ **줄넘기를 하고 있는**(자기 이외의) **인물** : 그 사람에 대한 심각한 경쟁의식이나 질투를 나타낸다.

㉛ **진공청소기** : 그 자체로 구강적 박탈 혹은 충족되지 않은 의존적 욕구의 경험을 지니고 있는 아동과 관련된다. 청소기를 사용하는 어머니는 힘 있거나 통제력 있는 인물로 보인다.

㉜ **침대** : 침대를 그리는 것은 상대적으로 드물며, 성적인 것이나 우울증적인 주제와 관련된다.

㉝ **태양** : 고정관념에 따라 그림을 그리는 어린 아동들의 그림에서 종종 보

이며, 진단적 중요성이 거의 없다. 성인의 그림에서는 온정에 대한 욕구 혹은 주장을 나타낸다.

㉞ **태양을 향해 기울어져 있는 인물들** : 수용과 온정에 대한 욕구를 나타낸다. 태양에서 보다 멀리 떨어져서 그려진 인물, 태양에서 먼 쪽으로 기울어져 있거나 멀리 떨어져서 태양을 보고 있는 인물들은 거부감을 나타낸다.

㉟ **통나무** : 지나친 남성미의 추구 혹은 남성미를 갖추려는 노력과 관계있다.

㊱ **페인트 붓** : 종종 손의 확장 또는 고통을 주는 인물과 관련된다.

5. 사례

사례 1 시설에 거주하는 성인 지적장애

[그림 5-1] KHTP의 사례(58세 남자)

[그림 5-1]의 내담자는 시설에 거주하는 성인 지적장애인이다. KHTP를 보면 그린 순서는 사람, 집, 나무의 순이다. 사람을 가장 먼저 그린 것으로 보아 자기 자신과 관련된 신체적·사회적 소속감에 대해 초점을 두고 있음을 알 수 있는데, 불균형한 인물상은 정서적으로 불안정하게 보인다. 지나치게 큰 머리, 목이 생략된 점을 보아 미성숙한 정신상태임을 알 수 있다. 사회적 소통을 나타내는 문과 창문이 생략되어 사회적 대인관계에 어려움이 있음을 알 수 있고, 자아의 강도를 나타내는 나무의 줄기는 한 개의 선으로 그려져 무력감과 상실감을 보여준다. 가지 모양이 일정한 방향으로 반복된 대칭형의 표현은 자기표현력이 부족함을 나타내며, 나무의 받침을 그려 넣어 지지와 보호를 구하고 있음이 보인다.

사례 2 미혼모가정의 아동

[그림 5-2] KHTP의 사례(8세 여아)

[그림 5-2]의 아동은 한부모가정으로, 어머니의 경우 우울증을 앓고 있어 아동양육에 문제를 보이며, 어릴 적부터 위탁보육을 받아왔다. 내담자는 활발하고 산만하며 집중력이 떨어지나, 이 점을 확인하지 못해왔고 애착관계 형성이 부족하다.

동적 집-나무-사람 그림검사에서는 집, 사람, 나무의 순으로 그렸다. 집을 왼쪽으로 치우치게 가장 먼저 그리고 있어 자신의 가정에 대해 초점을 많이 두고 있으며, 자신은 공주 집에서 간식을 먹고 있는 모습, 다른 그네에는 심심할 때마다 함께 놀아줄 친구가 필요해서 표현했다는 점으로 보아 애정욕구가 보인다.

종이를 회전하여 거꾸로 그려진 엄마의 모습은 양육자에 대한 거부적인 경향이 있을 것으로 사료되며, 부가적인 인물을 그린 것은 대인관계의 확장으로 인물들과의 친밀감을 보인다.

* 양식을 활용한 그림 진단 사례 1

구분	사전	사후
그림		
집	우리 집을 그린 것으로 누나와 나만 살고 있고, 형과 부모님이 없다고 함. 지붕 모양이 톱니바퀴처럼 그려져 있고 창문과 손잡이가 달린 문이 있음	왼쪽에 위치. 사전에 비해 집이 커졌고 지붕 위에 고양이가 있으며, 창문과 손잡이가 달린 문을 그려주었음. 집 옆에 사다리가 그려져 있고, 아빠가 살고 있는 집이라고 함
나무	오른쪽에 위치해 있으며, 지면을 통해 뿌리가 보임. 자두나무를 그려주었고, 14년 된 살아 있는 나무라고 함. 나무에게 물과 햇빛이 필요하다고 함	지면 위에 자두나무를 그려주었고, 50년 된 살아 있는 나무를 그려주었음. 비료와 물을 주면 크게 잘 자랄 것이라고 함
사람	인물이 기울어져 있으며, 머리카락에 음영을 주었고, 동생이라고 함. 집을 바라보고 있는 중이라고 함	인물의 크기는 작으나, 집 옆에 아빠와 집 아래 낚시를 하고 있는 형이 등장했음. 얼굴에 표정이 없었으나, 아빠의 장점으로 착하시고 많이 도와주신다고 말함
기타	전체적인 배경은 여름이고, 동생이 놀다가 너무 더워 집으로 들어가고 있는 모습이라고 함. 새, 곤충, 구름을 추가적으로 그리고 싶다고 함	전체적인 배경은 가을이며, 형이 낚시를 하고 있다고 함. 허수아비를 여러 번 지웠다 그렸다를 반복함
해석	사전에는 지면선과 그 밑으로 뿌리가 드러난 것으로 보아 불안정한 자아상으로 인해 안정감에 대한 욕구가 드러나는 것으로 보인다. 또한 톱니바퀴 모양의 지붕과 뾰족한 나뭇가지 및 뿌리를 볼 때 적개심과 공격성이 표현된 것으로 보인다. 사후에서는 사전과 달리 나무의 뿌리를 그리지 않은 점과 지붕의 모양이 달라진 것으로 볼 때 적개심과 충동성 및 내적 불안감이 완화되었음을 알 수 있다. 그러나 상징물들이 날카롭게 표현된 것은 여전히 공격성이 내재된 것으로 보이며, 사전에 비해 부가적인 상징물을 나타낸 것으로 볼 때 자기 표현력이 향상되었고, 집을 향해 새가 날아오는 것으로 보아 타인과 접촉하고 싶은 욕구가 드러남으로 인해 사회성 또한 발달되었음을 알 수 있다.	

* 양식을 활용한 그림 진단 사례 2

구분	사전	사후
그림	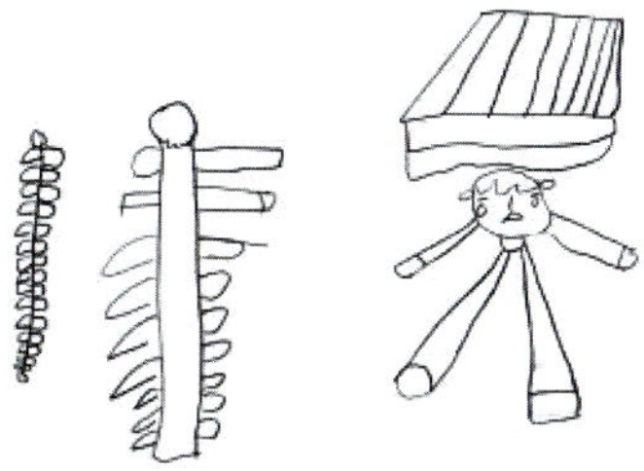	
집	오른쪽 위에 위치해 있고, 창문과 문이 없음. 식구들과 함께 살고 있는 집이라고 함	전체적으로 집이 사전에 비해 커졌으며, 창문이 생겼음. 아들과 본인, 할머니와 아빠가 함께 살고 있는 집이라고 함
나무	2년 된 소나무로 살아 있으며, 2개의 나무를 그려줌	오른쪽에 위치해 있고, 살아 있으며, 건강한 꽃나무라고 함
사람	몸에 비해 머리가 크며, 양쪽으로 팔을 벌린 두족화가 그려짐. 방에 누워 있다고 함	집안에 그려져 있고, 인물의 크기가 적절했으며, 나를 닮은 여자를 그려주었다고 함
기타	애들이 건들까 봐 기분이 좋지 않고, 얼굴이 마음에 들지 않아 얼굴을 고쳐야 한다고 하며, 다른 사람이 필요하다고 함	전체적으로 맑은 날씨의 그림으로, 그림 속 나무와 사람이 크게 자라길 바라며, 자주 웃었으면 한다고 함
해석	사전에서는 낮은 지적 능력으로 인해 전체적인 그림의 통합능력이 떨어지고, 두족인과 반복되는 나뭇가지로 표현되었다. 따라서 정상적인 발달형성이 아닌 4~7세 아동의 지적수준을 볼 수 있다. 또한 집 그림에서 문과 창문의 생략은 대인관계에 어려움이 나타나는 것으로 보인다. 사후에서는 사전에 비해 전체적인 그림의 통합능력이 향상되었고, 나무의 위치가 왼쪽에서 오른쪽으로 이동한 것과 나무가 건강하다고 표현한 것으로 볼 때 자아상에 대한 인식이 긍정적으로 향상된 것을 알 수 있다. 또한 집 그림에서 창문을 표현한 점에서 타인과 의사소통을 하려는 노력이 보이나, 여전히 문이 생략된 것으로 보아 외부와의 접촉에 대한 어려움이 있는 것으로 보인다.	

Chapter

06

동적 가족화(KFD)

1. 동적 가족화(KFD)의 개요

동적 가족화(KFD : Kinetic Family Drawing)는 가족화(Drawing A Family)에 움직임을 첨가한 일종의 투사법으로, 가족구성원에게 움직임을 부여하도록 하여 그 운동성과 상호작용을 통해 가족 내의 역동성을 알아봄으로써 가족구성원에 대한 개인의 행동이나 반응으로서의 태도, 감정이 어떻게 투사되어 있는지를 알 수 있다. 번스와 카우프만(Burns & Kaufman: 1970)에 의해 개발된 동적 가족화는 개인을 통해 가족의 역동성을 파악하기에 더욱 용이하다는 이점이 있고, 연령순이나 사회적 지위 순으로 그리는 가족화의 단점을 보완하여 가족구성원에 대한 감정이나 태도를 투사하게 하는 것이다.

번스와 카우프만(Burns & Kaufman : 1970, 1972)은 정신분석이론, 장(場)이론, 지각적 선택성 이론 등을 고려하여 가족구성원들이 '무엇인가를 하고 있는' 그림을 그리도록 하는 동적 가족화 기법을 개발했고, 이를 통해 가족 안에서의 상호작용을 보다 쉽게 파악할 수 있게 되었다. 특히 내담자 자신의 눈에 비친 가족들의 일상생활태도나 감정을 그림으로 나타냄으로써 내담자의 주관적인 판단에 의존한다. 이러한 판단은 내담자 자신의 과거 경험이나 현재 상태에 의존하고 있다. 결국 객관적·물리적 환경으로서의 가족인지라기보다는 자신을 주체적·선택적으로 지각하는 주관적·심리적 환경으로서의 가족인지가 적용되는 것이다.

2. 동적 가족화(KFD)의 목표

가족 내에서의 자기 자신과 다른 가족구성원에 대한 지각을 파악하고, 가족 간의 상호작용과 역동성을 파악한다.

3. 동적 가족화(KFD)의 실시방법

1) 준비물

A4용지(210mm×297mm), 4B연필, 지우개

2) 실시과정

① A4용지, 연필, 지우개를 제시한 후 다음과 같은 지시사항에 따라 그림을 그리게 한다.
"자신을 포함해서 자신의 가족 모두가 무엇인가를 하고 있는 그림을 그려보세요. 만화나 막대기 같은 사람이 아니고 완전한 사람을 그려주세요. 무엇이든지 어떠한 행위를 하고 있는 그림을 그려야 합니다. 자신도 그리는 것을 잊어서는 안 됩니다."

② 시간제한은 하지 않으나 대체로 30~40분 정도 소요된다.

③ 내담자가 "가족 전원이 무엇인가 하나의 일을 하는 것을 그리는 것입니까? 그렇지 않으면 개인이 각각 다른 일을 하고 있는 것을 그리는 것입니까?"라고 물어볼 수 있다. 이때 검사자는 "완전히 자유입니다."라고 대답하면 된다. 검사자가 무엇인가를 의미하는 듯한 응답은 절대로 피하고, 완전히 비지시적·수용적 태도를 취한다.

④ 검사자는 내담자가 그림을 그리는 동안 그림을 그린 순서나 그리는 태도 및 과정을 잘 관찰하여 기록한다.

⑤ 그림을 완성한 후 인물상을 그린 순서, 각각의 인물상이 누구인지, 인물의 나이, 인물상의 행위, 가족 중 생략한 사람, 가족 이외에 추가한 사람이 있는지 확인하여 기록한다.

4. 동적 가족화(KFD)의 해석방법

동적 가족화는 인물상의 행위, 양식, 상징, 역동성, 인물상의 특성으로 나누어 해석한다.

1) 인물상의 행위

인물상의 행위는 두 가지 관점에서 해석될 수 있다.

① 행위의 상호작용 측면에서 볼 수 있는데, 가족 모두가 상호작용하고 있는지, 일부가 상호작용하고 있는지, 상호작용 행위가 없는지에 따라 가족의 전체적 역동성을 엿볼 수 있다.

② 각 인물상의 행위를 중심으로 가족 내 역할 유형 등을 알 수 있다. 주로 아버지, 어머니, 자기상을 중심으로 분석하는데, 그 이유는 이 세 사람이 공통되는 가족구성원이라는 점과 자녀에게 있어서 부모는 성격형성의 중요한 장을 형성해주기 때문이다. 대체로 아버지상은 TV, 신문 보기, 일하는 모습이 많이 나타나고 어머니상은 부엌일이나 청소 등과 같은 가사 일을 하고 있는 모습을 많이 볼 수 있다. 자기상은 공부, TV 보기, 노는 모습 등으로 그려져 있다. 그러나 행위에 대한 해석은 다음에 언급할 그림의 양식, 상징 등과 함께 고려하여 전체적 관점에서 해석되어야 한다.

2) 그림의 양식

내담자는 그림에서 다른 인물상의 접근이나 거리를 강조하기도 하고, 숨기기도 하기 때문에 의식적으로 혹은 무의식적으로 명확하거나 교묘한 여러 가지 그림의 특징을 나타낸다. 일반적으로 양식은 가족관계에서 자기의 감정과 상태, 신뢰감을 나타낸다. 양식은 일반적 양식, 구분, 포위, 가장자리, 인물 하선, 상부의 선, 하부의 선이라는 7가지 유형으로 나누어 해석한다.

(1) 일반적 양식

보통의 신뢰감에 가득 찬 가족관계를 체험하고 있는 경우 그려지는 것으로, 복잡하거나 명백한 장벽을 나타내지 않고 온화하거나 우호적인 상호관계를 암시하는 그림을 그린다.

(2) 구분(구획화)

하나 또는 그 이상의 직선이나 곡선을 사용하여 그림에서 인물들을 의도적으로 분리하는 경우이다. 또는 미리 용지를 접어서 몇 개의 사각 형태를 만들고 그 안에 가족구성원을 그리는 것으로, 구분의 극단적 양식이다. 가족 내에서 솔직한 애정표현이 허용되지 않거나, 사회적으로 고립되어 내성적인 내담자에게서 나타난다. 다른 가족구성원으로부터 자신과 그들의 감정을 철회하고 분리시키려는 욕구를 표현한 것으로 볼 수 있다.

(3) 포위

하나 또는 그 이상의 인물을 어떤 사물이나 선으로 둘러싸는 경우이다. 위협적인 개인을 분리하거나 치우고 싶은 욕구로서 가족과의 관계에서 자기 자신이 개방적인 감정적 태도를 갖지 못할 때, 가족원 혹은 자기 자신을 닫아버리는 양식이다. 두 인물을 함께 포위할 때 둘 사이를 밀접하게 동일시하는 경향이 있다. 주로 책상, 그네, 자동차 등으로 교묘히 표현되는 경우가 많다.

(4) 가장자리

인물상의 용지 주변에 나열해서 그리는 경우이다. 이 양식은 상당히 방어적이며 문제의 핵심에서 회피하려는 경향이 약간 있고, 친밀한 관계를 맺는 것에 대한 강한 저항을 나타낸다.

(5) 인물 하선

자기 혹은 특정 가족구성원에 대해 불안감이 강할 때, 그 인물상의 아래에 선을 긋는 경우가 있다. 가족구성원 상호 간의 인간관계의 불안정성을 시사하고 있다고 보인다.

(6) 상부의 선

한 선 이상이 전체적 상단을 따라 그려졌거나 인물상 위에 그려진 경우이다. 용지의 상부에 그린 선은 날카로운 불안 또는 걱정, 공포가 존재함을 의미한다.

(7) 하부의 선

한 선 이상이 전체적 하단을 따라 그려진 경우이다. 붕괴 직전에 놓여 있는 가정이나 강한 스트레스하에 있는 내담자가 안정을 필요로 하거나 구조받고 싶은 욕구가 강할 때 나타난다.

3) 상징

동적 가족화에서 나타난 모든 사물에 대한 임상적 의미를 부여하기는 어렵다. 많은 동적 가족화를 통해 보편적으로 발견되는 사물과 거기에 공통된 임상적 의미를 예측한 것이 상징의 영역으로 간주하고 있다. 임상적으로 의미를 부여할 수 있는 사물들을 영역화해서 몇 가지 영역으로 나열하면 다음과 같다.

(1) 공격성, 경쟁심

공, 축구공, 그밖에 던지는 물체, 빗자루, 먼지떨이 등

(2) 애정적, 온화, 희망적

태양, 전등, 난로 등의 열과 빛이 적절할 때, 빛이나 열이 강렬하고 파괴적일 때는 애정이나 양육의 욕구, 증오심을 나타내기도 한다.

(3) 분노, 거부, 적개심

칼, 총, 날카로운 물체, 불, 폭발물 등

(4) 힘의 과시

자전거, 오토바이, 자동차, 기차, 비행기 등 자전거를 제외하고 모두 의존적 요소에 의한 힘의 과시

(5) 우울감정, 억울함

물과 관계되는 모든 것. 비, 바다, 호수, 강 등

4) 역동성

가족 간의 감정을 전체적 맥락에서 파악할 수 있는 영역이다. 인물 묘사의 순위, 인물상의 위치, 크기, 거리, 방향, 생략, 타인의 묘사 등이 여기에 속한다.

(1) 인물 묘사의 순위

가족 내의 일상적 서열을 반영하는 경우가 많다. 그렇기 때문에 특정 인물을 특별히 고찰할 필요가 있다.

(2) 인물상의 위치

용지를 상하로 구분했을 때, 위쪽에 그려진 인물상은 가족 내 리더로서의 역할이 주어지고 있는 인물을 나타낸다. 반대로 아래쪽은 억울함이나 침체감과

관계한다. 일반적으로 자기상을 그릴 때 남자는 우측에, 여자는 좌측에 그린다고 한다. 따라서 좌측에 그린 아버지 또는 남자 가족과 우측에 그려진 어머니 또는 여자 가족에 대해서는 해석상 특히 주의를 요한다. 단, 적절히 대응하는 사람들은 남녀 모두 자기상을 우측에 그리는 일이 많다. 중앙부에 자기상을 위치시켰을 때는 자기중심성이나 미성숙한 인격을 의미하는 일도 있다.

(3) 인물상의 크기

인물상의 크기는 가족 내에서의 존재와 태도를 나타낸다고 볼 수 있다. 즉, 키가 크게 나타나는 것은 존경받는 대상을 나타내거나 권위의 대상, 즉 긍정적이건 부정적이건 중심적 위치에 있음을 의미하고, 키가 작게 나타나는 것은 경멸이나 무시의 의미가 될 수 있다.

(4) 인물상의 거리

인물상 사이의 거리는 내담자가 본 그들 사이의 친밀성의 정도 혹은 감정적 거리를 의미할 수 있다. 인물상이 겹치거나 접촉되어 있을 때 두 개인 간에 친밀함이 존재함을 의미한다. 반대로 거리가 먼 두 인물상 간에는 실제생활에서도 상호작용이나 의사소통이 소원한 경우가 많다.

(5) 인물상의 방향

그려진 인물상의 얼굴 방향이 '정면', '측면', '배면' 중 어느 것인지는 임상적 의미가 크다. 이것은 내담자의 가족관계 방향을 표현하고 있다. 얼굴의 방향으로 볼 때 정면은 긍정, 옆면은 반긍정 혹은 반부정, 배면은 부정적인 인물로 지각한다고 해석한다.

(6) 인물상의 생략

인물상의 지운 흔적은 지워진 개인과의 양가감정 또는 갈등이 있음을 시사할 수도 있고, 강박적이거나 불안정한 심리상태일 때도 나타난다. 또는 가족원의 일부를 용지 뒷면에 그리는 경우는 그 개인과의 간접적인 갈등을 시사한다.

(7) 타인의 묘사

가족구성원이 아닌 타인이 그려지는 경우는 가족 내의 누구에게든 마음을 터놓을 수 없는 상태에 있을 때 묘사되는데, 주로 친구가 묘사되는 경우가 많다.

5) 인물상의 특징

가족구성원이 무엇인가를 하고 있는 것을 묘사하고 있으므로 가족구성원들의 움직임을 통해 각 인물의 특징이 나타난다.

(1) 음영이나 갈기기

신체 부분에 음영이 그려질 경우 해당 신체 부분에 대한 몰두, 고착, 불안을 시사한다. 정신이나 신체증상의 호소와도 관련된다. 그림의 윤곽선이 진하고 그림 안의 선들이 진하지 않을 경우 성격의 평형을 유지하는 것이 곤란함을 나타낸다.

(2) 윤곽선 형태

강박적 사고와 관련이 있다. 내담자가 인물상을 빈틈없이 그릴 수 없을 정도로 과도하게 집착하고 있음을 시사한다.

(3) 신체 부분의 과장

신체 부분의 확대 혹은 과장은 그 부분의 기능에 대한 집착을 나타낸다. 어떤 이들은 신체 내부를 투명하게 보여주는데, 이는 현실 왜곡, 빈약한 현실

감각, 정신장애 가능성을 내포하며, 낮은 지적 기능을 시사한다.

(4) 신체 부분의 생략

신체 부분의 생략은 종종 그 신체부위 기능의 거부와 그 부분에 집착된 불안 또는 죄의식을 의미한다.

(5) 얼굴 표정

얼굴에 나타나는 표정은 직접적인 감정을 나타내는 것이기 때문에 해석상 더욱 확실한 지표이다. 인물의 표정은 가족활동 안에서 내담자가 지각하는 정서 반응일 수 있다. 얼굴 표정을 생략할 경우, 가족 내에서 느끼는 갈등이나 정서적 어려움을 회피하거나 거리감을 두려는 시도로 해석할 수 있다.

(6) 의복의 장식

의복의 단추 모양이나 액세서리의 강조는 의존성 또는 애정욕구의 불만을 의미한다.

(7) 회전된 인물상

인물상이 기울기도 하고 옆으로 누워 있는 경우가 있다. 각도에 대한 인식기능이 상실되었을 때, 거절, 다른 가족성원과의 분리감정을 나타낸다. 보편적으로 강한 불안과 정서의 통제가 되지 않는 내담자에게서 나타난다.

(8) 정교한 묘사

그림이 매우 정교하고 정확하며 질서가 있을 경우, 환경 구성에 대한 내담자의 관심이나 욕구를 반영하는 것이다. 그러나 과도하게 표현되었을 때는 강박적이고 불안정한 심리상태를 의미한다.

(9) 필압

선이 굵고 강하게 나타나는 경우는 충동이 밖으로 향하며, 공격적이고 활동적이다. 반대로 약하고 가는 선은 우울하고 소극적인 사람에게서 나타난다.

이상 5가지 영역에 대한 해석의 관점은 모든 경우에 동등하게 적용될 수 있는 것은 아니다. 개개의 그림은 각각 다른 의미와 깊이, 내용을 갖추고 있고, 내담자가 마음의 눈으로 본 자신을 둘러싼 세계, 그중에서 가족에 대한 해석을 내리는 수단이다. 하나의 동적 가족화로 내담자의 심리 역동적 기제를 해석할 때는 매우 신중을 기해야 한다. 융통성 있는 해석과 함께 다른 심리검사 결과나 내담자의 가족적 배경에 관한 정보가 첨가된다면 보다 유효한 동적 가족화 해석에 가까이 갈 수 있을 것이다.

5. 사례

사례 1 ADHD와 지적장애를 겪고 있는 초등학생

[그림 6-1] KFD의 사례(10세 남아)

[그림 6-1]의 내담자는 10세 남자아이로 아버지는 알코올중독자, 어머니는 지적장애, 누나와 여동생도 지적장애이다. 첫 번째 용지에는 아버지와 어머니를 그렸고, 용지가 부족하여 다른 가족은 표현할 수 없다고 하며 두 번째 용지를 요구했다. 두 번째 용지에는 누나와 여동생을 표현했는데, 또다시 용지가 부족하다며 세 번째 용지를 요구했다. 세 번째 용지를 제시하자 종이가 커서 자신은 크게 그려야겠다고 했다. 아버지는 배를 깎아 먹기 위해 칼을 들고 계시고, 어머니는 토끼 인형과 찢어져서 버려야 할 우산을 들고 계신다고 했다. 누나는 망치와 구멍 난 모자를 들고 있고, 여동생은 생선과 가스버너를 가지고 있다고 했다. 자신은 배설물과 쓰레기통을 들고 있는데, 혼자 있고 크게 그려진 자신을 보니 기분이 좋다고 했다.

가족들의 얼굴 표정을 전혀 그리지 못한 점은 가족들에 대해 느끼는 주된 정서가 갈등적이고 부정적임을 나타내며, 가족 간에 정서적인 유대감과 온정적인 상호작용이 부족할 가능성이 높다. 부정적인 상징물, 막대기 인물, 각각 따로 그려진 가족 등에서 가족구성원들과 친밀한 관계를 형성하지 못하고 회피적이며 불안함이 나타났다.

사례 2 게임중독과 어머니와의 관계에서 갈등을 겪고 있는 초등학생

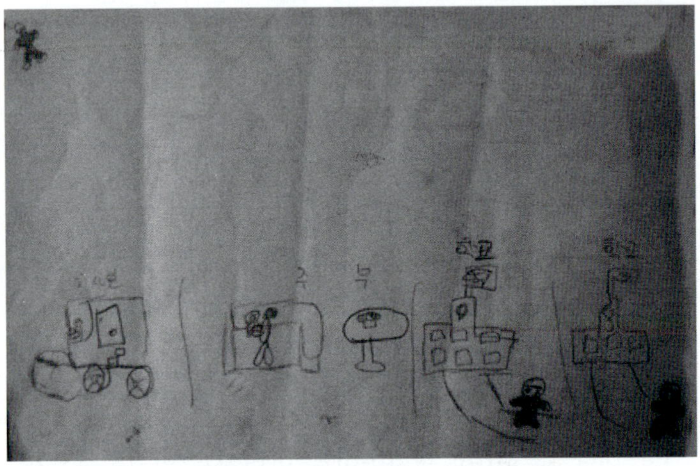

[그림 6-2] KFD의 사례(12세 남아)

[그림 6-2]의 내담자는 12세 남자아이로, 학교생활에 부적응과 게임중독으로 인해 엄마와의 갈등을 겪고 있다. 공사장 일을 하시는 아버지, 주부이신 어머니, 학교에 가고 있는 자신과 동생을 표현했고, 용지 왼쪽 윗부분에는 감시자 할머니를 표현했다. 내담자는 가족 중 어머니가 가장 무섭고, 게임 할 때가 스트레스를 풀 수 있는 유일한 길이라고 했다. 항상 잘해야 한다는 어머니의 말, 다른 아이들과 비교하여 잘하지 못했을 때의 어머니의 비난 등으로 힘들어했으며, 직장에 계실 때에는 어머니가 아닌 할머니를 감시자로 두고 자신이 공부를 하고 있는지 보고하도록 하신다고 했다. 내담자에게는 가족 간의 구분선을 통해 감정적 격리가 나타났으며, 학교에 등교하는 자신과 동생에게 막대기의 신체상과 음영처리를 하고 있는 점으로 보아 양가감정이 나타났다.

Chapter

07

동적 학교생활화(KSD)

1. 동적 학교생활화(KSD)의 개요

동적 학교생활화(KSD : Kinetic School Drawing)는 Knoff와 Prout(1988)에 의해 개발된 것으로 아동이 학교 내에서 자신과 관계되는 인물, 즉 자신과 친구 그리고 교사가 무엇인가 하고 있는 그림을 그리게 하여 친구, 교사와의 관계에 대한 아동의 지각을 측정하는 투사 기법이다. 학생의 경우는 하루 일과 중 많은 시간을 학교에서 보내기 때문에 학교생활이나 교사와의 관계, 친구들과의 관계는 매우 중요하다. 이 그림을 통해 학교생활의 적응이나 교사 또는 친구들과의 관계를 탐색하고, 상담을 통해 학교생활에 적응하고 긍정적인 변화를 가져올 수 있도록 내담자와 대화를 나누어 대처방법이나 해결방안을 모색해보고 실천할 수 있도록 지도하는 것이 필요하다.

동적 학교생활화는 내담자가 그림 속의 인물구성원, 즉 교사와 친구에 대한 주관적인 판단에 따라 그림을 그림으로써 '지각의 선택성'이라는 특징을 갖게 된다.

선택적 지각이란 그림을 그리는 사람의 인물구성원에 대한 주관적인 판단을 의미한다. 내담자의 경험이나 자신이 처한 상황에 따라 교사 및 친구의 행동이나 그들에 대한 감정은 객관적일 수 없고, 주관적이며 심리적일 수밖에 없다. 따라서 학생들의 일상적인 태도나 감정이 학교생활화에 투사되어 학교생활에서 교사와 친구와의 관계를 파악할 수 있고, 그들에 대한 비시각적이고 비의식적인 생각들을 끄집어내어 상호관계나 역동성을 파악할 수 있다.

2. 동적 학교생활화(KSD)의 목표

학교 내에서의 태도, 친구 또는 교사와의 상호관계 및 학교생활 적응도를 파악할 수 있다.

3. 동적 학교생활화(KSD)의 실시방법

1) 준비물

A4용지, 4B연필, 지우개

2) 실시과정

① 검사자가 종이와 연필, 지우개를 준비하여 제시하고, 지시사항에 따라 그림을 그리도록 한다.

"당신 자신을 포함하여 한 명 또는 그 이상의 친구와 선생님께서 학교에서 무엇인가 하고 있는 그림을 그려보세요. 만화나 막대기 같은 사람이 아닌 완전한 사람을 그려주세요. 모두가 무엇이든 하고 있는 그림을 그리도록 하세요. 당신 자신도 그리는 것을 잊어서는 안 됩니다."

② 용지의 방향은 내담자가 자유롭게 선택하도록 하며, 시간제한은 하지 않아도 되지만 30분 정도 소요된다.

③ 그리는 도중 내담자의 여러 가지 질문에 대해서는 "자유입니다. 그리고 싶은 대로 그리세요."라고 하고 어떠한 단서도 주지 않도록 한다.

④ 그림을 그린 후 그림을 그린 순서와 그림 속의 인물이 누구이며, 그 사람이 무엇을 하고 있는지에 대해 질문하고 기록한다.

⑤ 그림을 보고 친구와의 관계, 교사와의 관계, 학교생활에 대해 질문하고 이야기를 나눈다.

- 학교생활에서 어떤 부분이 어렵고, 어떤 부분이 즐거운가?
- 친구나 교사와의 관계 등이 원활하지 못할 경우는 어떤 요인이 작용하고 있는가?
- 관계개선을 하고 학교생활에 적응하기 위해서는 어떤 부분이 변해야 하는가?
- 그 같은 변화를 위해 자신이 할 수 있는 것은 무엇인가? 등

다음은 KSD검사를 실시한 후 내담자에게 일반적으로 사용하는 질문사항들이다.

질문사항	내담자의 답변
친구와 선생님이 언제, 어디에서 무엇을 하고 있습니까?	
친구와 선생님이 이러한 상황이었을 때 당신의 기분은 어땠습니까?	
친구들은 뭐라고 했습니까? 친구들의 기분은 어떤 것 같습니까?	
선생님은 뭐라고 했습니까? 선생님의 기분은 어떠신 것 같습니까?	
그림에 없는 다른 친구들은 무엇을 하고 있습니까?	
이 그림에 더 추가하고 싶은 것은 무엇입니까?	
당신이 그리고자 한 만큼 잘 그려졌습니까? 어떤 부분이 그리기 어려웠고, 마음에 들지 않습니까?	
(그림에서 이해하기 곤란한 부분에 대해) 이것은 무엇이며, 왜 그렸습니까?	
그림을 보니 어떤 생각과 기분이 듭니까?	

4. 동적 학교생활화(KSD)의 해석방법

동적 가족화(KFD)와 마찬가지로 5가지 영역(인물상의 행위, 양식, 상징, 역동성, 인물상의 특성)으로 나누어 해석하며, 동적 가족화의 해석에 준하여 진단하게 된다.

1) 인물상의 행위

인물상의 행위에서 학습활동과 관련된 정도가 클수록 학업성취가 높은 편이며, 고함을 지른다거나 뛰기 같은 문제행동에 관여하고 있다면 학업성취도가 낮은 편이다. 자신이 쉬고 있거나 점심시간, 체육, 음악 같은 비학습적인 활동을 하고 있다면 회피나 불안 문제가 있을 수도 있다.

2) 그림의 양식

- 교사를 자신보다 지나치게 크게 그렸다면 자신감의 결여를 나타낸다.
- 교사가 지나치게 상세하게 표현되어 있다면 교사에 대해 갈등이 있거나, 권위적이고 지배적인 모습으로 인식하는 경우이다.
- 교실의 물리적인 특성들이 강조되어 있다면 사회적 상호작용의 회피를 의미한다.
- 실외 활동을 그린 경우는 학교를 싫어하거나 부과된 과제나 과업에 대해 반항하고 있음을 나타낸다.

3) 상징

- 사과는 양육과 권위에 관한 문제를 암시하는 학교와 교사들의 활동을 나타내기도 한다.

- 칠판이나 알림판은 학교에서의 자신감 결여에 대한 불안을 의미한다.
- 교장선생님을 그리는 것은 권위와의 갈등이나 남성 정체성에 대한 욕구를 의미하기도 한다.
- 학교버스를 그린 경우는 학교활동에 대한 회피나 혐오, 갈등을 암시할 수도 있으며, 다른 또래친구들로부터 고립되어 있음을 나타낸다. 이때 버스가 학교로 오는 것인지, 학교를 떠나는 것인지에 대해서도 확인해볼 필요가 있다.

따라서 동적 학교생활화는 내담자가 보는 학교생활 모습이 드러나며, 이를 통해 학교적응 유무를 파악할 수 있다.

4) 역동성

- 자신을 생략하는 아동은 자아개념이 매우 약하거나 학교생활에 별로 흥미가 없어서 소속감이 없을 수 있고, 자신을 먼저 그리는 아동은 학교생활에서 자기주장이 강하고 자신 있는 생활을 하며, 자신을 나중에 그리는 아동은 겸손하거나 내성적이고 다소 소외적 경향이 있다.
- 아동 가까이에 그리거나 아동보다 먼저 그린 사람은 학교에서 가장 친하거나 의지하는 친구이다.
- 교사를 가장 먼저 그리거나 중앙에 그린다면 학교생활에서 교사의 위치를 중요하게 생각하고, 교사를 생략한 아동은 교사에 대해 무관심하거나 부정적인 감정을 표현한다고 볼 수 있다.

5) 인물상의 특징

학업상황, 상호작용, 협동성, 피학성, 가학성을 파악하여 동적 가족화의 해석에 준하여 하게 된다.

5. 사례

사례 1 대인관계가 원만하지 않아 학교 부적응을 겪고 있는 중학생

[그림 7-1] KSD의 사례(15세 여아)

[그림 7-1]은 학교생활에 적응하지 못하는 중학교 2학년 여학생의 그림이다. 내담자는 왕따 퇴치 동아리에 소속되어 있고, 항상 교우관계로 힘들다고 했다. 쉬는 시간 복도 끝 계단의 모습으로, 학교에서 가장 친하다고 생각한 친구의 모습을 용지 상단 왼쪽에 가장 먼저 표현했고, 자신은 맨 아래 배면의 모습으로 마지막에 그렸다. 자신과 친구 사이에 나타난 계단의 음영, 자신의 뒷모습은 관계성에 어려움이 있다는 것을 나타낸다.

사례 2 학교부적응을 겪고 있는 초등학생

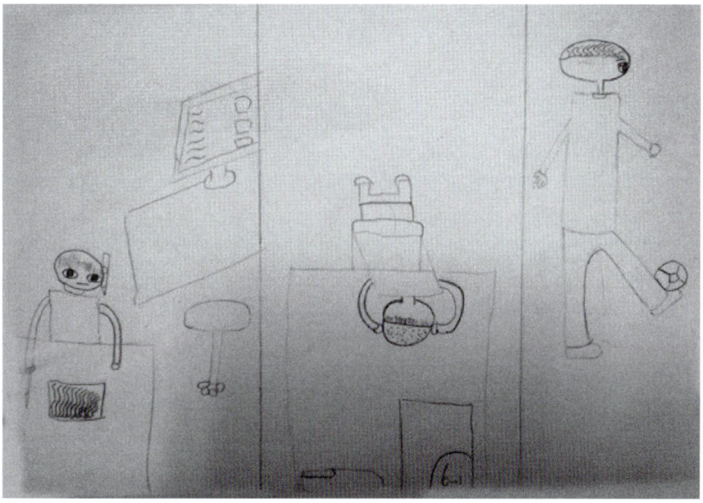

[그림 7-2] KSD의 사례(13세 남아)

[그림 7-2]의 내담자는 13세인 초등학교 6학년 남학생이다. 부모의 이혼으로 엄마와 동생과 함께 생활하고 있다. 충동적인 성향이 있으나 꼼꼼한 성격을 가지고 있고, 체육을 좋아하며 축구를 가장 잘한다고 한다. 교사와 친구, 자신은 각기 다른 공간에 있으며, 교사는 학교 업무를 보고 있고, 가운데 친구는 학교에만 오면 잠을 잔다고 했다. 또한, 자신은 축구를 좋아하여 학교에서는 늘 이런 모습이라고 했다. 내담자는 감정교류와 상호교류가 되지 않는 모습이며 친구, 교사를 책상으로 포위시킨 것과 같은 교실에 있음에도 구분선으로 나누어 비개방적인 태도를 보이는 것으로 나타났다.

Chapter

08

동그라미 중심 가족화(PSCD)

1. 동그라미 중심 가족화(PSCD)의 개요

동그라미 중심 가족화(PSCD : Parents Self Centered Drawing)는 1990년 Burns에 의해 처음 개발된 기법으로, 지시한 사람을 원의 중심에 그린 후에 각 인물은 중심 인물 주위에 그려지게 된다. 미술활동의 한 방법으로, 사람들에게 내재되어 있는 부모와의 관계를 통해 자기 자신을 바라보도록 하는 방법이다. 동그라미는 어느 방향에서나 같은 모양이면서 균형과 통일을 이루고 있다. 이것은 인간의 이상적인 원만한 성격을 상징하며, 원의 중심에 모든 것이 모아지므로 인생의 중심이 부모로부터 형성되고 성장함으로써 자신이 중심이 되는 인간의 성장과정과도 부합된다. 또한 빈 공간일 때보다 원이 그려져 있는 것은 막막한 느낌에서 벗어나 다소 편안한 마음으로 그림 활동을 시도하게 해준다. 간접적인 방법이므로 검사자가 무엇을 원하는지, 무엇이 옳은지가 막연해 검사를 받는다는 부담감을 줄여줄 수 있어 누구에게나 쉽게 사용될 수 있다. 동그라미 중심 가족화는 반응이 자유이기 때문에 부모-자녀관계의 여러 측면을 동시에 관찰할 수 있어 특정 개인의 전체이면서 하나인 부모-자녀관계의 역동이나 구조를 파악하는 것이다. 여기서 부모와 자신은 현실에서의 부모가 아니라 심리적 부모와 자신이다. 따라서 하나의 표현으로 나타난 부모와 자신을 통해 보다 깊은 심리적 해석이 가능하다.

내재된 부모와 접촉할 수 있는 방법에는 언어를 사용하여 부모에 대한 이야기를 하는 방법과 그림, 즉 상징체계를 통한 방법이 있다.

동그라미 중심 가족화는 원의 중심에 그려진다. 그리고 각 인물은 주위에 그려진 상징에 둘러싸여 있다. 이 상징은 시각적인 자유연상을 기본으로 하고 있으며, 이 상징에서 추상화된 사고와 정서를 발견할 수 있다. 다시 말하면 동그라미 중심 가족 묘화법은 내재되어 있는 부모와 자신과의 관계를 통해 자기 자신을 바라보도록 하는 방법이다. 더욱이 부모와 자기 자신의 주위에 그려진 상징 안에서 그것들로부터 연상된 상징 중심 탐색을 할 수 있다.

또한, 동그라미 중심 부모-자녀 그림은 비언어적인 표현 수단으로서 인간의 감정이나 사고가 자신도 모르게 구체화되는 동시에 시간과 공간의 제약을 받지 않음으로써 부모-자녀관계의 과거나 현재 상황에 관계되는 생각과 감정 또는 미래에 대한 생각까지도 표현할 수 있다. 따라서 관찰하기 어려운 부모-자녀관계에 대한 개인의 인식을 알아볼 수 있다. 특히 부모-자녀관계에서는 자녀가 부모에 대한 부정적인 감정을 직접 표현하는 것이 상당히 어렵고, 표현한 후에 죄의식을 느낀다. 동그라미 중심 부모-자녀 그림은 그림에 의한 표현이므로 사회적으로 수용되며, 해롭지 않은 방식으로 분노, 적대감 등을 해소시킬 수 있는 정화의 기능을 주면서 자신을 극도로 방어하고 있을 때 순간순간 진실을 그대로 드러나게 해줌으로써 개인의 무의식적인 갈등, 정신 역동을 파악할 수 있게 해준다.

2. 동그라미 중심 가족화(PSCD)의 목표

부모-자식의 관계, 자기 자신을 바라볼 수 있으며, 부모-자녀관계의 과거나 현재 상황에 관계되는 감정이나 생각 또는 미래에 대한 인식까지도 알아볼 수 있다.

3. 동그라미 중심 가족화(PSCD)의 실시방법

1) 준비물

동그라미(지름 19.1~22.9cm)가 그려진 용지, 4B연필, 지우개

2) 실시과정

① 원이 그려진 용지를 제시하고 다음의 지시사항에 따라 그림을 그리게 한다. "원의 중심에 부모와 자신을 그려보세요. 막대기나 만화 같은 그림이 아닌 전신상을 그려주세요. 그린 후에는 부모와 자신에 연상되는 상징을 원의 주위나 인물상의 주위에 그려주세요." 단, 어떤 제한도 하지 않으며, 그리는 동안 개입하지 않을 것
② 부모와 자신에 관해 연상되는 상징을 원 주위에 그리게 한다.
③ 시간제한은 하지 않아도 되지만, 10~30분 정도 소요된다.
④ 그리는 도중 내담자의 여러 가지 질문에 대해서는 "자유입니다. 그리고 싶은 대로 그리세요."라고 대답하고, 그림에 대한 암시를 주어서는 안 된다.
⑤ 그림을 다 그린 후 그림에 대해 "당신이 그린 그림에 대해 설명을 해주시겠어요?" "이 그림은 무엇입니까?"라고 질문하고, 자신이 생각하는 부모의 특성과 부모와의 관계 등에 대해 이야기를 나눈다.

또한, 그림에 대한 설명, 인물, 나이, 각 인물의 행동 등에 대한 질문을 해서 확인한 다음 용지의 여백에 기입해두는 것이 좋다. 이렇게 함으로써 내담자가 가지고 있는 애매한 가족에 대한 통찰을 가능하게 한다.

4. 동그라미 중심 가족화(PSCD)의 해석방법

1) 일반적인 기준

① **인물들 간의 상대적 크기** : 인물에 대한 권위나 심리적 영향의 크기, 그 인물의 내부에 포함되어 미치는 힘의 양과 비례
② **얼굴 표정** : 웃고 있는 인물에게 호감 있음

③ **인물 간의 거리** : 친밀감과 심리적인 거리

④ **인물의 얼굴 방향** : 가족관계의 방향성을 알 수 있음

- 앞모습은 긍정적인 가족관계
- 옆모습은 반긍정적이거나 반부정적
- 뒷모습은 부정적인 가족관계

⑤ **인물의 위치** : 누가 중심에 위치해 있는지를 파악함으로써 가족 내 중심인물을 알 수 있다.

⑥ 부분적인 신체의 생략과 과장

- **눈** : 생략은 보고 싶지 않은 마음이고, 과장은 지나친 호기심과 과다한 경계
- **코** : 생략은 분노가 허용되지 않는 가정에서 양육되어 분노의 마음을 나타냄. 과장은 외부에 대한 강한 분노의 표현
- **입** : 생략은 의존하고자 하는 욕구를 나타내지 않으려는 것이고, 강조는 의존하고자 하는 욕구의 표현
- **목** : 생략은 강한 의지와 완고함이고, 강조는 의존하고자 하는 욕구의 표현
- **발** : 생략은 불안정한 마음과 자기 통제가 부족함이고, 강조는 안정에 대한 욕구
- **허리 밑 부분** : 생략은 성에 관한 부정

⑦ **인물과 관련된 상징물** : 긍정적인 상징물의 개수가 많으면 긍정적

2) 건강하지 않고 역기능적인 부모-자녀 그림의 특징

(주의! 정상/비정상으로 구분하지 않는다.)

① 아버지, 어머니, 자신을 지나치게 크게 그림

② 인물 중 얼굴 표정이 울고 있거나 불행하거나 생략

③ 인물들이 서로 멀리 떨어져 있음

④ 동그라미의 중심에 자기 자신보다는 아버지나 어머니를 그리거나 중심에 아무것도 그리지 않음

⑤ 부모가 자신을 향해 있지 않거나, 눈을 그리지 않거나, 앞만 보고 있음
⑥ 부모와 자신의 신체가 생략되거나 지나치게 강조
⑦ 인물과 관련된 상징물이 부정적이거나 상징의 수가 적음
⑧ 부모-자녀관계가 화목하지 않아 전체적으로 불안정하게 그려짐

3) 건강하고 기능적인 부모-자녀 그림의 특징

① 아버지, 어머니, 자기 자신을 지나치게 크게 그리거나 왜곡해서 그리지 않음
② 인물들의 얼굴 표정이 웃고 있거나 행복한 모습으로 나타냄
③ 인물들이 서로 적당히 인접하여 친밀감을 가짐
④ 동그라미의 중심에 자기 자신을 그림
⑤ 부모가 자신을 향하여 보고 있음
⑥ 부모와 자신의 신체를 생략하거나 지나치게 과장하지 않음
⑦ 인물과 관련된 상징물이 긍정적이거나 상징의 수가 많음
⑧ 부모-자녀관계가 화목하며, 전체적으로 안정되게 그려져 있음

4) 인물과 관련된 상징

(1) 연필

연필은 아동에게 있어 가장 친근하고 친숙함이 있는 자기표현을 위한 도구의 하나이다. 이런 이유로 그림에서 많이 발견되는 것 중의 하나이기도 하다. 따라서 내담자가 당면한 문제나 그림 속에서 '연필이 무엇을 위해 이용되고 있는가?' 하는 관점에서 해석되어야 한다. 예를 들면, 학업우수아와 부진아 혹은 비행아가 각각 무엇을 위해 연필을 이용하고 있는가? 일반적으로 연필은 자기방어 같은 합리화의 기제와 관련하는 경우가 많다.

(2) 서적

교과서인지 만화책인지에 따라 의미가 달라진다. 전자는 가족으로부터의 기대와 강요되는 모습이기도 하고, 후자는 퇴행과의 관련 등이 검토되어야 한다. 또 서적은 합리화와 관계되는 것이 확실하다.

(3) 노트

연필과 함께 그려지는 경우가 많다. 해석상의 의미는 연필에 준하는 것이라고 생각된다. 즉, 내담자에게 친숙한 것이고, 각각의 경우 개별적인 의미의 검토가 필요하다.

(4) 드럼

분노를 밖으로 표현하는 것이 곤란하여 자신의 분노를 드럼으로 대체하려는 사람들의 그림에 나타난다.

(5) 단추

단추가 그려진 인물에 대한 애착과 의존을 나타낸다.

(6) 의자

의자는 책상과 함께 이용되는 것으로서 함께 그려지는 일이 많다. 개인적 사용에 관계하는 것이고, 다른 사람과 관계하지 않는 경우가 많다. 의자는 그 크기나 등받이 부분, 팔걸이 부분에 의해 교묘하게 사용자들을 둘러싸버린다. 또 등받이 부분이 그려진 경우, 인물상은 목 윗부분만 보인다. 전자는 포위 양식으로 고립이나 소외감을, 후자는 해당 인물에 대한 거부감을 표시하고 있다.

(7) 완구

내담자의 퇴행 기분과 관련되는 것 같다.

(8) 책상

개인적 사용을 의미하고, 그 인물의 고립, 격리 등을 나타낸다. 해당 인물상이 등을 보이고 있는 경우에 이 경향이 더욱 두드러진다. 책상은 적응아보다 부적응아에게 두 배 이상의 출현율을 보이며, 특히 정신장애자와 비행자에게 많이 그려진다.

(9) 모자

모자는 일반적으로 외출 시에 문 밖에서 이용하는 것이다. 자기방어를 의미하기도 하며, 수동적인 태도와 관련되는 것 같다.

(10) 공

공은 사람의 힘에 의해 그 사람을 떠나 그 사람에게 미치지 않는 먼 곳으로 갈 수 있다. 공은 힘을 상징한다. 그리고 공은 현재 상태의 힘(공격)이나 현실화되지 않은 폐쇄상태에 있는 힘(갈등) 등 여러 상황의 힘을 나타낸다.

(11) 다리미

어머니의 따뜻한 애정을 의미하게 되는 경우가 많다. 그러나 몸에 닿으면 화상을 입게 된다. 따라서 어머니의 과잉 혹은 표현방법이 적절하지 못한 애정, 관심, 주의 등을 내담자가 인지하고 있는 것으로 해석하는 것이 적절하다.

(12) 편물

어머니다운 따스한 애정을 느낄 수 있지만, 편물은 단독작업으로 다른 사람과의 상호작용을 하지 않는 경우가 많다.

(13) 앞치마

가정 내에서 여성적 과업의 수행을 나타낼 때 그려지는 일이 많다. 따라서 어머니에 대한 역할 기대를 의미한다. 안정감, 때로는 생존의 보장을 의미하는 뜻도 있다. 반면 옷에 의한 포위라고도 할 수 있다. 즉, 역할행동이 단순히 의무적으로 행해지고 있는 듯한 경우이다.

(14) 음식

어머니의 대표적인 행위는 부엌일과 요리이다. 그 행위의 결과로 음식물이 묘사되는 경우가 적지 않다. 일차적인 생리욕구의 충족에 관계하는 사물의 묘사는 그 욕구충족을 항상 가정에서 구하고자 한다. 혹은 이 같은 가정의 당연한 기능을 투사하지 않으면 안 될 정도로 충족 패턴의 불안정성이 예측되기도 한다. 또 내담자의 퇴행 기분과의 관련성도 지적할 수 있다.

(15) 식기, 찻잔

일반적으로 아동의 섭식욕구 충족을 의미하는 것이며, 이것을 묘사해야 한다는 기제가 문제시된다. 표현율은 보통군보다 임상군의 경우가 훨씬 높다. 그러나 가족 전체의 식사장면에서 묘사되는 경우에는 긍정적인 의미를 가진다.

(16) 세탁물

세탁은 어머니상에 묘사되는 일이 많다. 일반적으로 아름다움을 추구하는 어머니라든가 가족생활에 있어 물적 관계에 중점을 두는 어머니의 태도와 관련되는 것 같다. 또 때로는 다시 시작함이나 재생을 상징하는 일도 있다.

(17) 청소기

청소기는 힘이 세고 제어력이 있으며, 빨아들임의 상징이다. 청소기를 사용하는 어머니는 이 상징이 나타내는 것과 같은 의미로 생각되는 일이 많다. 지배척이고, 통제적이며, 때로는 거부적인 태도이다.

(18) 가구

가정 내의 물질성이 도형으로 표시되고, 따뜻한 마음의 연결이 빈약하다고 느껴지는 피험자에게서 많이 보인다. 예를 들면, 외적 측면을 기대하려는 경향이 너무 강한 어머니의 태도와 관련되는 듯하다.

(19) 식탁

식탁은 여러 사람이 동시에 공유할 수 있는 것이고, 대화와 담소로 연결되어 가는 사물이다. 따라서 연대감을 표현하는 경우가 많다. 혼자서 사용하는 것에 관계된 책상과 의자와는 반대의 의미를 가지고 있다.

(20) 부엌, 수도(싱크대)

대부분의 경우 어머니에게 그려진다. 섭식욕구의 충족이라고 할 수 있는 가정의 일차적인 기능과 관련되는 것이다. 음식물을 먹는 것에 강한 관심이 있는 경우와 그 같은 욕구가 안정적으로 만족되지 않는 경우 혹은 만족되지 않을지도 모른다는 불안감을 안고 있는 경우 등에 그려지는 일이 많다.

(21) 냉장고

냉장고는 어린이의 가장 큰 바람인 식욕, 즉 피양육 욕구를 만족시키기 위한 재료의 모습이다. 그와 동시에 차가움이라는 양면적인 성질을 가지고 있다.

(22) 침구

수면 시 이용되는 것이기 때문에 그같이 그려진 인물에게 나타나는 거부감정과 퇴행 그리고 억울한 감정 등을 나타낸다. 침구는 해당 인물을 포위하기도 한다.

(23) 방석

개인의 사용에 관계되는 물체이고, 몸 밑에 까는 것이다. 인물 하선의 양식으로 여겨지며, 이것이 강조된 묘사는 해당 개인에 대한 불안감을 의미한다.

(24) 빗자루, 먼지떨이

종종 어머니상에 그려진다. 이들은 팔의 연장이 되고, 그 인물의 지배범위를 확장하는 것이다. 따라서 지배, 통제하는 역할을 담당하고 있는 인물을 상징하고, 때로는 공격과 거부의 감정을 의미하는 것이 된다.

(25) 바늘

칼 정도는 아니지만, 고통을 줄 수 있는 것이다. 억제된 공격행동을 의미하는 일이 많다.

(26) 진흙, 오물

더럽혀진 것, 더러운 것, 즉 버려야 할 것이라는 부정적 감정을 표현하고 있다.

(27) 쓰레기

먼지, 티끌 등의 폐기물로 바라지 않는 존재를 나타내기도 한다. 그 존재를 수용하기 어려운, 갓 태어난 아기에게 행해지는 공격적 감정 같은 것이다.

(28) 비

비, 바다, 호수, 강, 때로는 수돗물도 포함해서 일반적으로 물은 억울한 감정과 관련된다. 종종 청년기의 피험자에 의해 그려지며, 그들의 발달단계 특유의 억울한 기분을 상징하고 있다고 생각할 수 있다.

(29) 물

바다, 강, 수영장 등 물은 여러 가지로 그려지지만, 모두 여러 상태에서의 억울한 감정을 의미한다.

(30) 물뿌리개

기본적으로 물과 관계되는 것이며, 불안이나 억울한 감정과 관련된다.

(31) 양동이, 세면기

당연히 물의 주제와 관련된다. 즉, 억울한 감정이지만 동시에 수동의 의미를 수반하고 있다.

(32) 신문

그것을 읽는 사람의 사회적 관심을 의미한다. 더욱이 신문을 읽는 사람은 가족 내에서 사회적 책무의 대표적 수행자임을 의미하는 것 같다.

(33) 담배

성인다움이나 가까이하기 어려운 어른의 세계를 시사하고 있다.

(34) TV

안식이나 오락을 의미한다. TV는 외계의 정보와 자극이 가정 내에 전파되어 오는 미디어이다. 결국 외계 지향을 의미하는 것이다.

(35) 자동차

자동차는 심리적·물리적 격리를 의미한다. 종종 승차하고 있는 사람은 포위 양식이고, 다른 성원과의 격리를 표현하는 것이 된다. 청소년기 내담자 중에는 자동차의 부품만 표현하는 경우가 있다. 핸들, 바퀴 등의 표현은 결국 자체에 의한 포위를 피하는 것이다.

(36) 방망이

이것은 팔의 연장되는 것이고, 주로 힘이나 공격을 의미한다.

(37) 칼 종류

공격, 거부, 거세공포 등과 관련되고, 반사회적 부적응행동을 나타내는 남성 내담자에게서 보이는 일이 많다.

(38) 태양

태양은 밝음과 따스함을 의미하는 것임을 상식적으로 이해할 수 있다. 유아의 그림에는 거의 정해진 듯이 그려지고 있다. 청소년 이상에서 태양이 보이는 경우에는 특별한 의미가 예측된다. 대부분의 경우 내담자의 미성숙한 감정이나 퇴행현상을 의미하는 듯하다.

(39) 열과 빛

열과 빛이 주제로 그려지는 것은 밝음, 따뜻함, 애정, 희망 등의 긍정적인 감정과 관련된다.

(40) 불

불은 두 가지로 해석될 수 있다. 우선 화로, 난로, 스토브 같은 난방기구의 경우는 따뜻함이나 애정욕구라고 생각된다. 또 하나는 전자와 반대의 경우로, 만족되지 않는 애정욕구에 대한 심한 증오나 분노의 상징이 된다. 또 부정적인 의미에서는 파괴적·파멸적인 공격충동을 표현하는 것이고, 가학증과 피가학증의 맥락에서 해석되는 성질의 것이다.

(41) 줄넘기

줄넘기는 해당 인물에 대해 포위 양식으로 그려진다. 해당 인물의 갈등, 자기 고착 등을 의미한다.

(42) 그네

그네를 타고 있는 인물상은 포위 양식의 전형적인 경우이다. 때로는 그네와 지주, 지면의 선에 의해 이중으로 포위되고, 그 인물이 안고 있는 폐쇄감, 불안정성을 의미한다.

(43) 돛단배

보다 높은 수준으로 상승하려는 것이다.

(44) 꽃

꽃은 아름다움과 사랑을 상징한다. 성장 과정을 나타내기도 한다. 일반적으로 여아가 그린 경우 여성스러움을 의미하는 일이 많다.

(45) 연(풍선)

좋아하지 않는 상황에서의 이탈, 도피를 의미한다. 자동차와 침구 그리고 그네 등에 의해 둘러싸인 인물상은 현실 상황에 가두어진 데 반해 연이나 풍선은 그 자체가 공중에 떠 있는 것이다. 따라서 전자만큼 현실성을 갖지 않고 오히려 공상화된 자유에 대한 희망을 의미한다고 볼 수 있다.

(46) 나비

사랑이나 아름다움을 상징한다. 태양이나 꽃이 의미하는 것보다 오히려 더 공상화된 심정을 표현한다.

(47) 고양이, 개

고양이가 가진 체온, 털의 부드러움과 발톱이나 이의 예리함에서 보듯이 부드러움과 공격이라고 하는 불균형적인 태도와 양가적 감정을 상징하고 있다. 개는 충성심과 공격성을 의미하는 것이다. 고양이는 여아에 의해, 개는 남아에 의해 그려지는 일이 많다.

(48) 별

별은 차갑고 멀리 있는 것으로 물심양면에 있어서 박탈과 관계된다.

5. 동그라미 중심 부모-자녀 그림의 장점

① 가운데에 원이 있으므로 빈 공간일 때보다 편안한 마음으로 그림을 시작할 수 있고, 원은 어디에서나 균형이 잡혀 있기 때문에 통일감, 균형감, 원만함을 준다.

② 어떻게 표현하는 것이 옳은 방법인지 다소 모호한 경우에 검사 시 부담감을 줄일 수 있다.

③ 현실의 부모가 아니라 심리적 부모상과 심리적 자신을 보게 해준다.

④ 인물상 주위의 상징을 통해 연상을 기본으로 추상화된 사고와 감정의 탐색을 가능하게 해준다.

⑤ 이성의 검열을 덜 받기 때문에 반응이 자유롭고, 부모-자녀관계의 여러 측면을 동시에 관찰할 수 있어 특정 개인의 전체이면서도 하나인 부모-자녀관계의 역동이나 구조를 파악할 수 있다.

⑥ 구체적 유형의 자료가 남기 때문에 자신의 그림을 객관화시켜 볼 수 있다. 객관화된 그림에서 자신이 의도하지 않은 표현을 인식함으로써 자신

의 본질을 돌아볼 수 있는 기회를 갖게 된다. 또한 자신의 작품을 보면서 자신을 변화시킬 수 있다.

⑦ 부모에 대한 분노, 적대감정 등을 정신적 손상 없이 해소할 수 있는 정화의 기능을 제공한다.

⑧ 작품을 통해 부모-자녀관계에 대해 이야기할 기회가 제공되며, 이미지를 언어로 인식할 수 있게 해준다. 그림으로써 지나간 상황을 보게 되고, 그 상황에 대한 다른 정의와 해석을 가능하게 해준다.

⑨ 보관이 가능하므로 필요한 시기에 작품을 재검토하여 치료의 효과를 높일 수 있다. 때때로 재검토 시 새로운 통찰이 일어나기도 한다. 동그라미 중심 부모-자녀 그림의 변화를 통해 자신의 변화과정을 이해할 수도 있다.

⑩ 표현은 공간적인 것이며, 시간적인 요소는 아니다. 예를 들면 우리가 언어로 가족을 소개할 때는 먼저 아버지, 어머니를 소개하고 두 분의 관계를 이야기하고 나서 나와의 관계를 말할 것이다. 그러나 동그라미 중심 부모-자녀 그림에서는 이 모든 것을 동시에 표현하게 된다.

6. 사례

사례 1 선택적 함묵증인 초등학생

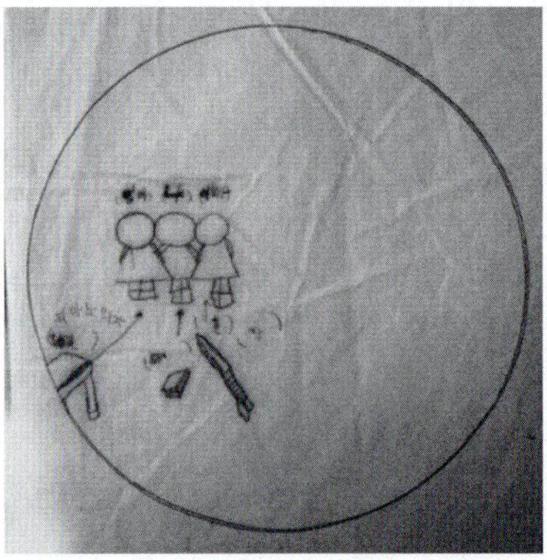

[그림 8-1] PSCD의 사례(12세 여아)

[그림 8-2] PSCD의 사례(13세 남아)

[그림 8-1]의 내담자는 12세 여자 초등학생으로, 선택적 함묵증을 겪고 있는 상태이다.

크기가 같은 동그라미 3개-세모 3개-다리-팔-상징물(잘린 피아노 의자, 숙제, 칼)의 순으로 그렸고, 검사자와 말을 하지 않아 글로써 상호작용했다. 가족구성원을 동그라미 왼쪽에 치우치게 배치했고, 눈, 코, 입은 표현하지 않았다. 그림을 그리는 내내 많은 시간이 소요되어 동그라미도 표현했고, 검사자의 지지에 겨우 하나씩 하나씩 표현해나갔다. 완성 후에도 검사자의 질문에 정확하게 답을 하지 않고 엄마의 ㅇ, 나의 ㄴ, 아빠의 ㅇ만 글로 쓴 후 고개를 떨어뜨리고 앉아 있었다. 'ㅇ, ㄴ, ㅇ'에 대해 여러 번의 질문 끝에 겨우 답하는 모습을 보였다.

똑같은 크기의 동그라미, 세 명을 밀착시켜 표현한 세모, 같은 모양의 다리에서 매우 방어적이며, 특히 아버지와 관련된 상징물을 칼로 표현해놓고 있다. 이는 아버지와의 감정적 격리, 가족 내의 원활하지 못한 정서적 교류가 나타났다. 부모-자녀관계가 화목하지 않으며, 건강하지 않고, 역기능적인 관계임을 알 수 있다.

[그림 8-2]의 내담자는 13세 남자 초등학생으로, 역시 선택적 함묵증을 겪고 있는 상태이다.

엄마-나-아빠 순으로 그렸고, 검사자와 말을 하지 않아 글로써 상호작용했다. 아버지는 자동차 부품 만드는 공장에서 늦게까지 일하고 오셔서 더러워진 방을 보며 삼 형제를 늘 혼내신다고 하셨고, 오른쪽의 어머니는 24시간 김밥가게에서 일하시는데 저녁에 나가셔서 새벽에야 집에 들어오셔 아침과 저녁식사만 겨우 챙겨주신다고 했다. 내담자는 아버지의 상징물을 ○○(동생) 때리는 몽둥이와 흉기로 나타냈고, 어머니의 상징물은?, 자신은 게임으로 나타냈다. 아버지의 공격성, 어머니의 부재로 인해 심리적인 불안감과 공허감으로 관계성에 어려움을 갖고 가족이 아닌 타인 앞에서는 말을 하지 못하는 모습이 나타났다.

사례 2 오이디푸스 콤플렉스를 겪고 있는 초등학생

[그림 8-3] PSCD의 사례(10세 남아)

[그림 8-3]의 내담자는 10세 남자 초등학생으로, 또래친구들과 상호작용을 거부한 상태이다. 그 이유는 친구들이 너무 어려서 어울리고 싶지 않아 교실 밖으로 자주 이탈하여 담임교사에 의해 의뢰되었다. 키가 비슷한 엄마와 손을 잡고 있는 모자의 모습이고, 아버지는 일주일간 출장을 가셨기 때문에 엄마와 자신만 표현했다고 했다. 엄마의 상징물은 아빠도 엄마를 사랑하고, 나의 상징물인 자신도 엄마를 사랑한다고 했으며, 둘 다 TV를 같은 상징물로 나타냈다. 그림에 나타난 모자의 머리카락에 음영을 넣고 자신의 바지 안에 성기를 표현한 후 갈기기와 같은 표현에서 무의식적으로 거세불안이 표출되었다. 이는 5세 이후에 사라져야 할 오이디푸스 콤플렉스가 10세에도 여전히 남아 있어 또래 친구들을 거부하는 것으로 보인다. 이는 건강하지 않고 역기능적인 관계임을 알 수 있다.

Chapter

09

동물 가족화(AFD)

1. 동물 가족화(AFD)의 개요
2. 동물 가족화(AFD)의 목표
3. 동물 가족화(AFD)의 실시방법
4. 동물 가족화(AFD)의 해석방법
5. 사례

1. 동물 가족화(AFD)의 개요

동물 가족화(AFD : Animal Family Drawing)는 그림 진단의 한 기법으로, 내담자에게 가족의 구성원을 동물로 표현하도록 하여 가족의 성격 특성 및 가족 간의 역동성을 알아보는 것이며, Berm-Graser(1967)가 개발했다. C. G. 융은 꿈이나 그림에서 나타난 동물은 무의식을 행하는 자신의 마음가짐을 나타낸다고 하여 동물의 상징을 '무의식적인 자기 모습'이라 했다.

동물 가족화는 방어적이거나 그림 그리기에 어려움을 겪는 대상에게 유용하게 사용되며, 아동이나 청소년은 물론 성인에게도 가족의 투사가 잘 이루어지므로 무의식 속의 가족상이 잘 반영되는 장점을 가지고 있다.

2. 동물 가족화(AFD)의 목표

가족구성원을 동물에 투사하여 그림으로써 가족의 성격 특성 및 가족 간의 역동성을 파악한다.

3. 동물 가족화(AFD)의 실시방법

1) 준비물

종이(A4, 8절 용지 등 용지 크기는 다양하게 준비), 크레파스, 풀, 가위, 동물 그림

* 동물 그림은 표현이 어려운 대상에게 제시할 수 있으며, 동물 스티커 형식으로 붙여 사용할 수도 있다. 그러나 그림의 표현이 자유로운 상태에서 투사가 잘 이루어지므로 표현에 특별히 어려움이 없다면 그림을 제시하지 않는다.

2) 실시방법

① 가족구성원의 성격, 역할, 가족 내에서의 위치 등을 생각하게 한다.

② 지시사항에 따라 가족을 자신이 그리고 싶은 동물 모양으로 그리도록 한다.

* 지시문 : "우리 집 식구들을 동물로 생각하고 그려보세요. 옛날이야기 속에서 자주 동물이 사람으로 변하기도 하고 사람이 동물로 변하기도 하지요? 자, 가족이 동물로 변했다고 상상해보세요. 가족을 동물로 표현할 수 있을까요? 자신은 물론 가족을 동물로 그려보세요."

③ 만약 그림을 그리지 못할 경우에는 동물 그림을 주고 오려 붙이도록 해도 되지만, 가능한 한 직접 그리도록 하는 것이 좋다. 왜냐하면 동물의 표정, 크기, 방향 등이 다를 수 있어 직접 그리는 것이 내담자의 다양하고 정확한 정보를 파악할 수 있기 때문이다.

④ 그림 모양이나 크기, 위치, 방법에 대해서는 어떠한 단서를 주어서는 안 되며, 내담자의 질문에는 "자유롭게 그리세요."라고 말해준다.

⑤ 그림을 그린 후 그린 순서와 그림 속의 인물이 누구인지에 대해 적게 한다.

⑥ 그림에 대한 설명을 들은 후 관련된 질문을 하고 내담자의 반응에 대해 서로 이야기를 나눈다.

4. 동물 가족화(AFD)의 해석방법

1) 내용에 따른 해석

① **필적학적 분석**(선의 성질 등) : 그리고 있는 상황을 봄
② **동물을 그린 순서** : 붙인 순서는 확실하지 않으므로 그렸을 경우 지표로 사용
③ **동물의 종류**(같은 종류의 동물인지) : 같은 종류가 아닌 경우 구성원과의 상호작용이 잘 이뤄지지 않을 수 있음
④ **그려진 동물가족의 상호관계**(집단 구성) : 어떤 무리끼리 같이 있는지 확인
⑤ **동물의 성격**(상징적인 것 포함) : 내담자에게 질문하여 가족과 동물을 왜 연결시켰는지 질문하거나 써보게 하여 알 수 있음
⑥ 내담자가 가지고 있는 문제성에 대한 종합적 해석

2) 동물 가족화에 표현된 '본인과 가족관계'의 분류

(1) 고립형

본인을 마지막으로 작게 그리며 떨어져 있고, 동물의 종류가 다르며, 다른 쪽을 보고 있고, 표정이 다르다. → 고립, 위축, 약자, 이질

(2) 병렬형

- 가족 전체를 쭉 나열하여 비슷한 크기, 모습, 형태로 그린다.
- 개개인의 특성이 불명확, 감정억압과 미분화
- 감정의 미분화 시 가족과 분리되더라도 새로운 가족과 문제를 가져올 수 있다(자신의 감정표현을 억제당함).

(3) 지배형

본인을 상부에 그리고 위에서 내려다보며 날아다니고 있거나(예 새) 강한 동물, 손톱, 부리, 이빨 등의 공격성 표현 → 자신이 지배함, 고립감, 공격성

(4) 자기 중심형

본인을 가장 먼저 크게 그리거나 한가운데에 그리며, 양친 사이(부부 사이)에 자식이 가로막고 있거나 포유류 가족 → 자기중심, 보호, 주목, 일체감

(5) 부모 지배형

부모가 크고 위쪽에 위치하여 누르고 있으며 포악, 강한 동물, 손톱, 부리, 이빨 등의 공격성 표현(단, 부모가 약한 동물로 위에 있을 시에는 해당하지 않음) → 절대힘의 지배, 부모의 위압, 협박, 본인의 위축

(6) 거부형

묘화를 중단시킴(그리는 것을 힘들어할 경우 그림 붙이기를 시킴) → 감정의 표현 거부, 가족 이미지의 미성립

(7) 기타

어느 정도의 표현은 되어 있지만, 위의 분류에 해당하지 않는 경우

3) 상담과정으로의 적용

① 동물 가족화는 동물이 주는 상징적인 의미가 있으므로 언어능력이 부족하고 연령이 어린 유아와 아동의 경우 효과적일 수 있다.

② 가족구성원들을 특징 동물로 표현한 배경과 이유에 대해 질문하고 이야기를 나눈다.

③ 가족을 표현하는 데 있어 가장 어려웠던 사람은 누구인지, 어떤 부분이 힘들었는지에 대해 이야기를 나눈다.

④ 다른 가족은 자신을 어떤 동물로 표현할 수 있을지에 대해 생각해보고, 만약 서로 표현이 다르다면 어떤 부분 때문인지에 대해서도 이야기를 나누어 보는 것이 좋다.

⑤ 검사자가 관찰하는 과정에서 내담자가 보였던 행동에 대해서도 이야기를 나누는 것이 좋다. 예를 들면, 누군가의 그림을 그리면서 망설인다든가 계속 지우고 다시 그린다든가 할 경우에는 어떤 부분에서 어려움이 있었는지에 대해 이야기를 나누고, 내담자의 마음을 충분히 수용해줄 필요가 있다.

동물 가족화는 가족의 대상을 동물에 투사하는 것으로, 특히 유·아동의 심리 검사에 도움이 된다. 그러나 그림을 표현하기 어려워하는 아동이나 유아에게는 해당 동물의 사진이나 그림을 준비하여 제시하는 것이 좋다. 이때 사진이나 그림 자료들을 각 대상별로 실제 동물 크기의 비례에 맞게 준비하는 것이 좋다. 또한 자료를 이용할 경우는 대상의 표정이나 행동특성이 나오지 않을 수 있으므로 표현한 대상이 무엇을 하고 있는지, 성격이 어떤지, 나와의 관계가 어떤지 등 적절한 질문을 하도록 한다.

청소년이나 성인의 경우 동물 표현에 있어 대상자의 띠(말띠, 호랑이띠 등)로 표현하는 경우가 있는데, 이럴 경우 띠로 하지 말고 그 대상에 해당하는 이미지를 찾도록 말해줘야 한다.

5. 사례

사례 1 우울감과 무기력감을 가지고 있는 11세 여아

[그림 9-1] AFD의 사례(11세 여아)

[그림 9-1]의 내담자는 우울감과 무기력감을 가지고 있는 초등학교 여학생이다. 아버지는 알코올중독으로 병원에 입원하여 치료 중이며, 어머니는 대상자가 어렸을 적에 가출했다고 한다. 언니는 다른 지역에 거주하며, 본인은 시설에 입소하여 초등학교 때부터 자라왔다고 한다. 그림의 순서는 강아지(언니) → 돼지(부) → 고양이(본인)로 표현했으며, 상호작용 없이 병렬적인 것이 특징이다. 그림에서 각 동물의 행동은 강아지는 남자친구 만나러 가는 길, 돼지는 병원에 계시고, 고양이는 그냥 있다고 표현했다. “엄마가 나를 보면 알아볼까요?”라는 말을 자주 했고, 언니를 만나러 가는 날이 가장 행복하다고 표현했다. 또한 언니는 본인과 다르게 예쁘고 남자친구도 있어 항상 꾸민다고 하며 부러움을 표현했다. 자신의 용모 및 행동에 자신감이 없으며, 매우 위축되어 있고, 우울·무기력함이 보인다.

* 양식을 활용한 그림 진단 사례 1

동물 가족화 검사 보고서

<table>
<tr><th>대상자</th><td>박○○(F/19)</td><th>검사일</th><td>2014년 ○월 ○일</td></tr>
<tr><th>그림</th><td colspan="3"></td></tr>
<tr><th rowspan="6">동물 가족화 해석상의 지표</th><td>선의 질</td><td colspan="2">적절하게 사용함</td></tr>
<tr><td>그린 순서</td><td colspan="2">병아리(자신) → 원숭이(아빠) → 닭(고모) → 곰(할머니)</td></tr>
<tr><td>동물의 종류</td><td colspan="2">병아리, 원숭이, 닭, 곰</td></tr>
<tr><td>상호관계</td><td colspan="2">각각 상호작용 없이 떨어져 있음</td></tr>
<tr><td>행동 및 태도</td><td colspan="2">모두 그냥 있다고 표현함</td></tr>
<tr><td>동물의 성격</td><td colspan="2">병아리: 활발함, 원숭이: 활발함, 닭: 무서움, 곰: 무기력</td></tr>
<tr><th>동물 가족화에 표현된 '본인과 가족관계'의 분류</th><td colspan="3">본인과 가족관계의 분류를 보면, 동물의 종류가 다르고 중심부에 있지는 않지만 상부에 본인을 그리고 가장 크게 표현했다. 고립형, 지배형과 자기 중심형으로 볼 수 있다.</td></tr>
<tr><th>평가</th><td colspan="3">• 부는 알코올중독, 모는 정신분열의 증상으로 대상자가 어렸을 적에 이혼함. 현재 조모, 부와 함께 거주하고 있으며, 가끔 고모가 와서 집안일을 거들어준다고 함
• 대상자는 지적능력이 경계선에 있으며, 현실 검증력이 부족하고, 망상적인 행동을 보임. 가족 내에서 본인의 위치가 크고 중심적이며 강하다는 것을 인식하고 있음</td></tr>
</table>

* 양식을 활용한 그림 진단 사례 2

동물 가족화 검사 보고서

<table>
<tr><th>대상자</th><td>최○○(F/11)</td><th>검사일</th><td>2013년 ○월 ○일</td></tr>
<tr><th>그림</th><td colspan="3"></td></tr>
<tr><th rowspan="6">동물 가족화 해석상의 지표</th><td>선의 질</td><td colspan="2">적절하게 사용함</td></tr>
<tr><td>그린 순서</td><td colspan="2">아빠(늑대) → 엄마(토끼) → 누나(원숭이) → 나(용) → 동생(참새)</td></tr>
<tr><td>동물의 종류</td><td colspan="2">늑대, 토끼, 원숭이, 용, 참새</td></tr>
<tr><td>상호관계</td><td colspan="2">지면선을 그려 그 선을 따라 가족들을 그림</td></tr>
<tr><td>행동 및 태도</td><td colspan="2">모두 그냥 있다고 표현함</td></tr>
<tr><td>동물의 성격</td><td colspan="2">늑대: 두려움, 토끼: 순함, 엄마의 띠 원숭이: 활달함과 장난기, 용: 상상 속 동물, 참새: 연약함, 작음</td></tr>
<tr><th>동물 가족화에 표현된 '본인과 가족관계'의 분류</th><td colspan="3">집안에서의 가장 중요한 존재를 아버지라고 생각함. 지면선을 표현하고 그 아래로 상어들이 지나가고 있으며, 현재 살얼음판에서 스케이트를 타고 있다고 표현해 불안한 가정환경 속에서 안정적인 가정환경을 바라고 있다는 것으로 보임</td></tr>
<tr><th>평가</th><td colspan="3">• 가정 안에서 긴장감이 느껴진다고 볼 수 있음. 집안에서 가장 중요한 존재를 아버지라고 생각함. 지면선을 표현하고 아래 상어들이 지나가고 있으며, 현재 살얼음판에서 스케이트를 타고 있다고 표현해 불안한 가정환경을 보여줌
• 아동 스스로 그에 대한 표현을 하지는 않지만, 이 상황에 대한 정서적인 회피 혹은 방어 태도가 있었다고 볼 수 있음. 아버지에 대한 두려움과 공포심이 상당하며, 안정적인 분위기를 가지고자 하는 욕구가 있으나 부정적인 상황이 발생할 것을 우려하고 금방이라도 일어날 수 있다는 생각이 내재되어 있음이 보임</td></tr>
</table>

Chapter

10

동적 물고기 가족화(KFFD)

1. 동적 물고기 가족화(KFFD)의 개요
2. 동적 물고기 가족화(KFFD)의 목표
3. 동적 물고기 가족화(KFFD)의 실시방법
4. 동적 물고기 가족화(KFFD)의 해석방법
5. 사례

1. 동적 물고기 가족화(KFFD)의 개요

동적 물고기 가족화(KFFD : Kinetic Fishes Family Drawing)는 어항이라는 제시된 공간에 물고기들이 무엇인가를 하고 있는 모습을 그리도록 하여 가족 간의 역동성을 보고자 하는 투사적 그림검사 기법이다. 동적 물고기 가족화는 '동적 가족화'나 '동그라미 중심 가족화', '동물 가족화'와 함께 가족 간의 역동성을 본다는 공통점을 가지고 있다.

그러나 가족을 사람이 아닌 '물고기'로 그린다는 점과 '어항'이라는 제한적 범위를 설정한다는 점에서 차이가 있다. 가족을 은유적인 방법으로 '물고기'로 표현하는 것은 가족구성원에 대해 가질 수 있는 방어나 저항을 줄일 수 있는 장점을 가지며, 어항(fish bowl)이라는 설정 역시 '프라이버시가 없는 상태'라는 중의적 의미를 가지므로 가족 내의 역동성을 물고기라는 대체물을 통해 저항 없이 표현할 수 있게 하는 장점을 가지고 있다.

가족을 동물로 표현하여 가족구성원을 바라보는 내담자의 인식과 친밀감 정도, 가족 내의 서열이나 갈등 등을 알 수 있는 동물 가족화에 비해 물고기라는 단일 대상의 한계로 인한 제한점을 가지고 있으나, 내담자에게 쉽게 접근할 수 있는 어항과 물고기를 매개로 현재 가족의 모습이나 가족에 대한 생각과 감정을 쉽게 파악할 수 있다.

동적 물고기 가족화는 다른 그림 검사들과 마찬가지로 그림 내용 외에 그림을 그리는 태도나 특징, 그림을 그린 후에 질문과 답변 등을 통해 종합적으로 분석하여 정확한 문제를 찾아나가야 한다.

2. 동적 물고기 가족화(KFFD)의 목표

동적 물고기 가족화는 가족구성원의 표현을 물고기라는 대상으로 바꿈으로써 특정 대상에 대한 방어나 저항을 줄여 내담자와 가족구성원 간의 역동성을 파악하는 데 유용한 도구이다.

3. 동적 물고기 가족화(KFFD)의 실시방법

1) 준비물

어항 그림이 그려진 A4용지, 4B나 2B연필, 색연필

2) 실시과정

① 검사자는 어항 그림이 그려진 A4용지를 내담자에게 건네준다.

② 내담자에게 "어항에 물고기 가족을 그립니다. 물고기 가족이 무엇인가 하고 있는 그림을 그리세요. 그리고 어항 속에 꾸미고 싶은 것을 자유롭게 그려 주세요."라고 말해준다.

* 집 어항이나 실물을 보고 그리지 않도록 한다.

③ 그림이 완성되면 물고기를 그린 순서, 물고기 가족이 무엇을 하고 있는지, 그림에 특이사항이 있을 경우 그것이 무엇인지 등을 질문한다.

4. 동적 물고기 가족화(KFFD)의 해석방법

1) 어항

① 어항과 물고기의 크기나 공간 등의 구성이 조화롭고, 동적인 움직임이 있고 자유로우면 안정된 정서로 해석한다.

② 물을 넘치도록 그렸거나 물 호스가 밖으로 연결된 것은 억압으로부터 분출되는 욕구, 충동성, 회피 또는 장난스러움 등을 반영한다.

③ 물이 어항의 2/3 정도를 차게 그린 모양은 정서적으로 안정된 형태이지만, 절반 이하는 정서적인 결핍으로 해석할 수 있다.

④ 주어진 어항 도식 외에 손잡이를 그린다거나 받침, 테이블 등을 그릴 경우 불안심리와 외부로부터 도움받기를 요청하는 안전에 대한 욕구로 해석된다.

2) 물고기

① 가족 물고기들이 한 방향을 향할 때는 안전된 것으로 해석하나, 마주 볼 경우 상황에 따라 대립 혹은 친밀한 관계로 해석하며, 물고기의 방향이 제각기 흩어져 있는 경우에는 가족 간의 화목함이나 친밀감이 부족한 것으로 해석할 수 있다.

② 나를 중심으로 그렸을 때, '나'의 위에 위치한 배열은 권위적이고 지배적인 상징이며, 수평적이거나 아래에 위치해 있으면 친절한 관계를 나타낸다.

③ 주변 장식을 하지 않고 물고기만 그리는 경우는 인간관계에 대한 관심도나 고민을, 반대로 주변장식에 치중하면 사회화에 대한 관심을 갖고 있다는 것이다.

④ 물고기의 형태에서 물고기가 지나치게 크면 자기중심적이며 외향적인 성격, 지나치게 작으면 자아축소와 내향적인 성향을 나타낸다.

⑤ 물고기의 표현이 섬세하고 화려하다면 대상에 대한 관심과 애정이 많다고 보며, 자신이라고 표현할 경우에는 자기애적 성향을 보여준다. 지나치게 화려한 경우는 결핍에 대한 보상심리일 가능성이 있다.

⑥ 이를 드러낸 물고기의 모양은 부정적이며, 억압으로 인해 정서상태가 공격적인 상태를 표현한다. 물고기의 입을 그리지 않은 것은 실제로 말수가 적거나 말을 하고 싶지 않은 상황 혹은 위축된 심리를 반영한다.

⑦ 아기 물고기나 임신한 엄마 물고기, 또는 새끼집을 그릴 경우에는 유아기적 퇴행과 모성회귀 욕구를 말해주고, 희미하여 분명하지 않은 필압은 자신감이 결여된 상태를 나타낸다.

3) 기타

① 그리는 순서는 KFD의 해석 기준에 따른다. 먼저 그려진 순서에 따라 친밀도나 가족 내의 권위나 역할 등의 중요도를 나타내며, 그리지 않은 물고기는 부재, 분리 혹은 내담자가 배재하고 싶은 불편한 관계나 분리하고 싶은 마음 또는 부재를 나타낸다.

② 어항의 형태에서 어항과 물고기의 조화가 적당하고, 동적인 움직임이 있으며, 공간이 여유롭고 물풀이 조화롭게 있으면 안정된 정서로 해석한다.

③ 그리다가 지워진 부분에는 심리적인 원인이 숨어 있는 것으로 해석할 수 있다.

④ 물풀이 물고기보다 지나치게 무성하거나 자갈을 크게 그리면 숨고 싶어하는 비사회화와 열등감을 보여준다.

⑤ 물 위에 떠 있는 연잎이나 수련잎을 크게 그릴 때, 어항 밖으로 무성하게 뻗은 수초를 그릴 때는 나서고 싶지 않은 소극적인 성격으로 대인관계의 장애를 의미한다.

⑥ 산소기는 의존적인 성격에서 강조하여 그리며, 큰 물방울은 감정의 둔감함을, 작은 기포는 타인의 태도 여하에 따라 민감한 성격을 나타낸다.

⑦ 색채를 통해 다양한 감정을 표현하는 경우가 있으므로 심리상태를 표현할 수 있도록 색연필이나 크레파스를 비치하는 것도 도움이 된다.

※ 검사자는 그림의 정확한 분석을 위해 반드시 내담자가 그린 그림 내용에 대한 설명을 경청하면서 면담을 통해 가족 내에서의 관계와 역동을 읽어야 하며 물고기 가족화에 나타난 어항 속 물고기 간의 역동성이 내담자의 환경을 반영하는지, 필압 등을 통해 내담자의 상태를 파악하고, 충분한 대화를 통한 검사내용 및 면담일지를 작성하여 차기 검사 시 활용할 수 있도록 한다.

아래 표는 물고기 가족화에 나타날 수 있는 표현된 모양과 해석 기준을 나타낸 것이다.

〈표 10-1〉 동적 물고기 가족화의 해석 기준

표현된 모양		해석
어항의 형태 및 공간 구성	안정된 정서	어항과 물고기가 조화를 이루며, 동적인 움직임이 있으며, 공간 구성이 안정되어 있는 상태
	불안정한 정서	주어진 어항 도식 외에 손잡이나 받침과 같이 가필을 했을 경우, 깨어진 어항의 표현은 가정해체 또는 심각한 갈등이나 분열 조짐, 외부로부터 도움을 요청하는 안전에 대한 욕구
	자기 중심적	• 나를 중심으로 그리며, 나를 위에 그렸을 경우 • 나를 중심으로 수직선으로 그렸을 때 – 권위적 • 나를 중심으로 수평적으로 그렸을 때 – 친밀한 관계
	대인관계	• 주변 장식을 하지 않고 물고기만 그렸을 때 – 인간관계에 대한 고민이나 관심도 표현 • 주변 장식에 치중할 때 – 사회화에 대한 관심도 표현
물고기의 형태	물고기의 크기	• 지나치게 크게 그렸을 경우 – 자기주도적, 자기중심적, 외향적 성격 • 지나치게 작게 그렸을 경우 – 자아축소, 내향적 성향 • 중심에 모양을 넣어 화려하게 그렸을 경우 – 감정적, 감각적
	무리 지은 물고기 형태	• 무리 지은 물고기의 형태 – 원만한 대인관계, 풍부한 애정적 성향 • 아래로 집중되어 무리 지은 형태 – 사고적 성격 • 위로 집중되어 무리 지은 형태 – 행동적인 면을 더 중시하는 성격
	물고기의 모양	• 이를 드러낸 물고기 – 부정적, 억압으로 인해 정서 상태가 공격적인 상태 표현 • 아기 물고기, 임신한 물고기, 새끼집 – 유아기적 퇴행과 모성회귀 욕구, 자신감이 결여된 상태 • 중심에 모양을 넣어 화려하게 그렸을 경우 – 감정적, 감각적 • 그리다가 지워진 부분 – 반드시 심리적 원인이 숨어 있는 것으로 해석
물풀과 자갈	열등감	물풀이 물고기보다 지나치게 무성하거나 자갈을 크게 그릴 때
	대인관계 장애	물 위에 떠 있는 연잎이나 수련잎을 크게 그릴 때, 어항 밖으로 무성하게 뻗을 수초를 그릴 때
산소기와 물방울	성격 (성향)	산소기는 의존적인 성격을 나타냄 • 큰 물방울 – 둔감한 성격 • 작은 물방울 – 타인의 태도 여하에 민감한 성격
	분출욕구	물이 어항에 가득한데도 밖으로부터 연결된 물 호수는 억압으로부터의 분출 욕구를 나타냄
	정서 상태	• 물이 어항의 2/3 정도 차게 그린 모양 – 정서적 안정 • 물이 어항의 절반 이하로 그려진 모양 – 정서적 결핍
기타		• 풀 뒤에 숨음 – 열등감 • 어항을 보고 있는 사람이나 어항에 눈을 그림 – 감시, 감시를 당하고 있거나 타인을 의식하는 사람 • 큰 돌 – 근심, 걱정 • 화려한 그림 – 감정적, 적개심, 유행에 민감

5. 사례

사례 1 가정폭력 가해자 중년남성

[그림 10-1] KFFD의 사례(50대 남자)

[그림 10-1]의 내담자는 ○○사회복지관에 가정폭력 가해자 프로그램에 참가한 50대 남성의 그림이다. 그림에 전체적으로 빗금이 많아 사회나 가족 등 주변 대상에 대한 부적절한 감정을 읽을 수 있다. 위쪽은 본인, 아래는 아내를 표현했으며, 물고기 비늘 방향이 서로 반대로 표현되어 있다. 이는 아내에 대한 신뢰하지 못하는 감정의 반영이며, 위의 물고기 지느러미가 날카롭게 표현되어 공격성이 나타나고, 화려하게 표현한 물고기집은 경제적 성공이 남자의 역할이라는 성적 역할에 대한 무의식적 표현이 보인다.

사례 2 가정폭력 가해자 남성

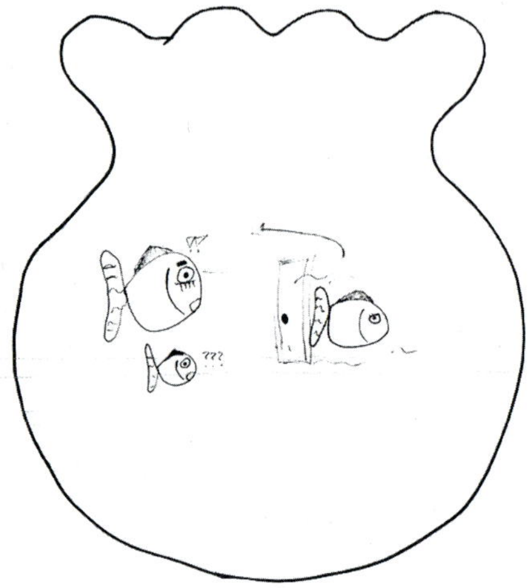

[그림 10-2] KFFD의 사례(30대 남자)

[그림 10-2]의 내담자는 가정폭력으로 아내와 별거 중인 30대 남자의 그림이다. 어항 내의 빈 공간이 많고 대상의 크기가 작은 것은 현재의 환경에 위축된 본인의 심리적 표현이 반영되고 있다. 그림에서 물고기 가족의 순서는 본인, 아내, 아들 순으로 표현했다. 뒤를 보인 오른쪽의 물고기는 아내를 표현한 것으로, 자신과 자녀의 마음을 받아주지 않는 아내의 상태를 잘 반영하고 있다. 부부간의 문제에 집중하고 있으며, 다른 부가물이 등장하지 않고 있다.

Chapter

11

새둥지화(BND)

1. 새둥지화(BND)의 개요

새둥지화(BND : Birds Nest Drawing)는 애착과 관련된 가족 역동성을 평가하는 임상적 진단도구로, Kaiser(1996)에 의해 개발된 투사그림검사도구이다.

Kaiser에 따르면 '새둥지' 그림은 정신적으로 애착경험뿐만 아니라 안전과 보호의 은유적인 인식을 나타낸다고 했다. 따라서 새둥지화 검사를 실시함으로써 내담자의 돌봄, 보호, 양육의 경험을 이해할 수 있을 뿐만 아니라 애착과 관련된 그들의 근본적인 목표, 믿음, 애착행동이 어떻게 형성되었는지를 알 수 있으며, 다른 가족구성원과의 상호관계성을 인지할 수도 있다. 그러므로 새둥지화는 특히 내담자에게 잠재되어 있는 불안정한 애착작용 모형을 재구조화하거나 교정할 수 있도록 함을 목적으로 하는 치료적 접근방법에 유용성을 제공하는 투사그림검사 도구이다.

새둥지화의 지표와 채점 준거의 장점은 내담자의 가정과 가족사에 대한 인식을 재해석하고 위협적이지 않은 투사의 사용을 통해 내담자의 가족관계, 가정의 안정성과 애착성향 등 가족에 대한 가치 있는 정보를 제공한다는 것이다.

일반적으로 애착장애 설문지와 같이 사용하여 설문지를 통해 애착유형을 척도화하고, 투사검사에서는 설문지에서 드러나지 않은 내면의 무의식을 살펴본다.

척도검사에서 사용하는 애착장애 설문지는 Randolph(1997)의 것을 많이 사용하며, 총 30개 문항에 5점 척도로 구성되었다.

2. 새둥지화(BND)의 목표

내담자의 가정과 가족사에 대한 인식을 재해석하고, 위협적이지 않은 투사의 사용을 통해 내담자의 가족관계, 가정의 안정성과 애착체계를 평가하고, 애착관계성과 친밀감에 대한 이해를 높이며, 손상된 애착을 치료하는 데 도움을 준다.

3. 새둥지화(BND)의 실시방법

1) 준비물

A4용지, 4B연필, 지우개, 8가지 색상의 색연필(색상 수, 재료는 특별히 제한을 주지 않음) 또는 마커 펜(빨강, 주황, 노랑, 초록, 파랑, 보라, 갈색, 검정)

2) 실시과정

① 지시문은 다음과 같다.
"새둥지를 그리세요." 또는 "새둥지를 생각하고 그것과 관련된 그림을 그리세요." "새둥지가 있고 거기에 새가 살고 있는 그림을 그리세요." 등 환경과 대상에 맞는 적절한 지시어를 선택한다.

② 실시시간은 충분한 시간을 주지만, 대부분 10~20분이 소요된다.

③ 내담자들의 질문에 특정한 답을 제공하지 않고 "자유롭게 그리세요."라고 하고, 그림의 내용에 개입하지 않도록 한다.

④ 그리기가 완성되면 질문을 통해 그림을 보고 떠오르거나 생각나는 2~5개 정도의 문장을 만들도록 하여 내담자의 이해에 충분한 정보를 얻도록 한다.

4. 새둥지화(BND)의 해석방법

1) 애착지표에 의한 분석

검사자는 내담자의 그리기가 완료된 후 애착지표를 이용해 그림을 평가한다. 이 지표는 Kaiser가 14가지 애착지표(Attachment Rating Scale : ARS)를 개발하여 애착안정성의 분석 기준을 개발하여 객관적 근거의 틀을 제시했는데, 이는 다음과 같다.

〈표 11-1〉 Kaiser의 애착지표와 분석준거(1993, 1996)

구분	애착지표	채점준거
둥지의 담는 기능	1. 내용(contents)	둥지에는 내용물이 있는가?
	2. 나무(tree)	둥지는 나무에 의해 지지받고 있는가?
	3. 바닥(bottom)	둥지에는 바닥이 있는가?
	4. 담을 가능성(able to contain)	어떤 내용물이 들어있든 떨어지지 않도록 둥지는 기울지 않는가?
정신건강/ 병리학 관련 요소	5. 공간(space) 사용	종이를 1/3 이상 사용했는가?
	6. 배치(placement)	둥지를 중심에 두었는가?
	7. 색상(colors)	3~4개의 색상을 사용했는가?
	8. 선의 질(line quality)	선은 적절한가?
	9. 둥지(nest)의 크기	여백(대상물)이 1/3 이하인가?
개정판에 들어 있는 새 요소	10. 아기 새들(baby birds)	아기 새들이 들어있는가?
	11. 부모 새들(parent birds)	부모 새들이 들어있는가?
	12. 아기 또는 부모 새들 (either baby or parent birds)	아기 또는 부모 새들이 들어있는가?
	13. 두 부모 새들(two parent birds)	두 부모 새들이 들어있는가?
	14. 알들(eggs)	(새는 없고) 단지 알들만 들어있는가?

〈표 11-2〉 새둥지화 애착지표 및 해석

지표	안정애착 수준	해석
1. 아기 새만 있음	하위 안정애착 수준	부모 새가 아기 새를 두고 가버린 그림은 중요한 타인들에 의한 지지의 결여를 느낀 것을 무의식적으로 표현
2. 부모 새만 있음	하위 안전애착 수준	부모 혹은 중요한 타인들로부터 엄격한 통제 경험에 의해 지지적 환경의 결여를 무의식적으로 표현
3. 부모 새와 아기 새가 함께 있음	상위 안정애착 수준	부모 혹은 중요한 타인들로부터 적절한 양육환경 속에서 자라 안정애착을 보임
4. 알들만 있음	매우 낮은 하위 안정애착 수준	알을 따뜻하게 부화할 부모 새가 없는 것은 정서적인 지지가 없는 양육자와 초기생활을 한 경험을 무의식적으로 나타냄
5. 둥지가 비워져 있음	매우 낮은 하위 안정애착 수준	둥지가 비어 있는 이미지는 고립(분리)되고 주변이나 지지하는 환경이 없음을 무의식적으로 표현함
6. 둥지가 나무에 의해 지지받고 있음	• 낮은 지지 : 하위 애착 • 높은 지지 : 상위 애착	• 나뭇가지 위 둥지 그림은 지지적 환경의 경험을 무의식적으로 나타낸 것임 • 둥지 안의 내용물이 쏟아질 것 같은 이미지, 가지가 너무 약해 부러질 것 같은 이미지는 낮은 안정애착 수준이다.
7. 공간 사용	공간 활용이 1/3 이상일 때는 안정애착, 그렇지 못했을 때는 불안정애착	공간 활용은 현재 삶의 에너지를 측정할 수 있으며, 우울하거나 위축되어 있고 사랑받지 못한다고 느끼는 아동은 낮은 안정애착 수준이다. 이러한 아동은 여백이 많거나 내용이 단순하다.
8. 선의 질	• 선의 질은 과거의 애착경험에 따른 현재 행동 상태를 나타냄 • 정서적 지지환경 박탈경험이 많았던 아동의 선은 매우 강하게 혹은 극도로 약하게 나타남	• 강한 선 : 공격성을 나타냄 • 진한 선 : 불안을 나타냄 • 약한 선 : 자신감 없음, 폐쇄적임 • 매우 약한 선 : 부적응적임, 우유부단하고 두려움이 많음 • 불연속적인 스케치 풍 : 소심함

2) 이야기 구성에 의한 분석

Kaiser는 새둥지화를 통해 수집된 자료의 폭이 넓어지도록 새둥지화를 그린 후 본인이 그린 그림에 대한 이야기를 2~5개의 문장으로 만들어보도록 했다. 여러 연구에서 새둥지화는 5가지의 주제가 나타난다고 보는데, 이는 집과 가족, 자연과 삶의 회복, 음식 또는 배고픔, 버림받음, 개인적 경험 또는 개인적 의미의 환경이다. 일반적인 안정애착 집단에서는 집과 가족 또는 음식, 배고픔에 대한 이야기가 많고, 불안정애착 집단에서는 버림받음에 대한 이야기가 많이 등장한다고 했다.

3) 새둥지화 지표와 채점기준

〈표 11-3〉 새둥지화 지표와 채점기준

지표	채점기준
1. 둥지 개수	둥지 없음 / 1개 / 2개 이상
2. 둥지 내용	빈 둥지 / 알만 있음 / 새만 있음 / 알과 새가 함께 있음 / 알과 새가 따로 있음
3. 둥지 모습	위에서 본 모습 / 옆에서 본 모습
4. 둥지 위치	중심 / 가장자리
5. 둥지 기울기	있음 / 없음
6. 둥지 바닥	유무 있음 / 없음
7. 둥지 지지 유무	지지대 있음 / 지지대 없음
8. 둥지 크기	용지의 2/3 이상 / 2/3~1/3 / 1/3 미만
9. 둥지 환경	둥지만 있음 / 둥지 포함한 환경
10. 알의 상태	알 없음 / 깨어나고 있는 알 / 깨어난 알 / 완전한 알 / 깨어나고 있는 알과 완전한 알이 함께 있음
11. 나는 새	있음 / 없음
12. 양육 활동	있음 / 없음
13. 부모 새와의 거리	한 둥지 / 떨어져 있음 / 부모 새 없음
14. 나무 유무	있음 / 없음
15. 위협 요소	없음 / 있음

16. 문자 유무	있음 / 없음
17. 공간 사용	용지의 2/3 이상 / 1/2~1/3 / 1/2 미만
18. 선의 질	약함 / 보통 / 강함
19. 색의 수	1~3색 / 4~6색 / 7색 이상

19개의 애착지표 외에도 용지 방향(가로/세로)과 둥지의 견고함(5점 Likert척도)을 추가시키고, 새둥지화 이야기를 적도록 한 것과 관련하여 이야기의 유무에 대한 항목도 포함시킬 수 있다.

5. 사례

사례 1 애착장애 증상을 보이는 초등학생

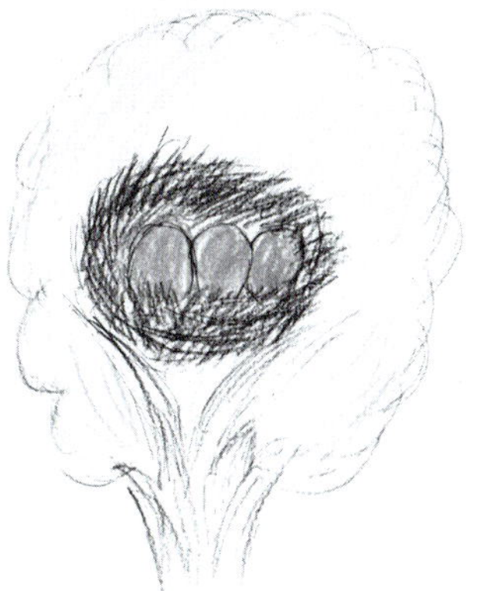

[그림 11-1] BND의 사례(11세 여아)

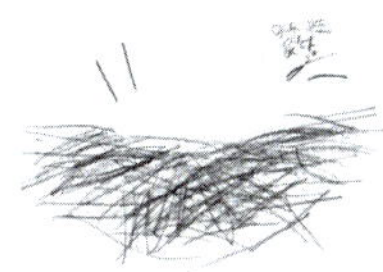

[그림 11-2] BND의 사례(11세 여아)

[그림 11-1]은 애착장애 증상을 보이는 11세 초등학생의 그림이다. 새둥지에는 알들만 표현된 그림을 그렸다. 중간 기둥이 잘린 채 위쪽 부분만 크게 표현했고, 둥지를 받쳐주고 있다. 그림은 매우 낮은 하위 안정애착 수준을 보여주고 있다. 알을 따뜻하게 부화시켜줄 역할을 하고 있는 양육자(부모 새)가 없는 것은 정서적 지지가 부족하다는 것이고, 나뭇가지가 잘 받쳐주고 있으나 둥지가 너무 커서 불안정해 보인다. 또한 모의 자궁으로의 회귀가 연상되는 그림으로, 모에 대한 애정욕구가 많을 것으로 보인다. 그림들이 상호 밀착되어 있는 것을 볼 수 있으며, 외부와의 상호작용을 차단하듯이 울타리로 자신과 집을 봉쇄시켜 놓은 그림으로 표현했다. 외현적으로 매우 소극적이며 위축되어 있고, 내재되어 있는 에너지는 많을 것으로 보인다.

사례 2 그림 11-2 사례 그림 참조

새둥지화(Birds Nest Drawing)

구분	애착지표	채점준거
둥지의 담는 기능	1. 내용	아무것도 없다.
	2. 나무	지지받고 있는 나무가 없다.
	3. 바닥	바닥이 있지만 엉성해 보여 밑으로 쏟아질 것 같다.
	4. 담을 가능성	기울지는 않았지만 불안해 보인다.
정신건강/병리학 관련 요소	5. 공간 사용	1/3 이상 사용하지 않았다.
	6. 배치	중심에서 우측 방향으로 위치하고 있다.
	7. 색상	갈색과 보라색의 두 가지 색상을 사용했다.
	8. 선의 질	강하고 짙다.
	9. 둥지의 크기	1/3 이하의 둥지 크기로 표현했다.
개정판에 들어 있는 새 요소	10. 아기 새들	아무것도 없다.
	11. 부모 새들	아무것도 없다.
	12. 아기 또는 부모 새들	아무것도 없다.
	13. 두 부모 새들	아무것도 없다.
	14. 알들	아무것도 없다.

애착지표에 의한 해석 내용		
애착지표에 의한 해석	내용	둥지가 비어 있는 그림으로 공간 활용에서 많은 여백이 있으며, 내용이 매우 단순하다. 선의 질이 진하고 강함을 볼 수 있으며, 두 가지 색을 사용하여 간략하게 표현했다.
	해석	매우 낮은 하위 애착수준을 보여주는 그림이다. 둥지가 비어 있는 그림은 고립되고 주변에 지지하는 환경이 없음을 의미하며, 현재 삶의 에너지 수준이 낮고, 우울과 위축된 경향이 있을 것으로 보인다. 불안정한 애착관계가 형성되어 있으리라 추측되며, 불안감과 공격적인 경향이 있을 것으로 보인다.
소견 및 견해	모든 사물이 밀착되어 있다. 상호 분리할 수 없는 관계에서 자신이 의지하고 싶은 대상 및 환경에서 충분한 지지를 받지 못하고 있을 것으로 추측한다. 특히, Tree 그림 부분에서 보이는 내재화되어 있는 공격성 및 불안감이 보이며, 애정욕구와 관련하여 양육자로부터 거절감, 좌절·상실감으로 아동에게는 많은 상처가 있을 것으로 보인다.	

Chapter

12

빗속의 사람(PITR)

1. 빗속의 사람(PITR)의 개요
2. 빗속의 사람(PITR)의 목표
3. 빗속의 사람(PITR)의 실시방법
4. 빗속의 사람(PITR)의 해석방법
5. 사례

1. 빗속의 사람(PITR)의 개요

빗속의 사람(PITR : Person In The Rain) 그림검사는 아널드 에이브럼스(Arnold Abrams)와 에이브러햄 암친(Abraham Amchin)에 의해 개발되었다. 이 기법은 인물화를 변형시켜 만든 것으로, 빗속에 서 있는 사람을 그리도록 하는 것이다. 사람 그리기를 기본으로 하여 비가 내리는 상황을 추가한 것이지만, 독특하고 다양한 정보를 제공하는 경우가 많다. 정신과 환자들에게 비교적 높은 타당도를 가지며, 일반인의 경우 우울정서나 스트레스 등의 정서를 다루는 데 많이 사용되고 있다. 아동 대상으로는 PITR을 적절하게 응용한 'Draw-A-Child-In-The-Rain'을 사용하고 있다.

빗속의 사람 그림검사는 임상에서 내담자 개인의 스트레스 정도와 대처능력을 측정한다. 스트레스 정도는 '비를 스트레스로 보고 현재 얼마나 많은 스트레스를 겪고 있다고 느끼는가?'를 보고 대처능력에서는 '힘든 상황에서 어떻게 반응하는가?', '불안스러운 상황을 이겨내기 위해 개인의 어떤 잠재력을 사용하는가?', '어려운 상황을 대면하기 위해 어떠한 방어기제를 사용하는가?' 등을 알아보기 위해 실시한다.

빗속의 사람 그림검사는 원래 Fay(1923, 1934)에 의해 개발되었으며, 영어로 해석하면 "숙녀가 걷고 비가 온다."는 그림을 그리는 것이었는데, 실제로 아동들에게는 '빗속에 걷는 숙녀'로 받아들여졌다. Taylor(1959)는 연구자들이 내용의 질이 아닌 점수를 매겼기 때문에 이 척도를 12세까지 유용한 측정수단으로 구별했다. 아동에게 잠재되어 있는 인지적 평가의 절차로서, 특히 장애가 있거나 신경학적 문제, 학업적·감정적 문제를 가진 아동들에게 더 지지되었으며, 신경정신의학 분야에서 꾸준히 사용되어왔다.

2. 빗속의 사람(PITR)의 목표

내담자가 현재 겪고 있는 스트레스 정도와 스트레스 대처능력을 파악한다.

3. 빗속의 사람(PITR)의 실시방법

1) 준비물

A4용지, 연필(4B), 지우개

2) 실시과정

① 내담자에게 A4용지, 연필, 지우개를 건네주면서 다음의 지시사항에 따라 그림을 그리게 한다.
"지금 비가 내리고 있습니다. 빗속에 있는 사람을 그려주세요. 사람은 만화나 막대기 같은 사람을 그리지 않도록 하세요."라고 지시한다.
* 지시는 편안한 분위기에서 강요나 경직된 느낌이 없도록 한다.

② 내담자의 질문에는 "자유입니다. 그리고 싶은 대로 그리면 됩니다."라고 말하고, 그림 모양이나 크기, 위치, 방법에 대해 어떠한 단서도 제시하지 않도록 한다.

③ 그림을 그린 후 검사자는 그린 순서와 그림 속의 인물이 누구이며, 그 사람이 무엇을 하고 있는지에 대해 기록한다.

④ 그림을 그린 후 그림에 대해 내담자와 이야기를 나눈다.

다음은 빗속의 사람 검사를 실시한 후 내담자에게 일반적으로 사용하는 질문사항이다.

질문사항	내담자의 답변
이 그림을 보면 어떤 느낌이 듭니까?	
이 사람은 몇 살입니까?	
이 사람은 무엇을 하고 있습니까?	
이 사람을 보면 누가 생각납니까?	
이 사람의 현재 기분은 어떨까요?	
이 사람에게 필요한 것은 무엇일까요?	
이 사람은 비에 젖어 있습니까?	
바람은 불고 있습니까?	
(사람이 여러 명일 경우) 주인공은 누구입니까? 내담자의 반응에 대해 서로 이야기한다.	

4. 빗속의 사람(PITR)의 해석방법

빗속의 사람 그림검사는 내담자가 스트레스에 대해 어느 정도의 무게로 받아들이는지와 이에 대한 대처능력이 어느 정도인지를 알아보는 것이다. 이를 해석하는 방법은 그려진 그림의 내용을 통해 해석하는 방법과 채점 기준표를 활용한 객관화된 척도를 사용해 평가하는 두 가지 방법이 있다.

1) 그림의 내용적인 평가

그림의 내용적 평가는 스트레스 영역과 대처자원 영역의 두 가지 영역으로 나누어 평가하는데, 평가자는 각 영역 외에 나타난 그림의 상징과 의미를 찾아 해석하려고 노력해야 한다. 다음은 해석에서 예시이다.

(1) 빗줄기의 양

비는 스트레스로, 빗줄기의 양은 스트레스의 양을 나타낸다. 빗속의 사람을 그리라고 했지만 그림 속에 비가 없다거나 빗물이 아주 적은 경우는 스트레스에 무딘 것을 나타낸다. 그러나 빗줄기의 양이 많고 굵기가 굵다면 받고 있는 스트레스의 양이 그만큼 많다는 것을 나타낸다.

(2) 비에 대한 반응

비에 대한 대응은 스트레스에 대한 대처자원을 나타낸다. 우산을 쓴다거나 처마가 달린 집에 피해 있다는 것 등 비를 맞지 않고 대응한다면 그것은 처해 있는 스트레스에 적절히 대응하고 있다는 것을 의미한다.

(3) 빗속의 사람

자신의 자화상을 나타낸다. 인물상이 크고, 인물을 가리지 않고 드러내고 있으면서 표정이 밝고 미소를 띠고 있는 경우, 인물상의 위치가 중앙에 위치하고 있는 경우에는 대처자원이 있는 것으로 생각할 수 있다.

㊄ 빗속의 사람의 표정, 행동, 위치 등으로 지금 자신의 모습을 볼 수 있다. 그사람이 느끼는 감정도 그림을 통해 짐작할 수 있다.

(4) 비, 구름, 웅덩이, 번개, 천둥의 표현은 스트레스의 다른 표현이라고 본다.

㊄ 구름이 있다는 것은 스트레스가 있다고 추정(구름을 그리지 않는 내담자의 경우 그 정도가 약하다고 짐작)하지만, 구름이 없다고 스트레스가 없는 것은 아니다. 비가 쏟아지는 정도가 심하면 그것도 스트레스가 심한 것으로 볼 수 있다.

2) 채점기준표를 활용한 객관화된 척도

PITR의 채점기준은 일반적으로 스트레스 스케일 14개 항목, 대처자원을 측정하는 항목 11개로 총 25개의 항목으로 구성된 것을 사용한다. 채점은 정도에 따라 3점 척도로 구성되어 있으며, 스트레스 영역에서 높은 점수는 스트레스가 많은 것을 의미하고, 대처자원 영역에서 높은 점수는 대처자원이 풍족하다는 것을 의미한다.

〈표 12-1〉 빗속의 사람(PITR) 척도의 내용

영역	내용
스트레스 영역 (14개 항목)	비의 양, 비의 세기, 비의 모양, 바람의 세기, 비와 사람의 접촉, 비와 구름의 접촉, 구름의 수, 구름의 면적, 번개의 수, 번개의 위력, 번개와 사람의 관계, 웅덩이의 수, 웅덩이의 면적, 웅덩이와 사람의 관계
대처자원 영역 (11개 항목)	직접 보호물의 수, 간접 보호물의 수, 전체 보호물의 수, 직접 보호물의 적절성, 간접 보호물의 적절성, 얼굴 모습, 얼굴 표정, 인물의 크기, 인물의 위치, 전체 인물의 모습, 스트로크
계	

빗속의 사람(PITR)에서 스트레스 스케일의 점수체계는 **〈표 12-2〉**와 같다.

〈표 12-2〉 빗속의 사람(PITR) 스트레스 스케일의 점수체계

S1	비의 양 : 비를 나타낸 선으로, 선의 개수를 센다. • 1점 – 없거나 적다(빗줄기를 나타내는 선이 14개 이하) • 2점 – 보통이다(빗줄기를 나타내는 선이 25개 이하) • 3점 – 많다(빗줄기를 나타내는 선이 25개 이상)
S2	비의 세기 : 비를 나타내는 선의 굵기와 길이를 본다(Template Grid 사용). • 1점 – 약하다(1in 이하) • 2점 – 보통이다(1~2in) • 3점 – 강하다(2in 이상)
S3	비의 모양 : 그림에서 비의 모양을 본다. • 1점 – 없거나 점 모양 • 2점 – 원 모양이나 타원 모양 • 3점 – 직선이나 직선과 원을 같이 그린 경우
S4	바람의 세기 : 비를 나타낸 선의 기울기 정도를 본다(각도기 사용). • 1점 – 없다(직선) • 2점 – 약하다(사선 30° 미만) • 3점 – 강하다(사선 30° 이상)
S5	비와 사람의 접촉 : 비와 사람이 닿았는지 떨어져 있는지를 본다. • 1점 – 접촉이 없다(비와 사람의 접촉이 없을 때) • 2점 – 조금 접촉(비와 사람이 조금 접촉해 있을 때 / 우산이 있지만 비를 맞는 경우, 우산 안으로 비가 들어온 경우) • 3점 – 많이 접촉(비가 인물 위에 직접 내리거나 인물과 비의 접촉이 많을 때 / 우산 없이 비를 직접적으로 맞는 경우)

S6	비와 구름의 접촉 : 비와 구름이 닿았는지 떨어져 있는지를 본다. • 1점 – 접촉이 없다(비와 구름의 접촉이 없을 때) • 2점 – 조금 접촉(비가 구름에 조금 접촉해 있을 때 / 비와 구름이 맞닿아 있는 경우) • 3점 – 많이 접촉(비와 구름의 접촉이 많을 때 / 비가 구름 안으로 완전히 접촉한 경우)
S7	구름의 수 : 구름의 수를 센다. • 1점 – 없다 • 2점 – 1~2개 • 3점 – 3개 이상
S8	구름의 면적 : 가장 큰 구름의 가로 길이를 기준으로 측정한다(Template Grid 사용). • 1점 – 좁다(구름이 없거나 1in 이하) • 2점 – 보통이다(2in 이하) • 3점 – 넓다(2in 이상)
S9	번개의 수 : 번개의 개수와 천둥·우레 소리의 표시도 번개로 계산한다. • 1점 – 없다 • 2점 – 1~2개 • 3점 – 3개 이상
S10	번개의 위력 : 번개의 세로 길이를 측정한다(Template Grid 사용). • 1점 – 없다(번개가 없거나 세로 길이가 1in 이하) • 2점 – 보통이다(번개의 세로 길이가 2in 이하) • 3점 – 강하다(번개의 세로 길이가 2in 이상)
S11	번개와 사람의 관계 : 번개와 사람의 거리를 본다(Template Grid 사용). • 1점 – 멀다(번개가 없거나 2in 이상) • 2점 – 가깝다(2in 미만) • 3점 – 직접 접촉(번개와 사람이 직접 닿았을 때)
S12	웅덩이의 수 : 웅덩이의 수를 본다. • 1점 – 없다 • 2점 – 1~2개 • 3점 – 3개 이상
S13	웅덩이의 면적 : 가장 큰 웅덩이의 가로 길이를 기준으로 측정한다(Template Grid 사용). • 1점 – 좁다(웅덩이가 없거나 1in 이하) • 2점 – 보통이다(1~2in) • 3점 – 넓다(2in 이상)
S14	웅덩이와 사람의 관계 : 웅덩이와 사람의 거리를 본다(Template Grid 사용). • 1점 – 멀다(웅덩이가 없거나 2in 이상) • 2점 – 가깝다(2in 미만) • 3점 – 직접 접촉(웅덩이와 사람이 직접 닿았을 때)

* 스트레스 총 점수 = S1~S14까지의 합계
총 스트레스 점수가 높으면 스트레스가 많은 것이고, 점수가 낮으면 스트레스가 적은 것으로 본다.

* 주의할 점 : 이 채점 시스템의 항목들은 현실성의 정도, 예술적 품질, 세련도, 완성도, 이해도 혹은 지각-움직임 유동성에 대해 점수를 매기지 말아야 한다.

빗속의 사람(PITR)에서 대처자원 스케일의 점수체계는 〈표 12-3〉과 같다.

〈표 12-3〉 빗속의 사람(PITR) 대처자원 스케일의 점수체계

항목	내용
R1	직접 보호물의 수 : 우산, 우비, 장화, 모자 등 비를 피하기 위해 입은 보호물의 수를 센다. • 1점 – 없다 • 2점 – 1개 • 3점 – 2개 이상
R2	간접 호보물의 수 : 집, 나무, 가방, 자동차 등 1번을 제외한 비를 가릴 수 있는 다른 보호물의 수를 센다. • 1점 – 없다 • 2점 – 1개 • 3점 – 2개 이상
R3	전체 보호물의 수 : 직접 보호물과 간접 보호물의 수를 합한다. • 1점 – 없다 • 2점 – 1~2개 • 3점 – 3개 이상
R4	직접 보호물의 적절성 : 직접 보호물이 비로부터 사람을 잘 보호할 수 있는지 본다. • 1점 – 없다(직접 보호물이 없거나 직접적으로 영향을 주지 않는다.) • 2점 – 부족하다(직접 보호물은 있으나 비를 맞는다.) • 3점 – 충분하다(사람이 비를 맞지 않는다.)
R5	간접 보호물의 적절성 : 비를 피할 수 있는 다른 보호물이 적절한지 본다. • 1점 – 없다(간접 보호물이 없거나 직접적으로 영향을 주지 않는다.) • 2점 – 부족하다(간접 보호물은 있으나 비를 맞는다.) • 3점 – 충분하다(사람이 비를 맞지 않는다.)
R6	얼굴 모습 : 얼굴의 방향이나 가려진 정도를 본다. • 1점 – 모두 가려짐(뒷모습이거나 얼굴 전체가 가려져 있다.) • 2점 – 부분만 보임(옆모습이거나 얼굴의 일부가 가려져 있다.) • 3점 – 전체가 보임(정면으로 얼굴이 다 보인다.)
R7	얼굴 표정 : 눈과 입, 기분을 중심으로 얼굴 전체 표정을 본다. • 1점 – 기분이 좋지 않다(울거나 화난 모습) • 2점 – 그저 그렇다(무표정, 일자로 된 입의 모습) • 3점 – 기분이 좋다(웃는 모습)
R8	인물의 크기 : 전체 종이에 인물이 차지하는 크기를 본다(Template Grid 사용). • 1점 – 아주 작다(인물 크기가 2in 미만) • 2점 – 보통이다(인물 크기가 6in 미만) • 3점 – 아주 크다(인물 크기가 6in 이상)
R9	인물의 위치 : 전체 종이에 인물이 있는 위치를 본다(Template Box 사용). • 1점 – 가장자리(인물이 채점 상자를 벗어나 있거나 용지의 가장자리에 있다.)

	• 2점 – 중심에서 벗어남(인물이 채점 상자에 한 방향으로 걸쳐 있다.) • 3점 – 중심[채점상자(가로 : 붉은 상자, 세로 : 초록 상자)] 안에 있다.
R10	전체 인물의 모습 : 인물의 머리부터 발끝까지 그렸는지를 본다. • 1점 – 상반신까지(허리 아랫부분을 그리지 않은 경우) • 2점 – 하반신까지(발목과 다리를 그리지 않은 경우) • 3점 – 전체가 있다(몸 전체가 있는 경우)
R11	스트로크(stroke) : 선의 질감을 본다. • 1점 – 불균형(떨림이나 끊어진 선) • 2점 – 부분적 불균형(부분적으로 떨림이나 끊어진 선) • 3점 – 전체적 균형(연속적으로 부드러운 선)

* 대처자원의 총 점수가 높으면 스트레스를 처리할 자원이 많은 것이고, 점수가 낮으면 스트레스를 처리할 자원이 적다는 것이다.

* 대처능력은 총 대처자원 점수에서 총 스트레스 점수를 뺀 것으로, 점수가 양수(+)이면 스트레스를 처리하고도 양수만큼 자원이 확보되어 있는 상태이고, 음수(−)로 산출되면 음수만큼 스트레스가 쌓이는 것으로 해석된다.

3) PITR 그림검사 채점기준 표

(1) 스트레스 스케일

번호	항목	채점기준			점수
		①	②	③	
1	비의 양 (비를 나타낸 선)	없거나 적다 (14개 이하)	보통이다 (25개 이하)	많다 (25개 이상)	
2	비의 세기 (선의 굵기와 길이)	약하다 (1in 이하)	보통이다 (1~2in)	강하다 (2in 이상)	
3	비의 모양	없거나 점	원, 타원	직선, 직선과 원	
4	바람의 세기 (비의 기울기 정도)	없다 (직선)	약하다 (사선 30° 미만)	강하다 (사선 30° 이상)	
5	비와 사람의 접촉	접촉이 없다	조금 접촉	많이 접촉	
6	비와 구름의 접촉	접촉이 없다	조금 접촉	많이 접촉	
7	구름의 수	없다	1~2개	3개 이상	
8	구름의 면적 (구름의 가로 길이)	좁다 (구름이 없거나 1in 이하)	보통이다 (2in 이하)	넓다 (2in 이상)	
9	번개의 수	없다	1~2개	3개 이상	

10	번개의 위력 (번개의 세로 길이)	없다 (번개가 없거나 1in 이하)	보통이다 (2in 이하)	강하다 (2in 이상)	
11	번개와 사람의 관계 (거리)	멀다 (번개가 없거나 2in 이상)	가깝다 (2in 미만)	직접 접촉	
12	웅덩이 수	없다	1~2개	3개 이상	
13	웅덩이의 면적 (웅덩이의 가로 길이)	좁다 (웅덩이가 없거나 1in 이하)	보통이다 (1~2in)	넓다 (2in 이상)	
14	웅덩이와 사람의 관계 (거리)	멀다 (웅덩이가 없거나 2in 이상)	가깝다 (2in 미만)	직접 접촉	
❶ 총 스트레스 점수					

(2) 대처자원 스케일

번호	항목	채점기준			점수
		①	②	③	
1	직접 보호물의 수 (우산, 우비, 장화, 모자 등 비를 피하기 위해 입은 보호물)	없다	1개	2개 이상	
2	간접 보호물의 수 (집, 나무, 가방, 자동차 등 1번을 제외한 비를 가릴 수 있는 다른 보호물)	없다	1개	2개 이상	
3	전체 보호물의 수	없다	1~2개	3개 이상	
4	직접 보호물의 적절성 (사람을 잘 보호할 수 있는 보호물)	없다 (직접 보호물이 없다)	부족하다 (직접 보호물이 있으나 비를 맞는다)	충분하다 (사람이 비를 맞지 않는다)	
5	간접 보호물의 적절성 (비를 피할 수 있는 다른 보호물)	없다 (간접 보호물이 없다)	부족하다 (간접 보호물이 있으나 비를 맞는다)	충분하다 (비를 맞지 않는다)	

6	얼굴 모습 (얼굴의 가려진 정도)	모두 가려짐 (뒷모습, 얼굴 전체가 안 보임)	부분만 보임 (옆모습, 얼굴 일부가 안 보임)	전체가 보임 (정면으로 다 보임)	
7	얼굴 표정 (얼굴 전체의 표정)	기분이 좋지 않다(울거나 화난 모습)	그저 그렇다 (무표정, 일자로 된 입의 모습)	기분이 좋다 (웃는 모습)	
8	인물의 크기	아주 작다 (2in 미만)	보통이다 (6in 미만)	아주 크다 (6in 이상)	
9	인물의 위치	가장자리	중심에서 벗어남	중심	
10	전체 인물의 모습	상반신까지 (허리 아랫부분을 그리지 않음)	하반신까지 (발목, 다리를 그리지 않음)	전체가 있다 (몸 전체를 다 그렸음)	
11	스트로크(stroke) (선의 질감)	불균형 (떨림이나 끊어진 선)	부분 불균형 (부분적으로 떨림이나 끊어진 선)	전체적 균형 (연속적으로 부드러운 선)	
❷ 총 자원점수					

4) 빗속의 사람(PITR) 그림검사 채점도구

다음 채점도구를 원래 크기로 만들어 투명필름에 출력해 채점 시 사용한다.

(1) Template Grid(채점 칸)

- 채점판은 한 칸이 1inch(2.54cm)인 8×11칸으로 구성됨(예시: 실제크기와 다름)

(2) Template Box(채점 상자)

- 그림을 가로로 그렸을 때는 회색 상자를, 세로로 그렸을 때는 초록색 상자를 사용함(예시: 실제크기와 다름)

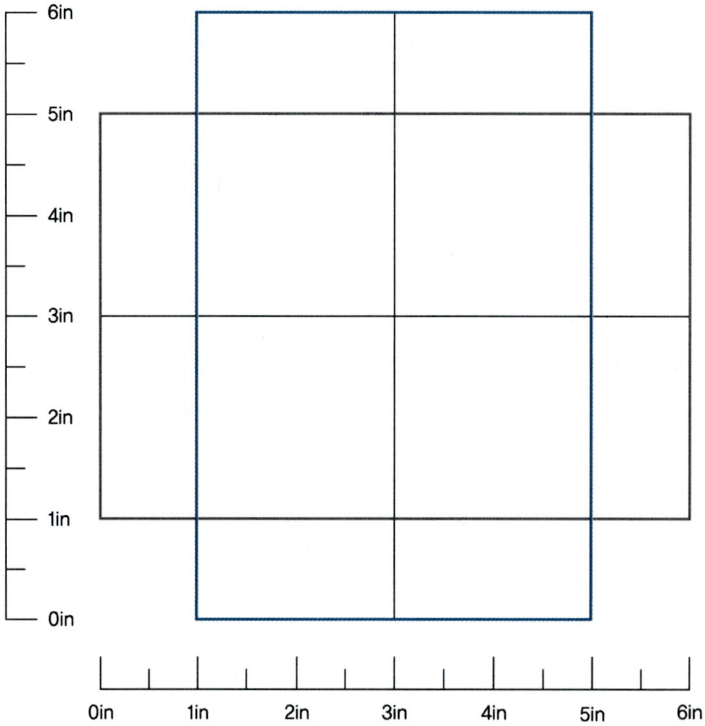

5) 상담과정으로의 적용

- 빗속의 사람은 스트레스를 측정하는 기법으로서, 그림을 보면서 현재의 그림이 나타나게 된 배경, 즉 현재 겪고 있는 스트레스에 대해 이야기를 나눔
- 자신이 활용할 수 있는 대처자원은 어떤 것이 있는가? 이 방법이 자신의 문제를 해결하고 해소하는 데 얼마나 도움이 되는지, 이 자원 이외에 개발해야 할 자원은 어떤 것이 있는지 찾아보도록 하는 것이 좋음
- 대처자원을 일상생활에서 직접 활용할 수 있도록 함

5. 사례

사례 1 학업 스트레스를 겪고 있는 여대생

[그림 12-1] PITR의 사례(20세 여자)

[그림 12-1]은 학업 스트레스로 인해 어려움을 겪고 있는 대학생의 그림이다. 화면에서 비가 차지하는 비중이 매우 높고, 하단 부위에는 물이 넘치는 상황이라고 설명하고 있다. 강한 필압의 번개가 나타나지만, 위협적인 상황에 대처물이 등장하지 않고 온전히 비를 맞는 것으로 표현하고 있다. 상당한 스트레스를 받고 있는 것을 알 수 있고, 대처물이 나타나지 않는 것은 심리적 취약상태를 반영하고 있다.

사례 2 부모의 이혼으로 양육시설에 있는 초등학생

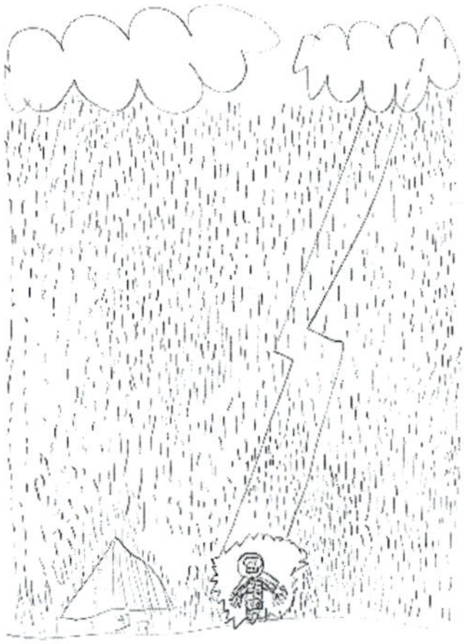

대상	아동(12세 남아)
표현의 특징 및 해석	부모의 이혼으로 양육시설에 입소된 12세의 남아이다. 비, 구름, 사람, 번개, 집을 순서대로 그렸고, "번개를 맞고 있으며 짜릿하다."고 표현했다. 화면 상단에 구름이 덮고 있고, 짧은 선으로 화면에 가득 찬 비의 양이 나타나고, 사람을 향해 치고 있는 번개 등 전반적으로 현실에서 스트레스를 강하게 받고 있으며, 내담자의 대처자원이 부족한 문제를 가지고 있는 그림이다.

스트레스 점수	34
대처자원 점수	22
대처능력 점수	−12

Chapter

13

풍경구성법(LMT)

1. 풍경구성법(LMT)의 개요

풍경구성법(LMT : Landscape Montage Technique)은 미술치료 혹은 그림검사법의 하나로, 1969년에 나카이 히사오(中井久夫) 교수에 의해 창안되었다. 풍경구성법은 원래 정신분열증 환자를 주 대상으로 하여 모래상자 요법의 적용 가능성을 결정하는 예비검사로 고안되었다. 그러나 독자적인 가치가 인정되고 이론적으로 분석되어 치료적으로도 많이 활용되고 있다. 풍경구성법은 일본에서 널리 이용되고 있으며, 1977년 제10회 독일어권 표현병리, 표현요법학회에 발표된 후 독일, 미국 및 인도네시아에서도 널리 시행되고 있고, 진단도구로서뿐만 아니라 치료 과정 속에 활용되어 많은 효과를 인정받고 있다.

나카이 히사오에 의한 풍경구성법은 로샤검사(Rorschach test)와 같이 앞에 있는 패턴을 읽고 선택·해석하는 투영적 표상과 대조적인 접근방법으로서, 4면이 테두리로 그어져 있는 구조화된 공간에 통합적 지향성을 지닌 하나의 전체를 구성하는 구성적 표상을 기초로 한 방법으로 풍경구성법의 원류는 미술치료이다. 미술치료는 1960년대 미국, 프랑스 등에서 실시되었고, 환자의 그림 정신분석적으로 해석하여 치료에 결부시키는 시도에서 임상적·치료적 관점으로 활용하려는 변화를 보였다.

풍경구성 기법에서 중요시하고 있는 것은 그림이 치료사와 내담자 사이에 기능하는 제삼자이다. 즉, 그림은 내담자에게 의해 그려진 것이 아니라 내담자와 치료자와의 관계에 의해 그려진 것이라고 생각하는 관점이다. 단적으로 그림은 내담자가 그린 것이 아니라 '관계'가 그려낸 것이다. 풍경구성법은 항상 기본부터 시작하는 것을 중요시한다.

2. 풍경구성법(LMT)의 목표

내담자의 의식과 무의식을 탐색하고, 치료 가능성을 평가한다.

3. 풍경구성법(LMT)의 실시방법

1) 준비물

A4용지나 8절 도화지, 검정 사인펜, 크레파스 및 색연필

2) 실시과정

① 검사자가 검정 사인펜으로 용지에 테두리를 그려 내담자에게 제시한다.

- **사인펜 사용 이유** : 채색에 의해 볼 수 없게 된 소묘선의 이면을 인식할 수 있으며, 지우개를 사용할 수 없기 때문이다. 지우개를 사용할 수 없다는 것은 그리는 사람에게는 심적 부담이 되지만, 풍경구성 기법이 가지는 '구성'의 특성을 보호하기 위한 것이다.

② 지시사항에 따라 그림을 그리게 한다.
"지금부터 풍경화를 그릴 거예요. 잘 그리거나 못 그리는 것은 중요하지 않습니다. 불러주는 순서대로 그려주세요. 10개의 항목으로 풍경화가 되도록 해주세요."

③ 내담자에게 10개의 항목[강, 산, 논(밭), 길, 집, 나무, 사람, 꽃, 동물, 돌]을 차례대로 불러주고 내담자는 검정색 펜으로 순서대로 풍경화를 그린다. 그림을 그릴 때 10가지를 미리 제시하지 말고 하나씩 불러주도록 한다.

④ 그린 후 "그 외 추가로 더 그리고 싶은 것이 있으면 그려 넣으세요."라고

말한다.

⑤ 그림을 다 그린 후 원하면 색칠하도록 한다. 색칠은 반드시 해야 하는 것은 아니며 원할 경우 색칠하게 한다.

⑥ 작품이 완성된 후 상담자와 내담자는 그림을 보면서 이야기를 나눈다.

- 풍경의 계절은?
- 날씨는 어떠한가?
- 몇 시 정도의 풍경인가?
- 강, 바다의 흐름은 어디에서 어디로 흘러가는가?
- 강의 깊이는 어떠한가?
- 산 저편에는 무엇이 있는가?
- 사람은 무엇을 하고 있는가?
- 자유롭게 그려 넣은 것은 무엇인가?
- 그림에 대한 느낌은 어떠한가?

그림에서는 풍경 전체의 느낌이 중요하며, 치료사는 작품을 비판하고 상징성을 보는 것이 아니라 내담자와의 교류가 중요하다. 그리고 그림은 내면의 상황을 그대로 투영하거나 갈망하는 것을 시사하고 있으므로 앞으로의 변화와 가능성을 볼 수 있어야 한다.

4. 풍경구성법(LMT)의 해석방법

1) 요소의 상징과 의미

(1) 강

강은 무의식의 흐름에 비유할 수 있다. 무의식에 지배되어 있는 상태의 환자는 물이 세차게 흐르는 큰 강, 물이 넘쳐흐르는 그림을 그리는 경우가 많다. 강박경향이 심한 사람이나 무의식에 대해 자아경계가 약한 사람은 강가를 돌로 쌓거나 콘크리트로 방파제를 만든 그림을 그린다. 분열증 발병기에 있는 자, 신경증 환자는 강을 지나치게 크게 그리거나 물의 양이 많은 강을 그리는 경우도 있다.

- **왼쪽으로 흐르는 강** : 의식의 세계
- **오른쪽으로 흐르는 강** : 무의식의 세계
- **강을 크게 그리면** : 분열증, 무의식 세계에 지배, 스트레스가 많음
- **방파제를 그리면** : 현재 평온 분위기를 조성 중
- **강의 폭이 넓거나 길으면** : 현재의 상황을 운명으로 받아들이고 있음
- **강이 좁거나 구불거리면** : 고비가 많았고 힘든 상황에 부딪혀 있고 힘들어함
- **강물이 많다** : 우울감이 높음을 시사

(2) 산

산은 그리는 사람의 주어진 상황과 앞으로의 전망을 나타내는 경우가 있으며, 극복해야 할 문제의 수를 시사하는 경우도 있다. 눈앞에 우뚝 서 있거나 앞길을 막고 있는 경우는 어려움이나 장애 등이 가로놓여 있는 것을 의미하는 경우도 있다.

- **산이 2개 이상 있으면** : 어머니에 대한 의존성
- **산이 눈앞에 있으면** : 앞길을 막은 장애의 의미

- **산이 강 아래 있으면** : 현실에 문제가 있음

(3) 밭 또는 논

논에 모를 심고 있을 때, 벼가 푸르고 번성할 때, 벼이삭이 돋은 것, 벼를 수확한 후의 한가한 논의 모습을 그린 경우에는 그린 사람의 마음이 지향하고 있을 때를 암시하며, 때로는 발병의 시기, 즐거웠던 시절을 회상하며, 미래를 암시하는 경우도 있다.

예를 들면 곡식이 푸르게 익은 논을 그렸을 경우 풍족한 미래, 성공하는 미래, 잘 뻗어나가는 미래를 지향하고 있다는 것을 짐작케 한다.

밭에서 일하는 사람의 모습이나 논 혹은 밭을 갈고, 정리하고, 손질하는 모습에서 학생의 경우에는 면학과의 관계를 나타낸다.

반대로 벼이삭을 한 알씩 세심하게 그려 넣거나, 쌀을 한 알씩 한 알씩 바닥에 떨어뜨려놓은 것은 강박경향뿐만 아니라 식물 차원의 존재에 관심을 가지는 세심한 심성의 일면도 볼 수 있다. 밭에서 일하는 사람을 그리는 경우는 일반적으로 좋게 평가되나 등교거부아, 비행청소년에게서 많이 볼 수 있다.

- **논·밭** : 재산을 의미함
- **논** : 근면성, 즐거웠던 때 또는 발명의 시기
- **벼이삭을 그림** : 할 일이 많은 사람
- **논밭을 갈고 정리정돈하거나 손질하는 모습** : 학생들의 면학 과제와 의무를 나타냄(태만의 보상, 비행)

(4) 길

길은 의식적인 영역이며, 방향을 암시하고, 인생의 길로서 명확하게 의식되는 것을 표현하는 경우가 있다. 길이 강 위의 다리와 연결되어 있으면 안심할 수 있다. 그러나 일반적으로 여성의 경우에 길이 강으로 차단되어 그대로 끝나 있는 경우가 1/4이나 된다.

남성에게 있어서 결혼이란 다른 세계로 향한다는 정도로 큰 변화는 없으나, 여성의 경우 강을 건넌다는 의미는 강을 건너 다른 세계로 간다는 것, 즉 결혼을 의미한다고 한다.

(5) 집

집 그림은 내담자가 성장해온 가정상황을 나타내며, 자신의 가정 상황과 가족관계를 어떻게 인지하여 어떠한 감정을 가지며, 어떠한 태도를 가지고 있는지를 보여주는 경우가 많다. 따라서 집은 피검사자가 현재의 가정을 어떻게 바라보고 있는가 하는 것 외에 바라는 이상적인 장래의 가정이나 과거의 가정을 나타낸다.

또한 마을을 이룬 것은 그림을 전체적으로 평가함과 아울러 필수 부분을 어떻게 그리고 있는가에 먼저 주의해야 한다.

- **연기** : 나를 힘들게 하는 것 또는 따뜻한 가정 요구
- **집 가운데 사람이 있으면** : 가정에 희망이 있음
- **전등** : 가정애, 사랑
- **울타리** : 방어
- **집 주변의 나무** : 부모, 형제 상징
- **집이 수평일 때** : 안정적 욕구

(6) 나무

나무 그림은 내담자의 기본적인 자기상을 나타내며, 피검사자가 자기 자신의 모습으로 무의식적으로 느끼고 있는 것을 나타낸다. 또한 피검사자가 자신의 마음의 평형상태에 대해 어떻게 느끼고 있는가를 나타내며, 피검사자의 정신 성숙도의 정도를 표시하고 있다.

나무 그림도 단순히 자기상을 상징하는 것만은 아니고, 나무가 특정의 인물을 상징하며 그 사람에 대해 가지고 있는 감정과 욕구를 나타내는 경우도 많다.

(7) 사람

인물화는 내담자에게 경계심을 품게 하고 자기를 방어하려는 생각을 높이기 때문에 의식적 때로는 무의식적으로 자기의 모습을 왜곡시켜 나타내며, 자기 이외의 인간의 모습을 그리는 경우도 많다.

인물화는 자기의 현실상이나 이상상을 나타내며, 자기에게 의미 있는 사람 혹은 인간 일반을 어떻게 인지하고 있는가를 나타낸다.

(8) 꽃

꽃은 아름다움과 사랑을 상징한다. 또 개화에서 결실에 이르는 최초의 단계이기 때문에 성장 발달의 상징이기도 하다. 일반적으로 여성스러움을 의미하거나 강조하는 경우에 그리는 일이 많다. 그러나 높은 산봉우리의 꽃, 장례식용 꽃, 길가에 피어 있는 새빨간 꽃은 자신의 영혼에 공감하는 꽃이며, 양친의 죽음을 애도하는 그림에서 많이 나타난다. 꽃에 색칠을 하지 않은 경우는 감정이 실감나지 않는다는 하나의 표현으로, 주로 정신분열증 환자에게 많이 나타난다.

(9) 동물

동물 그 자체가 상징성을 나타낸다. 집, 나무, 사람, 산, 강, 길을 전부 안쪽 밑에 아주 작게 그리고 동물을 크게 그리는 환자의 경우(동물의 크기를 인간의 크기와 비교하여) 작아져 있는 현실을 보상하고 있다고 생각할 수 있다. 이 사람은 내면에 큰 에너지를 지니고 있으므로 앞으로 그것을 어떻게 이끌어낼 것인가 하는 것이 치료목표가 될 수 있다.

분열증 환자나 대인공포증 환자는 토끼를 그리는 경우가 있으며, 싸워서 상처를 입은 고슴도치, 매, 사자 등을 많이 표현하기도 한다. 등교거부 아동은 소나 말을 그리는 경향이 있고, 학교 내 폭력 소년은 고양이에게 몰려 있는 듯한 쥐 모습을 그린다.

다음은 동물이 등장하는 사례 예시이다.

- **자주 다투는 사람** : 고슴도치, 매, 사자 표현
- **등교거부** : 소, 말
- **비행** : 고양이와 쥐
- **큰 동물** : 에너지가 큼

(10) 돌

돌의 속성은 단단함, 냉정, 불변성이다. 돌은 일반적으로 눈에 띄지 않고, 무수히 많은 것으로 존재를 알아차리기 어려운 경우가 많다. 그러나 큰 돌이나 큰 바위가 전방을 가로막고 있으면 장애가 되고 짐이 되며 어려움을 나타낸다.

- **속성** : 냉정, 불멸(바위나 돌의 위치가 어디에 있느냐에 따라 다름)
- **적절하면 정상, 크면 강박관념** : 장애, 짐
- 집에 바위나 돌로 막아놓으면 가정에 현재 어려움이 있음

2) 상징

① **계절** : 자신의 내면 성향을 나타낸다.

- 봄 - 화사함, 포근함
- 여름 - 활기참
- 가을 - 과실과 풍성함, 잎 떨어짐, 쓸쓸함
- 겨울 - 차가움, 냉정함

② **날씨** : 심리상태를 의미한다.

③ **행위** : 에너지 수준을 뜻한다. 돌의 경우 사람과 연결시켜 쉬고 있거나 앉아 있는 경우 에너지 충전이 필요한 상태이며, 반면 뛰어다니거나 서 있는 경우는 에너지가 충족되어 있다는 것이다.

④ **물고기** : 어머니

⑤ **태양** : 유아의 태양은 인정

⑥ **구름** : 불안

⑦ **과일** : 욕구, 추구하는 욕구

⑧ **배**(선박) : 안식처, 탈피하고자 함

⑨ **강이 거꾸로 흐르는 경우** : 혼란스러움

⑩ **해** : 아버지

⑪ **비** : 우울증, 비관적

⑫ **자동차** : 재물

⑬ **강아지** : 애정

⑭ **새** : 불만족, 자유롭지 못함, 도약을 할 수 없음

⑮ **바다** : 추진, 억울함

⑯ **노을** : 근심, 걱정

⑰ **그네** : 완전 격리

⑱ **연, 풍선** : 도피, 벗어나고 싶음

⑲ **물, 조리대, 세면기 등 물에 관한 그림** : 억울한 감정이 생길 때

⑳ **가구나 장롱** : 물질 욕심

㉑ **악기**(장구, 북, 드럼) : 공격성, 분노나 화가 많을 때

㉒ **음식도구, 싱크대** : 애정 갈구

㉓ **별, 달** : 부족, 박탈감(고아)

㉔ **누워 있는 그림, 공원** : 휴식

3) 분석방법

전체적 분석(통합성, 완성도, 공간이용도, 풍경구성법 주제에서 제외된 항목, 풍경구성법 주제에 추가된 항목, 풍경구성법에 글자나 숫자를 추가한 경우), 주제별 분석[강, 산, 논(밭), 길, 나무, 사람, 꽃, 동물, 돌], 색채분석(색 사용 수, 색채 사용의 현실감)

〈표 13-1〉 풍경구성 요소의 상징과 의미

아이템	상징과 의미 요약
강	무의식, 큰 강(분열증, 신경증 증세)
산	주어진 상황, 전망, 장애, 우뚝 선 산은 과제의 수와 양
밭(논)	수확기, 성장기에 따른 해석, 발병 시기, 회상, 미래 암시, 면학, 기호식 표현(인물화의 막대기 표현), 벼 이삭의 세심한 표현(강박경향), 일하는 모습(긍정적), 태만의 보상(비행)
아이템	상징과 의미 요약
길	의식, 방향 암시(인생), 다리와 연결, 여성(다리 : 결혼)
집, 나무, 사람	그림검사 기준과 동일
꽃	아름다움, 자신의 영혼(산봉우리, 장례식, 길가의 빨간 꽃), 채색하지 않은 꽃(분열증)
동물	동물 자체의 상징의미, 큰 동물(에너지가 크다), 분열증, 대인공포증(토끼, 매, 사자, 고슴도치)
돌	냉정, 불변성, 큰 돌과 바위(장애, 짐), 단단함, 냉정, 불변성

〈표 13-2〉 풍경구성법 채점지표(아키라 가이토, 2006)의 해석기준

요소	채점지표
전체	용지 방향, 테두리 이탈, 통합성(전체성), 면적, 채색의 적절성, 요소 채색의 적절성, 채색의 안정성, 형태(사실성), 소묘선의 질, 색의 수
강	생략, 수평위치, 수직위치, 구조, 흐름의 형태, 채색 정도, 채색의 현실감, 혼색, 원근법, 길과의 연결, 길과의 공유, 끊어짐, 물결 표시, 강의 생물, 다리, 차안, 갈래, 면적, 수
산	생략, 수평위치, 수직위치, 채색 정도, 혼색, 길과의 연결, 면적, 산봉우리 수
밭	생략, 수평위치, 수직위치, 채색 정도, 혼색, 원근법, 경계선, 논두렁, 작물, 작물 외 요소
길	생략, 수평위치, 수직위치, 채색 정도, 채색의 현실감, 혼색, 선 종류, 원근법, 다른 요소와의 연결, 길 위의 다른 요소, 끊어짐, 갈래의 수, 길의 수, 면적
집	생략, 인접요소, 수평위치, 수직위치, 사람과 크기 비교, 채색 정도, 종류, 표현, 출입구, 창문, 굴뚝, 집의 수
나무	생략, 수평위치, 수직위치, 수관 형태, 채색 정도, 혼색, 뿌리, 잎사귀(수관), 열매, 옹이, 나열식 나무, 채색의 현실감, 나무 수, 색 사용 수, 가지의 수
사람	생략, 형태, 표현, 움직임, 얼굴 표정, 색 사용 수, 사람 수, 면적
꽃	생략, 채색 정도, 형태, 색 사용 수, 면적

동물	생략, 채색 정도, 표현, 동물과 사람의 크기 비교, 종류, 동물 수
돌(바위)	생략, 채색 정도, 용도(징검다리, 경계선, 울타리, 제방), 표현수준, 혼색, 돌의 수
부가요소	해, 달, 구름, 동물, 다리, 자동차

〈표 13-3〉 풍경구성법 전체 지표와 채점기준(아키라 가이토, 2006)의 해석기준

통합성	1	전체적 통합과 조화	채색의 안정성	1	안정
	2	7~9개 통합		2	보통
	3	4~6개 이하		3	불안정
면적	1	90% 이상 사용	형태	1	전체
	2	70~90% 사용		2	7~9요소
	3	70% 미만 사용		3	6요소 이하
채색의 적절성	1	요소+배경	소묘선의 질	1	안정
	2	요소		2	보통
	3	채색하지 않음		3	불안정
요소 색의 적절성	1	10요소	색의 수	1	14색 이상
	2	7~9요소		2	10~13색
	3	6요소 이하		3	0~9색

5. 사례

사례 1 성인 지적장애와 만성 조현병을 겪고 있는 중년여성

[그림 13-1] LMT의 사례(53세 여자)

[그림 13-1]의 내담자는 시설에서 생활하는 만성 조현병 환자의 그림이다. 모든 풍경 항목을 구성하지 않고 용지 밑에서부터 위쪽으로 그냥 나열하는 형식으로 표현하여 구성이 포기된 상태이다. 이러한 표현은 조현병 환자나 지적 수준이 낮은 내담자에게서 볼 수 있는 표현이다.

사례 1 입양되어 온 지적장애 아동

[그림 13-2] LMT의 사례(12세 남아)

[그림 13-2]의 내담자는 아버지, 어머니, 대학교 1학년인 큰누나, 고등학교 1학년인 작은누나, 그리고 본인으로 이루어진 5인 가족이며, 입양아로 1년 전에 한국에 정착했다. 다섯 살 때 선교활동을 하던 부모님에 의해 보육시설에서 입양되었고, 자신 역시 입양되었다는 사실을 알고 있다. 부모님이 선교활동을 위해 여러 나라를 다니다 보니 나이에 비해 읽고 쓰는 학습능력이 떨어지며, 자신의 외모(속눈썹이 긴 것)에 대해 부정적이며, 외롭다는 소리를 자주 한다. 여름의 오전 풍경으로 아빠와 둘이서 산을 오르고 있고, 집은 강아지가 지키고 있다고 한다. 해, 별, 달, 구름을 추가했는데, 이는 적적하고 외로운 감정을 나타내며, 낮은 지적능력을 시사한다.

Chapter

14

사과 따는 사람 그림검사(PPAT)

1. 사과 따는 사람 그림검사(PPAT)의 개요
2. 사과 따는 사람 그림검사(PPAT)의 목표
3. 사과 따는 사람 그림검사(PPAT)의 실시방법
4. 사과 따는 사람 그림검사(PPAT)의 해석방법
5. 사례

1. 사과 따는 사람 그림검사(PPAT)의 개요

사과 따는 사람 그림검사(PPAT : Person Picking an Apple from a Tree)는 Gantt와 Tabone(1998)에 의해 개발된 그림검사이다. 그림에서 보이는 특정한 유형만으로 다른 정보 없이 진단적 범주를 구분할 수 있을 것이라는 가정하에 정신분열증환자, 양극성장애, 주요 우울증 환자, 정신지체아를 대상으로 1986년 그림을 모으기 시작했고, 1987년 재료와 지시어를 표준화시켰다.

초기의 개발 목적은 임상가와 연구자들에게 표준화된 그림과 그것을 연구할 과학적인 평가도구를 제공하기 위한 것이기 때문에 평가의 척도가 구체적이고 세분화되어 있다.

일반적으로 상담이나 임상현장에서 PPAT는 나무와 사람으로 표현되는 자기상과 사과 따는 상황의 그림 표현을 통해 내검자의 우울수준이나 정서는 물론 문제해결, 목적의 성취방법을 볼 수 있는 유용한 검사도구로 활용되고 있다.

PPAT는 자아를 상징하는 인물과 나무라는 요소 외에 사과를 따는 특정한 목적을 가진 행위와 색채·환경이라는 요소를 추가하여 그림을 구성하게 한다. HTP 등 기존의 그림검사들이 연필만 사용한 단색의 검사라면, PPAT는 12색의 마커(빨강, 주황, 노랑, 초록, 진한초록, 청록, 파랑, 보라, 갈색, 고동, 분홍, 검정)를 사용하게 함으로써 색채로 표현되는 개인의 성향, 기질, 정서적인 면까지 투사하여 의미를 찾으려는 특징을 가지고 있다. 또한 색채 사용에 있어 마커의 사용을 제시한 것은 마커를 사용하면 다시 수정이 어렵기 때문에 내담자의 다양한 정서와 특징(통제에 대한 욕구, 조심성과 억제적 경향) 등을 확인할 수 있기 때문이다.

PPAT의 장점은 비교적 많은 문화권에서 친숙한 주제로서, 다양한 문화나 연령층의 사람들에게 적용이 가능하다.

CHAPTER 14

2. 사과 따는 사람 그림검사(PPAT)의 목표

PPAT는 나무와 사람으로 표현되는 자기상과 사과 따는 상황의 그림 표현을 통해 우울수준이나 우울정서는 물론 문제해결, 목적의 성취방법 등을 알아본다.

* 우울감, 자기효능감의 척도와 같이 사용할 수 있다.

3. 사과 따는 사람 그림검사(PPAT)의 실시방법

1) 준비물

A4용지 또는 8절 흰색 도화지, 12색 마커(빨강, 주황, 노랑, 초록, 진한 초록, 청록, 파랑, 보라, 갈색, 고동, 분홍, 검정)

* 시중에 판매하는 12색 마커 사용.

2) 실시과정

① 검사자는 내담자에게 8절 흰색 도화지를 건네준다. 이때 종이의 가로와 세로의 사용에 영향을 주지 않기 위해 종이를 비스듬하게 제시한다.

② 지시문은 다음과 같다.
"사과나무에서 사과를 따는 사람의 그림을 그려주세요."라고 지시한다. 질문에 대해서는 "자유롭게 그리세요. 마음대로 표현하고 싶은 것을 그리면 됩니다."라고 말한다.

4. 사과 따는 사람 그림검사(PPAT)의 해석방법

Gantt와 Tabone은 PPAT를 평가하는 기준으로 형식척도(FEATS : Formal Elements Art Therapy Scale)와 내용척도를 만들어 기준을 제시했다.

각 척도의 구체적인 내용은 다음과 같다.

1) 형식척도

PPAT의 형식척도인 FEATS(Formal Elements Art Therapy Scale)는 임상에서 진단을 하고 치료의 효과성을 평가할 수 있도록 만든 것으로, 그림의 형식적인 면을 측정하도록 되어 있다. 14개의 문항으로 되어 있으며, 0~5점으로 이루어진 6점 척도로 구성되어 있다.

〈표 14-1〉 PPAT의 형식척도(Gantt & Tabone, 1998)

번호	문항	내용
1	색칠 정도	그림에 어느 정도 색칠을 했는가?
2	색의 적절성	그림에 사용된 색이 대상을 묘사하는 데 적절한지 여부 평가
3	내적 에너지	그림을 그리는 데 사용된 에너지의 양
4	공간	그림이 차지하는 공간의 양
5	통합	사람, 나무, 사과의 3가지 기본적인 요소의 통합 여부
6	논리성	제시된 과제의 구성이 논리적인지 여부
7	사실성	각 항목이 사실적으로 그려진 정도 평가
8	문제해결력	사과를 얻기 위해 어떠한 노력을 하는지를 측정
9	발달단계	발달단계에 맞는 그림이 그려졌는지에 대한 평가
10	세부묘사와 주변 환경	묘사의 충실성, 주변 환경과 대상과의 조화
11	선의 질	얼마나 선을 통제하는지를 평가
12	사람	인물화에 평가에 기초함
13	기울기	기질적 정신장애와 관련한 변수를 찾기 위해 고안
14	의미 없이 반복되는 선	선이나 형태가 의미 없이 그려졌는지를 평가

문항별 구체적인 평가내용은 다음과 같다.

(1) 색칠 정도

전체 그림에서 얼마나 많은 색을 사용했는가를 보고 평가한다.

평가기준(criteria)	점수(rating)
그림을 전혀 그리지 않음	0
형태의 테두리에만 색을 사용	1
한 가지에 색칠이 되어 있음	2
두 개 이상의 항목에 색칠이 되어 있음	3
모든 대상에 색칠이 되어 있음	4
공간까지도 색칠이 되어 있음	5

(2) 색의 적절성

그림에 사용된 색이 대상을 나타내는 데 적절한 색인지의 여부를 평가하는 것으로, 예를 들면 사과는 빨강, 노랑, 연두, 녹색 등으로 색을 표현한다.

평가기준(criteria)	점수(rating)
그림을 전혀 그리지 않음	0
한 가지 색 사용 : 파랑, 보라, 주황, 노랑, 분홍	1
한 가지 색 사용 : 빨강, 연두, 초록, 갈색, 고동, 검정	2
몇 가지 색이 적합하게 사용됨	3
대부분 색이 적합하게 사용됨	4
모든 색이 적합하게 사용됨	5

(3) 내적 에너지

내담자가 그림을 그리는 데 사용된 에너지의 양을 말한다. 검사자는 색칠의 정도, 선의 질, 공간의 사용 등을 통합적으로 분석하는 능력이 필요하다.

평가기준(criteria)	점수(rating)
그림을 전혀 그리지 않음	0
최소한의 에너지	1
적은 에너지	2
보통 에너지	3
상당한 에너지	4
과도한 에너지	5

(4) 공간

그림을 그릴 때 사용한 공간의 양을 평가한다.

평가기준(criteria)	점수(rating)
그림을 전혀 그리지 않음	0
25% 미만의 공간을 사용함	1
25~50%의 공간을 사용함	2
50% 이상의 공간을 사용함	3
75% 이상의 공간을 사용함	4
100%를 사용함	5

(5) 통합

그림의 각 항목(사람, 나무, 사과) 간에 전체적으로 관련성이 있고 균형을 이루고 있는 정도를 평가한다.

평가기준(criteria)	점수(rating)
그림을 전혀 그리지 않음	0
전혀 통합되지 않음	1
최소 2개 요소가 가깝지만 관련성이 없음	2
두 가지 요소 간의 관계가 있음	3
3가지 이상 관련이 있음	4
전체적으로 균형을 이루며 잘 통합됨	5

(6) 논리성

제시된 과제에 적절한 구성의 논리적인 그림인지 비논리적인 그림인지를 평가하는 것이다. 추상적인 사고력 손상의 정도를 평가(기괴하고 비논리적인 반응과 구별되게 의도적으로 해학적이고 유머러스하게 표현한 경우 채점에 포함시키지 않음)한다.

평가기준(criteria)	점수(rating)
그림을 전혀 그리지 않음	0
적당하지 않은 요소 4개 이상	1
적당하지 않은 요소 3개 이상	2
적당하지 않은 요소 2개 이상	3
적당하지 않은 요소 1개 이상	4
완전히 논리적임	5

(7) 사실성

각 항목이 사실적으로 그려진 정도를 평가하는 것이며, 그림의 발달단계와도 연관이 있을 수 있다. 여기서는 대상의 형태뿐 아니라 대상들과의 상대적인 크기 등도 고려한다.

평가기준(criteria)	점수(rating)
그림을 전혀 그리지 않음	0
사람이나 사과, 나무를 확인할 수 없음	1
그림의 항목은 구분 가능하나, 매우 단순한 단일 선으로 형태만 그림	2
항목이 어느 정도 구체적임(예 줄기, 가지, 잎을 가진 나무)	3
비교적 사실적임	4
3차원적으로 잘 그려짐(예 3차원 줄기를 나타내는 양감의 표현이 있음)	5

(8) 문제해결력

그림 속의 사람이 나무에서 사과를 얻기 위해 어떠한 노력을 하는가를 측정한다. 즉, 사과나무에서 사과를 얻기 위해 보이는 문제해결 수준과 방법은 그림을 그리는 사람의 현재 당면한 문제와 관련이 있고, 그 사람의 삶의 양식을 볼 수 있는 중요한 척도이다.

평가기준(criteria)	점수(rating)
그림을 전혀 그리지 않음	0
사과가 손에도 바구니에도 없음	1
사람이 사과를 손이나 바구니에 가지고 있으나 어떻게 가졌는지 알 수 없으며, 사람이 사과나무를 향하고 있지 않음	2
사과를 가지고 있거나 땄지만 비현실적인 해결책을 사용함	3
사람은 땅에 있거나 다른 현실적인 받침(사다리, 바위)이 있고, 사과를 향하고 있음	4
사과를 손에 가지고 있음	5

(9) 표현의 발달단계

인지적이거나 기질적인 장애가 있어 성인임에도 불구하고 유아적인 그림으로 보이는 그림의 경우를 구분하기 위해 사용된다. Lowenfeld의 발달단계에 따라 그림의 발달수준을 평가한다.

평가기준(criteria)	점수(rating)
그림을 전혀 그리지 않음	0
난화 형태	1
4~6세 : 기저선이 없고, 사람의 팔이 머리에서 나오고, 기하학적인 사람 표현	2
7세 이후 아동기 : 기저선이나 하늘선이 보이고, 대상은 기저선 위에 있음	3
청소년 수준의 그림 : 대상은 실제 크기이고, 다른 대상과 관계가 있으며 겹쳐지기도 함	4
성인 수준의 그림 : 예술적인 세련됨이 보임	5

(10) 세부묘사와 배경

환경 및 대상의 세부묘사는 주제에서 필수요소는 아니나, 일반적으로 주제에 세부묘사를 하고 주변 환경 및 대상을 조화롭게 그린 그림이 가장 건강하다.

평가기준(criteria)	점수(rating)
그림을 전혀 그리지 않음	0
단순하게 그려진 사람, 나무, 사과 외에 기타 묘사가 없음	1
사람, 나무, 사과 이외에 기저선이나 풀이 있음	2
사람, 나무, 사과가 있고 지평선이나 한두 개의 부가적 첨가물이 있음 (예 꽃, 해, 나비, 새 등)	3
주요 항목에 부가물이 있고, 많은 주변 환경물이 있음 (예 구름, 새, 다른 나무, 장식물, 머리띠, 허리띠 등)	4
모든 주요 항목에 부가물이 있고, 독창적이고 풍부한 주변 환경 묘사	5

(11) 선의 질

그림을 그리면서 원하는 대로 얼마나 선을 통제할 수 있는가를 본다.

평가기준(criteria)	점수(rating)
그림을 전혀 그리지 않음	0
산만하고 조절되지 않은 선	1
손의 떨림이 느껴지는 선	2
부분적으로는 잘 연결되어 있고, 일부분은 끊어지고 점으로 그려진 선	3
잘 조절된 선	4
지나치게 강하고 흐르는 듯한 선	5

(12) 인물 표현

인물 표현은 그린 사람의 신체상을 보여준다. 신체상의 왜곡이 있는지 여부를 평가하며, 왜곡되거나 생략된 부분이 없는 3차원의 신체상을 그린 그림이 건강하다고 본다.

평가기준(criteria)	점수(rating)
그림을 전혀 그리지 않음	0
사람의 형태로 인식하기 어려운 경우	1
신체의 일부만 있거나 단순화된 상태	2
최소한 동그라미 머리 형태를 가진 막대기 형태의 사람이 있음	3
일부 손상된 신체상을 그림	4
생략된 부분이 없는 3차원적인 신체상을 그림	5

(13) 기울기

나무나 사람의 표현에 있어서 어느 정도 기울어져 있는지를 평가한다. Gantt와 Tabone은 기울기가 임상적으로 필수요소는 아니지만, 기질적 정신장애와 관련한 변수를 찾기 위해 고안했고, 특히 아동에게 있어 필수요소는 아니라고 했다. 또한 기울기가 뇌손상과 정서장애 환자에게서 나타날 수 있지만, 단일 단서로는 이용하지 않을 것을 언급했다.

평가기준(criteria)	점수(rating)
그림을 전혀 그리지 않음	0
많이 기울어짐(15°)	1
30°로 기울어짐	2
45°로 기울어짐	3
60°로 기울어짐	4
90°로 똑바로 섬	5

(14) 의미 없는 (선이나 형태의) 반복

하나의 요소를 여러 번 반복적으로 묘사한 경우, 점이나 원 등을 계속적으로 그리거나 상동적인 행동을 반복하는 정도를 평가한다.

평가기준(criteria)	점수(rating)
그림을 전혀 그리지 않음	0
그림의 반복성이 심함(예 종이에 구멍이 생길 때까지 반복하여 선을 그림)	1
상당한 정도의 반복성이 있음	2
어느 정도 반복성이 있음(예 하나의 사과 혹은 하나의 영역에 반복성이 있는 것)	3
반복성이 약간 있음	4
반복성이 없음	5

2) PPAT 그림검사의 내용척도

그림 속의 내용을 질적으로 해석하여 평가한다. 어떤 색을 사용했는지, 어떤 세부묘사가 있었는지 구체적으로 평가한다.

PPAT 그림검사를 평가하기 위해 형식척도인 FEATS가 먼저 만들어졌는데, 내담자가 그림을 그리기 위해 쏟은 '포함된 에너지'와 그림 속 인물의 행동을 통해 보여주는 '실제적 에너지'를 분류하기 위해 내용척도를 첨가했다. 내용척도를 통해 실제적 에너지 항목 외에 인물에 대한 구체적인 내용과 나무, 환경 및 기타 요소에 대한 척도를 포함하여 그림에서 더욱 다양한 정보를 얻을 수 있다.

〈표 14-2〉 PPAT의 내용척도

번호	항목
1	그림의 방향
2	그림에 사용된 색
3	사람의 유무
4	사람에 사용된 색
5	사람의 성
6	사람의 실제적인 에너지
7	사람의 얼굴 방향
8	나이

9	옷
10	사과나무(사과의 크기, 형태, 개수)
11	사과나무의 색
12	주변 환경의 묘사
13	다른 형태들(예 글자나 숫자를 넣는 것 등)

각 항목에서 파악하는 구체적인 내용은 다음과 같다.

① **용지의 방향**(Orientation of Picture)

- 가로
- 세로

② 전체 그림에 사용된 색의 수(Color Used in the Whole Picture)

빨강, 노랑, 주황, 밝은 파랑, 파랑, 연두, 녹색, 갈색, 고동, 분홍, 보라, 검정

③ **사람**(Person)

- 사람 없음
- 사람 있음

④ **사람에 사용된 색**(Color Used for Person)

빨강, 노랑, 주황, 밝은 파랑, 파랑, 연두, 녹색, 갈색, 고동, 분홍, 보라, 검정

⑤ **사람의 성**(Gender)

- 평가할 수 없음
- 분명한 남성
- 모호한 남성
- 분명한 여성
- 모호한 여성

⑥ **사람의 실제적인 에너지**(Actual Energy of Person)

- 엎드려 있음
- 앉아 있음
- 땅에 서 있음
- 사다리(받침대)에 서 있음
- 방향 없음
- 사과나무를 향함
- 둥둥 떠 있음
- 매달려 있음
- 뛰어오름
- 뛰어내림

- 기어오름
- 날고 있음
- 기타

⑦ **사람의 얼굴 방향**(Orientation of Person's Face)

- 평가할 수 없음
- 정면 - 생김새 없음
- 정면 - 생김새 있음
- 옆얼굴
- 얼굴의 3/4 보임
- 뒷모습

⑧ **나이**(Approximate Age of Person)

- 평가할 수 없음
- 아기, 어린이
- 청소년, 성인

⑨ **옷**(Clothing)

- 모자
- 옷이 없음(막대형 사람)
- 나체
- 옷으로 추측됨
- 잘 그려진 옷(사람과 다른 색으로 표현된 옷)
- 전통의상

⑩ **사과나무**(Apple Tree)

- 사과나무나 가지, 줄기가 분명하지 않음
- 오로지 한 개의 사과만 있음
- 나무줄기는 없고, 한 가지에 사과 한 개가 달려 있음
- 나무줄기, 수관이 있으면서 사과가 한 개 달림
- 2~10개의 사과
- 10개가 넘는 사과
- 사과가 수관의 가장자리에 위치

⑪ **사과나무의 색**(Color of Apple Tree)

- 나무줄기 : 1. 갈색(황토색) 2. 고동 3. 검정 4. 기타
- 수관 : 1. 연두(진초록) 2. 기타

- 사과: 1. 빨강 2. 노랑 3. 주황 4. 연두(진초록) 5. 두 가지 색 이상 6. 기타

⑫ **주변 환경의 묘사**(Environmental Details)

- 자연물: 1. 해, 일출, 일몰 2. 잔디와 지평선 3. 꽃 4. 다른 나무 5. 구름, 비, 바람 6. 산과 언덕 7. 호수와 연못 8. 시냇물, 강, 작은 내 9. 하늘 10. 무지개
- 동물 : 1. 개 2. 고양이 3. 소, 양, 농장동물들 4. 나비 5. 기타 6. 상상의 동물
- 무생물 : 1. 울타리 2. 집 3. 길, 도로 4. 자동차, 트럭, 마차 기타 5. 사다리 6. 바구니, 상자, 컨테이너 7. 사과 따는 기구, 막대기 8. 사인 9. 기타 다른 형태들(Other Features)
- 글쓰기(사인 이외의 것)
- 숫자(날짜 이외의 것)
- 기하학적인 형태
- 표면상의 무질서한 기호들
- 기타

〈표 14-3〉 각 증상에 대한 그림의 특징(Linda Gantt & Carmello Tabone, 1998)

<table>
<tr><th>진단</th><th>DSM 증상들</th><th>미술치료 연구보고서의 의견</th><th>FEATS Scales</th></tr>
<tr><td rowspan="3">주요 우울장애</td><td>• 우울한 기분</td><td>• 색의 결핍, 어두운 색</td><td rowspan="3">1. 색칠 정도
2. 색의 적절성
3. 에너지
4. 공간
7. 사실성
10. 세부묘사
12. 사람</td></tr>
<tr><td>• 에너지 상실
• 정신운동성 초조 또는 지연</td><td>• 제한된 공간 사용</td></tr>
<tr><td>• 감소된 흥미
• 사고력과 집중력 저하</td><td>• 빈약한 세부묘사나 주변 환경 묘사 없음</td></tr>
<tr><td rowspan="3">양극성장애, 조증 삽화</td><td>• 비정상적이고 고양되고 확장된 또는 흥분된 기분</td><td>• 많은 색의 사용</td><td rowspan="2">1. 색칠 정도
2. 색의 적절성
3. 에너지
4. 공간
10. 세부묘사
11. 선의 질</td></tr>
<tr><td>• 사고의 비약 또는 잇달아 야기되는 주관적인 경험, 산만
• 목표지향적인 활동의 증가 또는 정신운동성 초조</td><td>• 과도한 세부묘사
• 공간 사용의 확장
• 소용돌이치거나 고리 모양의 선들</td></tr>
<tr><td>• 팽창된 자존감과 과대성</td><td></td><td>8. 문제해결력</td></tr>
<tr><td rowspan="2">정신 분열증</td><td>• 망상
• 환각
• 지리멸렬하거나 연상의 이완</td><td>• 초기 진행의 사고 : 와해된 구성(글쓰기 또는 숫자)
• 연결되지 않는 과업 : 장소와 관계 없는 부가물</td><td>5. 통합
6. 논리
7. 사실성
8. 문제해결력
12. 사람</td></tr>
<tr><td>• 무미건조하거나 부적절한 정서</td><td>• 괴기한 색</td><td>1. 색칠 정도
2. 색의 적절성</td></tr>
<tr><td>섬망, 치매, 기억상실 또는 다른 인지장애</td><td>• 추상적인 사고와 기억의 손상
• 다른 고기능 인지기능 장애 : 실어증, 실행증, 실인증
• 구조적 구성의 결합</td><td>• 이해할 수 없는 그림
• 수행과 관련 없는 색
• 끊어진 선
• 변환성
• 보속성
• 단순화</td><td>5. 통합
6. 논리
7. 사실성
8. 문제해결력
12. 사람
2. 색의 적절성
11. 선의 질
13. 변환성
14. 보속성</td></tr>
</table>

5. 사례

사례 1 ADHD를 겪고 있는 초등학생

[그림 14-1] PPAT의 사례(12세 남아)

[그림 14-1]은 ADHD 판단을 받고 약물복용과 집단미술치료를 받고 있는 아동이다. 내담자는 7세경 ADHD로 진단을 받았으나, 母는 약물치료 및 심리치료를 거부했다고 한다. 증상이 더 악화되자 10세경부터 행동치료를 받던 중 거리관계로 포기하고 정신보건센터에서 미술치료 프로그램에 참여하게 되었다. 약물복용으로 치료 중에는 무기력하고 과잉행동이 감소되나, 약 기운이 떨어질 때쯤은 매우 산만하고 말을 많이 한다.

그림에서 보면 나무와 열매가 무질서하게 그려져 있으며, 검사자의 지시에 상관없이 무의미한 그림을 그린 것을 알 수 있다. 나무에 비해 지나치게 많은 사다리는 욕구조절이 이루어지지 않는 통제력의 결핍을 나타내며, 사람이 등장하지 않지만 모든 열매를 갖고 싶어 하는 욕구에서 현실 검증력이 부족하고 산만하며 공격적·충동적인 성향이 나타나고 있다. 그림을 통해 내담자는 인과관계를 고려하지 않으며, 자기중심성이 강하여 대인관계에서도 원만하지 못함을 알 수 있다.

PPAT 형식적 요소 중 척도 1, 5, 6, 7, 8, 10, 11, 12에서 유의미하게 점수가 나오는 것을 알 수 있다. 척도 12에서 사람을 그리지 않았음을 의미 있게 보아야 할 것 같다. 자신은 쓸모없는 존재라고 생각하는 경우가 종종 있어 자존감이 매우 낮은 대상자임을 알 수 있다.

* 양식을 활용한 그림 진단 사례 1

사과 따는 사람 그림검사(PPAT) 채점표

그림 No.	이○○(M/12)	채점자	○○○

형식척도 평가

번호	문항	0	1	2	3	4	5
1	색칠 정도		○				
2	색의 적절성				○		
3	내적 에너지					○	
4	공간				○		
5	통합			○			
6	논리성			○			
7	사실성			○			
8	문제해결력		○				
9	발달단계				○		
10	세부묘사와 주변 환경			○			
11	선의 질		○				
12	사람	○					
13	기울기						○
14	의미 없이 반복되는 선						○

내용척도 평가

번호	문항	평가
1	그림의 방향	세로
2	전체 그림에 사용된 색	3가지 색
3	사람의 유무	×
4	사람에 사용된 색	×
5	사람의 성	×
6	사람의 실제적인 에너지	×
7	사람의 얼굴 방향	×
8	나이	×
9	옷	×
10	사과나무	사과가 약 100여 개 나무 가득 그려져 있음
11	사과나무의 색	1. 고동 2. 연두 3. 빨강
12	주변 환경의 묘사	2. 잔디 5. 사다리
13	다른 형태들	×

Chapter

15

별-파도 그림검사(SWT)

1. 별-파도 그림검사(SWT)의 개요

별-파도 그림검사(SWT : Star-Wave-Test)는 1940년대 독일의 심리학자 아베-랄레만트(Ave-Lallemant, Ursura)에 의해 창안, 개발된 그림검사이다. 이 검사는 당시 아베-랄레만트가 독일로 이주한 외국인 아동을 대상으로 필적 진단을 적용하는 데 어려움을 겪으면서 아동들에게 쉽게 접근할 수 있는 방법으로 별과 지그재그 선과 파도 선을 그리게 하는 검사법을 고안한 것에서 출발했다. 이 검사는 개발 당초 아동의 발달기능검사(능력조사, 작업조사)라 하여 그림의 형태와 필적 분석으로 내담자의 능력을 측정하는 데 이용되었는데, 그 후 별과 파도의 선에 심리를 시사하는 특징이 잘 나타난다는 것을 발견한 아베-랄레만트는 그것을 필적학에 덧붙임으로써 성격을 알아보는 투사검사로 활용을 모색하며 1979년 SWT를 발표하게 되었다.

아베-랄레만트는 발테그(Wartegg) 그림검사, 나무검사, 글자 필적과 함께 사용하면 더욱 효과가 있다고 주장하고 있다.

별-파도 그림검사는 개발 초기 아동의 발달기능검사를 목적으로 개발되었기 때문에 아동의 발달진단검사로 사용됨은 물론 청소년에서 노인층까지 전 연령의 심리치료현장에서 성격진단검사로 유용하게 활용되고 있다. 국내에서는 우울이나 불안을 보는 투사검사로 많이 사용되고 있다.

2. 별-파도 그림검사(SWT)의 목표

별과 파도의 배치로 사람의 성격적인 면의 특징을 파악하고, 내담자의 의식적·무의식적 갈등이나 긴장, 개인적인 성향, 기질적 특징을 파악한다.

3. 별-파도 그림검사(SWT)의 실시방법

1) 준비물

A5용지 혹은 A4용지에 검정색 직사각형 테두리가 인쇄된 전용 검사지 사용(가로 15.3cm×세로 10.3cm, 테두리 두께 1mm), 2B~4B의 부드러운 연필, 지우개(이 검사에서는 연필로 그려진 필적을 중시하기 때문에 채색을 위한 색연필이나 크레파스 등은 사용하지 않는다), 연필깎이(필압을 중요시한 아베-랄레만트는 내담자가 부드러운 선이나 날카로운 선을 그릴 때 때때로 연필을 깎을 수 있기 때문에 연필깎이를 구비하도록 한다.)

2) 실시과정

① 검사지를 건네주며 "연필로 바다의 파도 위에 하늘의 별을 그리세요." 또는 "하늘의 별과 바다의 파도를 그리세요."라고 말한다. 연령과 이해도에 따라 쉬운 말로 지시하는 것은 가능하다.

② "별과 파도 외의 다른 것을 그려도 되는가?"에 대한 질문에는 "자유롭게 그리고 싶은 것을 그려보세요."라고 말하며, 검사자가 특정한 것을 그리도록 하는 것은 엄격히 금지되어 있다.

4. 별-파도 그림검사(SWT)의 해석방법

아베-랄레만트는 별-파도 그림검사는 "현재 자신의 세계를 어떻게 경험하고 있는지에 대한 내담자의 경험양식이나 경험세계가 반영되는 검사"라고 했다. 자신이 스스로의 내부 또는 외부세계를 어떻게 경험하고 있는지에 대해 무의식적으로 연상하게 된다. 검사 해석은 그림의 전체적인 인상의 파악을 시작으로 하여 각 부분의 상세한, 즉 형식적 측면이나 내용적 측면의 각 부분을 검토하여 최종적으로 모든 의견을 정리하여 종합적으로 해석한다.

그림검사는 그림 표현에 있어서의 기본적인 3가지 요소인 형, 움직임, 공간사 용법에 의해 파악된다. 별을 그리는 한 줄 긋기의 필적은 대뇌 신피질의 뇌기능과 관련된다. 한편, 파도를 그리는 흔들리는 동작을 나타내는 선은 운동기능을 관할하는 부위인 소뇌와 관련된다고 본다. 공간사용법의 경우는 사각형의 테두리 안의 공간을 어떻게 사용하는지, 별과 파도를 어떻게 배치하는지에 따라 내담자의 정신적인 면의 특징을 파악할 수 있다.

별과 파도나 기타 부가물(달이나 바위, 배 등) 등은 내담자가 의식적으로 혹은 무의식적으로 느끼고 있는 긴장이나 개인적인 성향, 기질적 특징을 투사시킨다고 보기 때문에 내담자의 무의식에 관한 정보나 실생활의 상태를 알 수 있다. SWT가 상징하는 것을 해석하는 데는 내담자와의 상담을 통해 보다 적절하게 해석된다.

1) 해석의 5단계

(1) 그림의 분류

내담자가 어떠한 형태로 그림을 그렸는가를 보고 다음 5가지 양식으로 분류한다. 내담자가 지시에 따라 과제를 실시하는 방식은 어떤 식으로 외부세계와 관계를 맺는지, 대상들이 어떻게 관련되는지에 대한 내담자의 생활태도, 행동양식 또는 경험 등을 나타내고 있다.

① **요점뿐인 양식** : 지시대로 별과 파도만 그린 양식으로, 단순하고 간결한 특징을 가지고 있다. 일반적으로 주어진 과제를 이성적이고 합리적으로 처리하는 사람이라고 볼 수 있다.

② **회화적인 양식** : 내담자가 별-파도 이외의 것들을 추가하여 그린 것으로, 하나의 미술품으로 느껴지게 표현한 그림양식을 말한다. 감정적으로 풍부함을 가지고 있으며, 그러한 경험을 다른 사람과 공유하고 싶은 사람에게

서 나타난다.

③ **감정이 깃든 양식** : 내담자의 그림에서 회화적 양식 이상의 정서적 요소(우울, 분노 등)가 강하게 나타나는 것이 특징이다. 심리적으로 불안하거나 감정이나 정서적인 것에 역점을 두는 사람에게서 나타난다.

④ **형식적인 양식** : 장식적이고 특정 패턴 등 형식적인 요소가 눈에 띄는 것으로, 획일적이고 양식화된 인상을 주는 그림이다. 내적 세계가 드러나지 않게 자신을 감추려는 사람이거나 반대로 눈에 띄고 싶어 적극적으로 자기표현을 하는 사람에게서 나타나는 그림 양식이다.

⑤ **상징적인 양식** : 바위나 육지 등 상징물이 등장하고, 은유적 표현을 통해 심리적 갈등을 표현하는 것이 특징이다. 필적은 대부분의 경우 검게 고착되어 있다.

(2) 공간의 구성형식

검은 테두리가 인쇄되어 있는 검사지 안에 별-파도라는 지시어가 그림으로 어떻게 구성되고 배치되어 있는지에 대해 알아보는 것이다. 제한된 공간 속에서 각 항목들이 어떻게 균형을 이루며 배치되고 전체적으로 조화를 이루는지를 보는 것이다.

① **자연의 조화** : 조화가 잘 이루어져 있는 그림을 말한다. 내적인 조화와 균형이 유지되고 있다고 본다.

② **배치** : 단순히 균형 있게 배치한 그림을 말한다. 환경에 적응하려는 바람이나 의지를 의미한다.

③ **규칙성** : 내담자 나름의 규칙에 따라 세세한 부분까지 표현된 그림을 말한다. 내담자는 내적 통제에 순응하기 때문에 개인적인 충동이 억압되어 있다고 본다. 경우에 따라 강박경향을 반영할 수 있다고 볼 수 있다.

④ **부조화** : 그려진 그림이 위에서 예시한 어떤 형식에도 해당되지 않으며, 부자연스럽고 조화되지 않는 그림을 말한다. 심적 갈등 또는 질서에의 반

항과 관련이 있다고 본다.

(3) 공간의 상징적인 사용법

공간의 상징적 사용이란 내담자의 그림이 수직적, 수평적 또는 특정한 위치에 치우친 공간구성을 보였는지를 살펴보고 의미를 부여하는 것을 말한다. 공간상징에 대해서는 2장의 조형언어의 이해에서 공간상징을 참고할 수 있다. 여기에서는 별과 파도가 가지는 대상의 특성에 따라 수평적 구조와 수직적 구조를 중심으로 살펴보기로 한다.

① 수직적 구조

수직적 구조를 해석하는 데는 하늘 영역이 사고와 정신적인 측면을 반영하고, 바다 영역이 감정과 신체적인 면을 반영한다고 보기 때문에 그림이 수직적 구조에서 특이사항이 있는지, 조화를 이루는지를 살펴보고 분석한다.

- **하늘과 바다의 조화** : 지적 측면과 감정적 측면의 조화
- **하늘의 공간 강조** : 지적 측면의 우위
- **바다의 공간 강조** : 감정적 측면의 우위
- **수평선에서 하늘과 바다가 접촉함** : 2개의 측면을 분화해서 생각하며 통합하고 있다.
- **하늘과 바다가 격리** : 2개의 측면이 분리되어 상호 방해하고 있다.
- **별과 바다가 섞임** : 지적 측면과 감정적 측면이 분화되어 있지 않다.

② 수평적 구조

일반적으로 그림의 수평적 구조, 즉 좌우의 균형이나 치우침을 살펴보고 분석하는 방법을 말한다.

- **왼쪽의 강조** : 대체로 내향적 측면이 강조된 것으로 본다. 내적 세계와의 접촉에 문제가 있는지에 주목한다.

- **오른쪽 강조** : 대체로 외향적 측면이 강조된 것으로 본다. 외부세계나 타인과의 접촉에 문제에 주목한다.
- **중앙의 강조** : 자기중심적·주체적으로 자기의 문제에 초점을 맞춘다.

(4) 상징적 표현에 대한 해석

어린이와 같은 내담자는 상상력이 풍부하며 자기만의 세계를 갖는 시기이므로 그림에 독특한 판타지를 담아내는 경우가 있다. 또 심리적 병인이 깊은 경우 고착된 문제인식에 따라 일정한 패턴의 그림이 나타나는 사례가 많다. 이렇게 내담자가 그림을 표현할 때 제시어 외에 다른 형상이 표현되었다면 표현된 대상에 대해 의미 있게 관찰하고 상징의 의미를 분석할 수 있다. 그러나 물체의 상징이란 다의적이기 때문에 내담자와의 상담과정에서 그 의미를 찾아내는 것이 중요하다. 상징의 해석은 내담자의 경험이나 종교, 관심분야 등 환경적 요인을 면밀히 살펴볼 필요가 있다.

① **별** : 희망, 소망, 기대, 그린 이의 의식 활동, 무지의 암흑세계에서 길을 안내하고 전진하려는 의지의 빛으로 지성, 정신, 의식 등을 나타낸다.

② **파도** : 인간 내부의 생생한 요소를 표현한 것으로 감정, 무의식 등을 나타낸다.

③ **달** : 본인의 관심이나 흥미의 방향성을 제시한다.

④ **바위, 섬, 절벽** : 방해, 장해를 나타내지만, 묘사방법에 따라서는 조난자의 피난장소나 안전한 장소가 되기도 한다. 동시에 해변이나 해안도 장애와 안전한 장소를 시사한다.

⑤ **구름, 천둥, 벼락** : 불안, 스트레스, 피해 등을 시사한다.

⑥ **등대** : 인공적인 빛으로 길을 안내해주는 것으로, 오리엔테이션을 시사한다.

⑦ **해** : 애정욕구, 강한 자기대상에 대한 갈망

⑧ **해안, 모래사장, 섬** : 안전의 의미

⑨ **배** : 해상에서의 의사소통의 의미, 인생여정을 내포한다.

(5) 필적 분석

① 선을 긋는 방식에 따른 분석

- **한 줄 선의 필적** : 별을 그릴 때 사용하는 선으로, 의식에 대한 통제를 알아볼 수 있다. 한 줄 긋기를 사용하지 않고서 별을 그리기는 어렵다. 확고한 생각이 머릿속에 있고 그것을 연필로 형태화하려는 사람의 그림에 사용된다. 자기 자신의 충동을 통제하는 개인적인 여유를 의미한다. 집중해서 자기 자신의 목표를 향해 나아가려는 의지를 의미한다. 의지력이 강하고 자기 통제를 할 수 있는 사람이다.
- **동적 움직임이 있는 필적** : 통제에서 해방되어 적당히 긴장이 풀린 상태에서 나타난다. 움직임이 있는 필적은 긴장을 풀고 과도한 통제로부터 해방되지 않고서는 그려지지 않는다. 인생에 있어서의 신뢰나 인생의 바이오리듬을 나타낸다. 이드가 움직임이 있는 필적을 만들어낸다. 만일 파도를 한 줄 긋기로 그린다면, 통제를 잃게 되는 것이 두려운 일이라는 것을 기억하기 때문에 기본적 생명력으로 지탱될 수 있다는 것을 완전히 신뢰하지 않거나, 또는 반대로 통제를 잃게 되었을 때 기본적인 생명력에 완전히 의존해버리게 된다는 공포를 느끼고 있다고도 볼 수 있겠다.
- **안정감 있는 필적** : 안정적이며 계획적이고 민첩한 선. 무엇을 어떻게 해야 하는지를 명확하게 알고 있다는 것을 시사한다.
- **불안한 필적** : 불안정한 필적은 망설이는 듯 가늘거나 굵다든지 하여 일관성이 없으며, 끊어진 선으로 자연스럽게 나아가지 않고 움직임이 끊어지기 쉽고 자극에 민감한 선. 어떻게 하면 좋을지 모르고 자신에 대한 신뢰나 통제력이 약한 상태를 보인다.
- **분절된 필적** : 마디가 끊어져 있는 필적으로, 몇 번이나 멈추듯 이어진 선을 사용하는 것이 특징이다. 불안정한 필적으로 그려지는 경우가 많다. 자기 확신이 부족하고, 의존적인 성향이 강하다.

② 필적 타입의 유형

필적 타입의 유형은 연필의 필압과 연필을 잡는 각도에 따라 분류한다. 여기에서는 대표적으로 나타나는 4가지 필적과 그에 따른 내담자의 성향을 알아보았다.

〈표 15-1〉 필적 타입

필압 / 연필의 각도	약함(수동적, 감정적)	강함(능동적, 의지적)
똑바름	섬세하다, 가늘다	날카롭다, 단단하다
비스듬히	부드럽다, 무르다	섬세하다, 가늘다

- **섬세한 필적** : 의지력이 약하고 수동적이며, 감성이 우위를 차지한다.
- **부드러운 필적** : 감각적인 요소를 갖고 있다. 감각적이며 관능성이 우위를 차지한다.
- **날카로운 필적** : 힘이나 행동 등의 성질이 우위에 있다. 자기 자신을 통제하고 자신을 이끌어갈 수 있는 어느 정도의 이성적 능력이 있다.
- **확고한 필적** : 에너지가 넘치며, 매우 자발적이고 본능적인 경향이 있다.

③ 필적에 나타난 장애 징후

- **연약한 필적** : 약하고 깨지기 쉽기 때문에 상처받기 쉽고 파괴되기 일보 직전이다. 필적 수법은 불안정하다. 과도한 감수성, 지나치게 상처받기 쉬운 성질을 갖고 있는 과민성을 시사한다.
- **무른 필적** : 더러워진 진흙처럼 번져 보인다. 외계로부터 쉽게 영향을 받거나 이미 받아버린 지나치게 감각적인 수동성을 시사한다. 이성적인 컨트롤을 상실해버린 불안정한 아이들에게 자주 나타난다.
- **딱딱한 필적** : 그린 선이 가늘고 상당히 강한 힘이 들어 있다. 의지력이 지나치게 세기 때문에 냉정한 통제력이 팽팽하게 긴장되어 있다.

- **난잡한 필적** : 그린 선이 두껍고 강한 힘이 들어 있다. 지나친 난잡함이나 미숙한 조잡함을 나타낸다. 방향을 잃어버린 충동성, 무제한의 본능이다.
- **검게 고착화된**(blackening-fixation) **필적** : 심리적 갈등 또는 물건이나 장소에 무의식적으로 집착하고 있다. 현재 진행 중인 갈등
- **잘게 잘려진**(fragmented) **필적** : 신경질적인 자기제어, 완전히 조각난 필적, 자기 성찰의 수단으로 이용한다. 분단된 필적이 더 과격해진 것이므로 지나치게 자기성찰을 한 결과 선을 연결하여 그을 수 없다. 신경질적인 자기제어를 시사한다.

④ **표면이나 평면 다루기**

- **그림자를 붙임** : 정서적이고 관능적인 감수성의 표현으로, 사물의 표면을 부드러운 필적으로 그려 넣는다면 그림자를 붙였다고 할 수 있다. 관능적인 분위기를 강조하고 있다. 이런 사람은 정서적이고 관능적인 감수성이 있다고 할 수 있겠다.
- **보풀을 일게 함** : 감정적으로 경험한 내용을 이성적으로 이해하려고 하는 표현으로, 날카롭고 확실한 필적인 한 줄 긋기 식으로 줄무늬를 그려 넣는다면 보풀을 일게 한 것으로 간주한다. 보풀을 일게 하기 위해서는 의식 통제가 필요하게 된다. 의식 통제와 감정표현인 '선으로 뒤덮인' 표면이 뒤섞여 있다. 감정적으로 경험한 내용을 이성적으로 이해하려고 하는 욕구이다.
- **윤곽을 그림** : 이성적인 통제 표현으로, 날카로운 필적으로 그림으로써 강조한다. 별이 원래 갖고 있는 특성을 그릴 경우나 섬세한 파도를 보호하기 위해 수평선을 날카로운 연필로 그리려고 할 경우 등에 나타난다. 이성적인 통제라 할 수 있다.
- **어둡게 함** : 강한 감정이나 정서의 표현이지만, 특히 어린아이들에게도 색칠을 하게 하는 대신 그리게 하는 경우도 있다.

- **거칠게 함** : 접촉이 어렵다는 표현으로, 한 줄 긋기 식이지만 비교적 조화성이 없는 방식으로 그린 경우를 가리킨다. 특히 나무검사의 줄기가 나타내는 대인접촉 문제를 의미한다.

2) 결과분석

(1) 소요시간의 변화

결과 분석 시 내담자의 사후 그림에서 소요시간이 길어진다는 것은 심적 에너지를 충분히 사용하고 있다는 것으로, 긍정적 반응으로 해석된다.

(2) 그림의 분류 변화

요점, 회화적, 감정이 담긴, 형식적, 상징적

(3) 형식적 측면의 변화(공간의 구성형식, 공간의 상징적 사용법)

공간에 대한 해석가설은 그린발트의 공간상징적 사고에 바탕을 둠

(4) 내용, 항목의 변화

(5) 필적의 변화

필적학(graphology, 筆跡學)

어떤 사람의 필적을 보고 그 사람의 성격을 추론하는 학문
필적은 성격의 표현이므로 낱말과 글자가 쓰인 방식을 체계적으로 분석하면 성격의 특징을 밝혀낼 수 있다는 것이 필적학의 기본 가정이다. 필적학자들은 개별 글자의 크기, 글자의 기울기, 장식, 각도나 굴곡의 정도 및 그 규칙성 따위의 요소에 주목한다. 그밖에 기본적으로 고려하는 사항은 글의 전체적인 모양과 인상, 위로 긋거나 아래로 내리긋는 힘의 정도, 필체의 매끄러움, 그리고 선의 반듯한 정도 등이다. 직관적 필적학자들은 주로 전체적 인상에 관심을 갖지만, 분석적 필적학자들은 세부적인 것에 주의를 쏟

는다. 예를 들면 큼직큼직한 필적은 야망의 표시로 해석하고, 작은 필적은 박식한 체하는 현학의 표시로 해석한다. 필적학자들은 근시나 운동신경 통제력의 상실 등 특수한 사정이 있을 경우에는 필적 분석이 그 타당성을 잃게 될 수 있다고 지적했다.

학문 | 브리태니커

5. 사례

사례 1 애정욕구를 가지고 있는 초등학생

[그림 15-1] SWT의 사례(14세 여아)

[그림 15-1]의 내담자가 그린 꼬불꼬불한 선으로 표현된 파도는 무의식적인 상황을 반영하는 것으로, 무의식적 상태의 혼란된 감정이 보인다. 또한 배에 자신과 또래친구를 태워 외로운 상황을 이겨낼 누군가가 아동에게 필요하다는 점을 알 수 있고, 타인에게 원하는 애정적인 욕구가 있음이 나타났다. 다만 아동은 배와 사람, 배와 닿는 파도에 여러 번의 지우개질을 한 것으로 보아 자신의 내적인 욕구와 현실적인 상황에 갈등을 겪고 있으며, 문제 상황을 겪고 있음이 보인다.

사례 2 공격성향을 가지고 있는 초등학생

[그림 15-2] SWT의 사례(9세 남아)

[그림 15-2]의 아동은 누나와 동생이 있고, 직업군인인 아버지와 주 양육자인 어머니와 함께 살고 있다. 평소 엄격한 아버지에게 두려운 감정을 가지고 있다. 그림검사를 진행하는 과정에서 요란한 소리를 내며 그림을 그려 나갔고, 사람들이 빠져 죽는 모습을 그리며 즐거워했다. 그려진 아래쪽 파도에 사람을 그려 넣으며 다시 파도를 덧칠해 사람들이 죽고 있음을 강조했다.

전반적으로 산만한 그림이고 복잡함을 느낄 수 있어 아동의 성향에 대해 생각해볼 수 있다. 그림에서 파도가 3분의 2가량을 차지하고 있어 아동은 감정적인 성향을 가지고 있으며, 무의식적인 측면이 많이 영향을 미치고 있는 것으로 보이고, 주로 사람이 죽거나 거친 선들, 바다를 향해 빠지고 있는 사람들의 모습을 그리며 쾌감을 느끼는 등 공격적인 성향이 투사되어 나타났다. 또한 등대와 섬 등이 있어 아동에게 안전한 장소를 상징하고 있으나. 이에 접근하는 방법을 모르거나 어려워함을 알 수 있고, 이미 감정적인 문제 상황에 노출되어 있음이 보인다.

사례 3 따돌림과 외로움을 겪는 초등학생

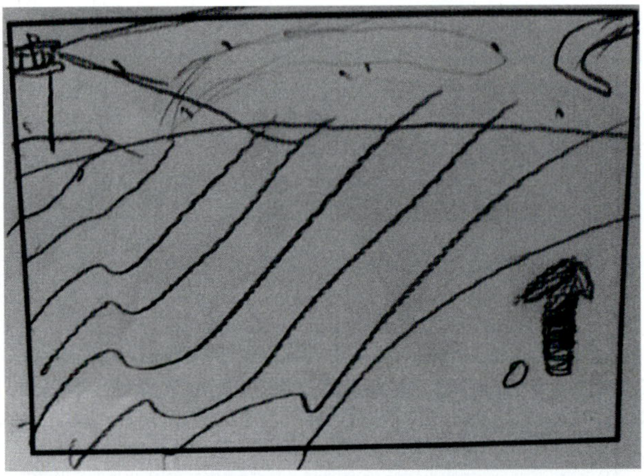

[그림 15-3] SWT의 사례(15세 남아)

[그림 15-3]의 아동은 엄격한 훈육을 하는 어머니와 주 양육자인 할머니와 함께 살고 있다. 아동은 또래와는 다른 생활 모습에 사회성이 부족해 보이며 따돌림을 당하고 있다. 검사 중에도 자주 질문을 했으며, 검사지에 집중하지 못한다는 것을 알 수 있었다. 2분 안에 간단히 끝냈으며, 자신은 오른쪽에 위치한 작은 섬에 살고 싶다고 했다. 아동은 바다를 화면에 꽉 차게 그렸고, 너울성 파도를 표현한 것으로 보아 감정적인 측면이 지배하고 있음을 알 수 있다. 또한 등대로 비추고 있으나 별을 작은 점으로 표현한 것으로 보아 자신이 나아가야 할 방향과 정신적인 측면이 미약한 것으로 보이며, 등대와 가장 멀리 표현한 자신이 살고 있는 섬의 검게 칠한 나무는 현재 자신의 내적인 상황과 현실과의 괴리감, 갈등 상황을 반영해주고 있는 것으로 보인다. 미약하고 현실과의 갈등상황은 떨어진 열매에서도 보이며, 파도가 자신에게 밀려드는 것으로 표현한 것으로 등대와의 거리감이 더 느껴지는데, 이는 현실적인 자신이 나아가야 할 방향에 대해 과도한 감정적인 부분, 그리고 무의식적인 측면이 방해하고 있거나 그것에 심취해 있어 무기력해진 것으로 보인다.

Chapter

16

그림 이야기법(DAS)

1. 그림 이야기법(DAS)의 개요

그림 이야기법(DAS : Draw A Story Instrument) 검사는 Silver가 개발한 것으로, 우울과 공격성을 사정하기 위해 만들어졌으며, 1988년부터 현재에 이르기까지 Silver를 비롯한 많은 연구가들이 DAS를 적용하여 연구한 결과에 대해 진단의 용이함을 보고하고 있다.

DAS 검사 초기에는 언어장애를 가진 아동들의 의사소통 방법으로 사용되었으나, 점차 표현을 이끌어내는 자극화를 선택하여 일반 아동과 성인의 심리진단도구로 발전하게 되었다. 제시되는 14개의 자극 그림 중 두 가지를 선택하여 어떠한 관계가 있는지 상상하여 그리는 검사로, 14개의 자극 그림 속에 존재하는 대상 간의 관계를 부각시켜 표현하도록 할 뿐 아니라 채점에 있어서도 그림에 나타난 정서나 인상에 근거하기보다는 내담자가 진술한 대상 간 관계 내용을 중심으로 평가한다.

DAS의 적용범위는 5세부터 성인에 이르기까지 다양한 연령층에 사용될 수 있으며, 언어적으로 제한된 반응을 보이거나 그림을 그리는 것에 어려움을 호소하는 내담자들의 심리상태를 평가하는데 유용하다. 그에 비해 DAS는 자극화를 그대로 옮겨 그리도록 하여 이야기를 끌어내기 때문에 비교적 편안할 수 있다는 것이 장점이다.

그림은 그것을 그린 사람의 지적능력과 정서 및 심리적 어려움을 이해하는데 중요한 검사도구로 사용되어왔다. 이러한 그림검사의 대부분은 도화지에 검사자가 제시한 주제를 그림으로 그리는 것이 요구된다. 이러한 검사는 그린 사람의 다양한 측면을 이해하는 데 유용한 것이 사실이나 우울하고 위축된 사람의 경우 그림을 시작하는 것 자체를 힘들어하여 어려움을 호소하는 경우가 많다. 그림을 시작하는 것 자체가 어려운 사람의 경우, 그림의 주제뿐만 아니라 구체적인 그림자극이 있을 때 보다 쉽게 반응을 산출하게 된다. 그림 이야기 검사법은 이렇게 우울과 관련된 주제를 그림자극으로 제시하여 선택된 두 가지 이미지의 관계를 통해 평가한다. DAS에서 사용되는 자극그림은 A형과 B형 두 가지가 있다. Silver는 B형을 만든 이유가 A형에 나타난 자극들이 부정적인 환상을 자극하는 경향이 있으므로 그러한 부정성을 상쇄하기 위해서였다고 한다. 그 경우에는 B형을 내담자에게 먼저 제시한 후 치료가 종결될 시기에 사후 검사로 DAS를 재실시할 때 A형을 사용할 것을 추천하고 있다.

평가점수는 그림에서 표현된 내용과 관계 등에 따라 5점 척도로 진단되며, 점수 자체에 우울증을 판단하는 척도를 가지고 있어 우울증의 초기진단을 위한 도구로 사용되고 있다.

검사 시 주의사항은 검사를 하는 동안 대화를 최소화하여 내담자가 집중하여 그림을 그릴 수 있도록 환경을 제공해야 한다는 점이며, 개인은 물론 집단으로도 실시할 수 있다.

2. 그림 이야기법(DAS)의 목표

우울증이나 공격성의 심리상태를 파악한다.

3. 그림 이야기법(DAS)의 실시방법

1) 준비물

DAS 자주그림(A유형, B유형), 검사지, 4B연필, 지우개

2) 실시과정

① 14가지 자극그림을 제시하고 그중 두 가지를 선택하게 하여 선택한 두 가지 그림 사이에서 어떤 일이 일어나고 있는지 상상하도록 하여 그리게 한다.

② DAS를 실시할 때 검사자의 지시사항은 다음과 같다.
"지금부터 여러분은 한 가지 그림을 그리게 됩니다. 그림을 잘 그리거나 못 그리는 것은 중요하지 않습니다. 여러분의 아이디어와 상상력을 표현하시면 됩니다. 먼저 제시된 14개의 자극그림 중에 마음에 드는 그림 두 가지를 선택하십시오. 그 두 가지 그림 사이에 어떤 일이 벌어지고 있는지 상상해 주십시오. 그것을 하나의 이야기로 만들어 그림으로 그려주시면 됩니다. 제시된 자극그림을 변형하셔도 되며, 첨가시키셔도 됩니다. 그림 그리기가 끝나시면 어떤 이야기가 들어 있는지 간략히 메모해주시기 바랍니다."

③ 제시된 자극그림은 스토리상 필요에 의해 변형되거나 추가될 수 있다는 점을 미리 말해주며 제한시간은 두지 않는다.

④ 그림이 완성되면 그림 아래에 제목이나 이야기를 써 넣도록 한다. 그림이나 글이 이해할 수 없다고 판단될 경우 검사자는 내담자에게 그림에 대한 설명을 요구하며, 추가적으로 기록하게 한다.

⑤ 그림의 의미에 대한 나눔과 현실의 자신과 유사한 점이 있는지 등에 관한 나눔 시간을 갖는다. 검사 후 질문을 할 수 있다.

- 그들은 지금 무엇을 하고 있습니까?
- 그들은 서로 어떤 관계인가요?
- 그들은 무엇을 생각하며 어떻게 느끼고 있습니까?
- 앞으로 무슨 일이 일어날까요?
- 이 일 전에는 무슨 일이 일어났습니까?
- 이 그림을 그릴 때의 기분은 어땠습니까?

- 그림 속의 나는 무엇으로 표현되었습니까?
- 이 그림 속의 인물이 자신이라면 어떻게 느끼거나 생각할까요?
- 이야기에 나온 주인공의 성별이나 나이는?
- 이 일이 일어난 장소와 시간은?

4. 그림 이야기법(DAS)의 해석방법

DAS의 채점은 정서내용, 자기상, 자기보고, 유머, 공간 사용의 정도에 따라 1~5점의 점수가 부여된다. 점수가 낮을수록 우울 정도가 심한 것으로 평가된다.

1) 정서내용 채점기준

점수	평가	이야기 내용
1점	매우 부정적인 내용	• 슬프거나, 고립되어 있거나, 도움을 받을 수 없거나, 죽을 위험에 처해 있는 인물 • 파괴적, 살인적 또는 생명 위협적인 관계
2점	다소 부정적인 내용	• 좌절, 공포, 무서움 또는 불운한 인물 • 스트레스를 느끼거나 적의가 있는 관계
3점	중립적이거나 양가적인 내용	• 애매하거나 갈등을 나타내는 부정적이면서 긍정적인 관계 또는 인물, 명료하지 않거나 분명하지 않은 관계 또는 인물, 부정적이든 긍정적이든 비정서적인 관계 또는 인물, 그려진 대상 또는 관계에 대해 표현된 감정이 없는 인물
4점	다소 긍정적인 내용	• 행운은 있지만 수동적인 인물 • 친한 관계
5점	매우 긍정적인 내용	• 행복하거나 목표를 달성한 인물 • 돌봐주거나 사랑하는 관계

2) 자기상 채점기준

점수	평가	이야기 내용
1점	병적인 환상	• 비통, 고립, 치명적인 위험에 빠진 것으로 표현된 대상과 동일시할 때
2점	불행한, 불쾌한 환상	• 놀람, 좌절, 불행과 관련된 묘사 • 짜증스러움, 욕구불만 또는 불운한 존재로 묘사된 대상과 동일시하고 있을 때
3점	양가적, 비정한, 애매모호한 환상	• 분명하지 않거나 보이지 않는 것으로 나타나는 묘사 • 불분명하거나 애매하거나 양가적이거나 아무런 감정이 없는 것으로 묘사된 대상과 동일시할 때
4점	유쾌한 환상	• TV를 보거나 구조되는 것처럼 수동적인 행운과 관련된 묘사 • 수동적이지만 운 좋은 것으로 묘사된 대상과 동일시할 때
5점	욕구충족, 소원을 이루는 환상	• 행복한, 사랑받는, 강력한, 뛰어난, 위협적인, 파괴적인, 공격적인, 성취적인 것과 관련된 묘사 • 존경스럽고, 친밀하며, 긍정적이며, 목표를 달성하는 것으로 묘사된 대상과 동일시할 때

3) 유머

점수	평가	이야기 내용
1점	강한 치명적 유머	• 고통스럽게 죽거나 죽을 위험에 처해 있는 대상 때문에 재미난 것 • 불안, 죽음, 고통, 공포, 고통을 느끼게 하는 잔인함 또는 쾌감이 없는 것
2점	비방성 유머	• 어리석거나 놀라거나 좌절하거나 불운한 대상이 보는 사람들로 하여금 웃음을 자아내게 하는 것 • 다른 사람을 조롱하는 것, 자기 자신을 조롱하는 것, 대상이 매력적이지 않거나 좌절했으며, 바보 같거나 불운하지만 치명적인 위험에 처해 있지 않은 것
3점	양가적 유머	• 의미가 불분명하고, 양가적이며, 애매한 것
4점	반동 유머	• 문제점을 극복하고, 불안을 완화하며, 안전하게 하는 것 • 결과는 희망적이거나 호의적인 것 • 주요 대상이 역경을 극복한 것
5점	해학적 유머	• 보는 이들로 하여금 즐거움, 유쾌함을 느끼게 하는 것 • 유머를 공유하도록 하며 비난이 전혀 없는 것, 친절하고 우스꽝스러운 단어를 사용한 유머가 있는 것

4) 자기보고

점수	이야기 내용
1점	가장 부정적인 내용이 나타나며, 그림에 나타난 대상이 슬프거나 고립되어 있고, 무기력하거나 자살 혹은 치명적인 위험에 노출되어 있다. 대상 간 관계는 파괴적이거나 한쪽이 다른 한쪽을 살해하거나 위협한다(㉰ 슬퍼요).
2점	다소 부정적인 내용으로, 대상이 좌절하거나 겁에 질려 있고 불운하다. 표현된 관계는 스트레스를 주거나 적대적이다(㉰ 놀랐어요, 불안해요, 화나요).
3점	대상이나 관계가 부정적인 면과 긍정적인 면 양쪽을 다 드러내거나 양가적 혹은 갈등적이다. 관계가 모호하거나 분명하지 않은 경우도 해당되며, 어떠한 감정도 드러나지 않은 경우에도 여기에 해당한다(㉰ 무응답, 중복응답, 불분명한 응답).
4점	다소 긍정적인 애용이 드러난 경우로, 대상이 수동적이기는 하나 운이 좋은 경우 혹은 관계가 우호적인 경우이다(㉰ 괜찮아요).
5점	상당히 긍정적인 내용으로, 대상이 행복하거나 목표를 성취한 경우이다. 표현된 관계는 서로를 보살피거나 사랑하는 관계이다(㉰ 매우 좋아요).

5) 공간 사용 채점기준

점수	공간의 사용 정도	
1점	20% 이하	1~5칸
2점	40% 이하	6~10칸
3점	60% 이하	11~15칸
4점	80% 이하	16~20칸
5점	100% 이하	21~35칸

공간 채점의 구성

- DAS 검사지를 25칸으로 나누며, 사용된 칸을 합하여 공간 사용 점수를 부여한다. 칸 안에 조금이라도 그림이 있다면 사용된 것으로 본다. 한 칸이 4% 공간 사용을 나타내며, 만약 다섯 칸을 사용했다면 20% 공간 사용으로 1점을 부여한다.
- DAS 검사의 공간 평가의 경우 면적 자체뿐 아니라 Jung이 제시한 기준으로 공간상징을 통한 심리 상태 관찰을 가능케 했다. 또한 수직구조와 수평구조 평가를 통해 감정 측면의 조화와 통합을 알 수 있고, 분화와 내적 측면의 접촉과 표현을 나타냈다.

A형

DAS(Drawing-A-Story Instrument)는 아래에 제시된 14가지 그림 중 두 개를 골라 두 그림 사이에서 벌어지는 이야기를 생각한 후 그림으로 그리면 됩니다. 두 가지 그림은 형태에 변화를 주어도 좋습니다. 그림을 다 그리신 후에는 아래 칸에 주제와 이야기를 적어주세요.

B형

DAS(Drawing-A-Story Instrument)는 아래에 제시된 14가지 그림 중 두 개를 골라 두 그림 사이에서 벌어지는 이야기를 생각한 후 그림으로 그리면 됩니다. 두 가지 그림은 형태에 변화를 주어도 좋습니다. 그림을 다 그리신 후에는 아래 칸에 주제와 이야기를 적어주세요.

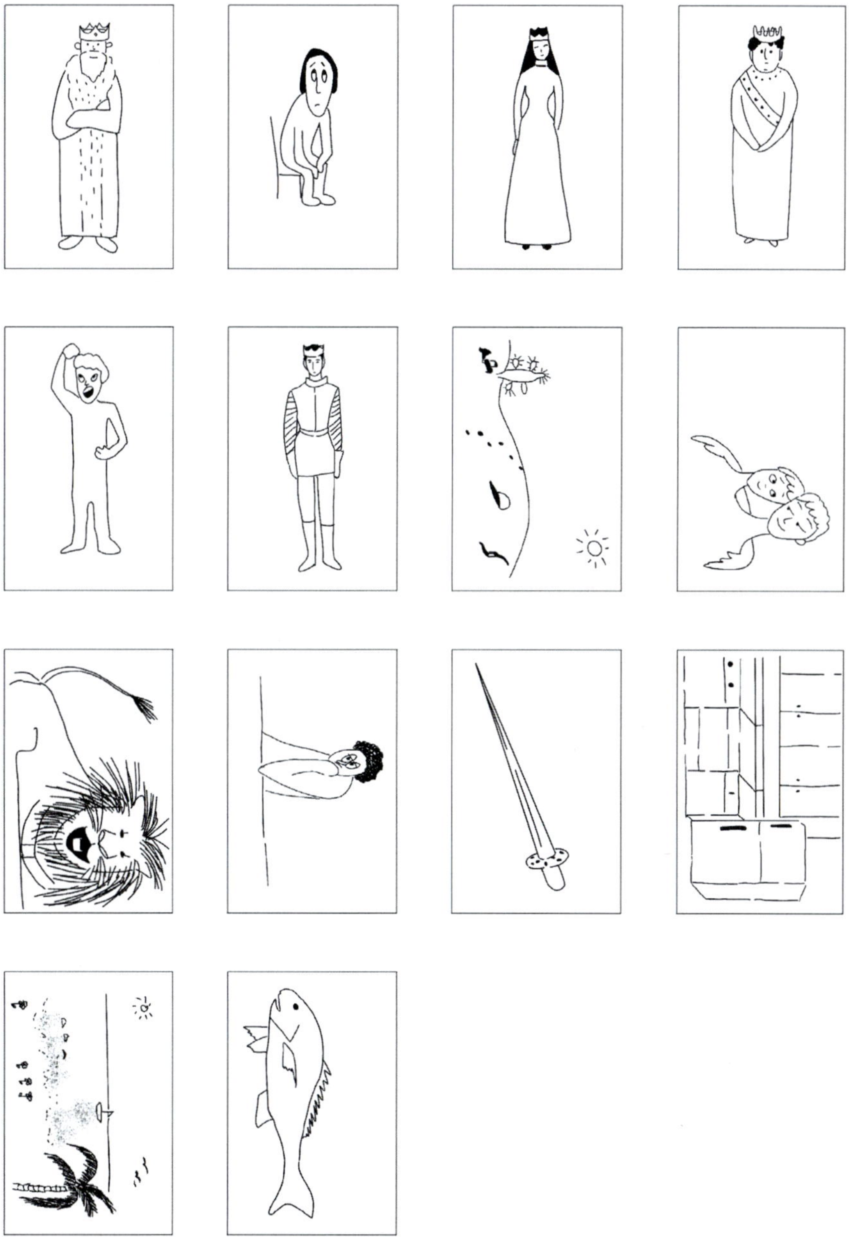

5. 사례

사례 1 정서적 어려움을 겪고 있는 여중생

[그림 16-1] A 유형

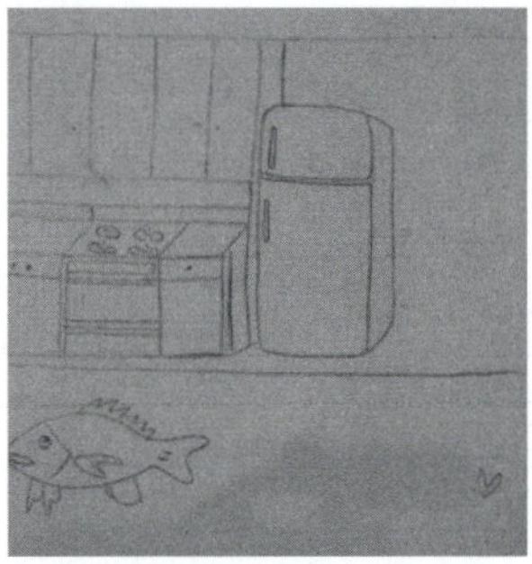

[그림 16-2] B 유형

[그림 16-1] A 유형의 그림 제목은 '꿈이기에 가능한 한 가지…'이고, 이야기는 "나는 평화로운 한 가정의 아이입니다. 너무 심심해서 우리 집 지붕 위로 어렵게 올라가 산을 보니 갑자기 물이 솟구치기 시작했어요. 곧 그 물들은 우리 집을 모두 덮쳐버릴 듯했어요. 어떻게든 달아나고자 했던 나에게 해님이 아주 커다란 풍선을 보내줬어요. 나는 그 풍선을 타고 훨훨 날아가 하늘 구경을 했답니다. 사실이 모든 내용은 꿈이에요."

[그림 16-2] B 유형의 제목은 '현실 속의 소박한 꿈'이고, 이야기는 "오늘은 오랜만에 엄마가 집에 계시는 날, 너무너무 기분이 좋다. 그동안 먹고 싶었던 고등어도 튀겨주셨고, 냉장고 가득 먹을거리도 넘쳐나기 시작했다. 평소엔 내가 알아서 차려 먹어야 했는데…… 매일매일 엄마가 집에 있었으면 좋겠다."

학교생활에 적응하지 못하고 늘 외롭다는 중학교 2학년 여학생의 그림이다. 가족에 대한 실제의 생활을 그대로 표현했으며, 아버지의 부재로 늘 우울함을 호소하고, 과거의 어려움으로 현재의 삶이 변화되었고, 이루어질 수 없는 꿈과 희망을 표현하며, 정서적 어려움에 대해 이야기를 나눈 후 자기를 인식하고 자기탐색과 자기표출이 이루어졌다.

사례 2 대인관계의 어려움으로 인한 학교부적응을 겪고 있는 여중생

[그림 16-3] A 유형

[그림 16-4] B 유형

[그림 16-3] A 유형의 그림 제목은 '외로운 병아리'로 이야기는 다음과 같다. "옛날에 어느 한 젊은 왕자가 살았는데, 매우 버릇이 없고 나쁜 성격을 가졌다. 어느 날 한 사람이 찾아와서 하룻밤만 묵어가면 안 되겠냐고 물었다. 왕자는 그 사람에게 욕을 퍼부으며 쫓아냈다, 그러나 그 사람은 바로 요정이었다. 왕자는 잘못했다고 했지만 그 요정은 저주를 내려 왕자를 병아리로 만들고 성에 주문을 걸어 사람들이 오지 못하도록 어둡게 바꿔버려 그렇게 살고 있다."

[그림 16-4] B 유형의 그림 제목은 '아무도 찾아오지 않는 사막…'으로 이야기는 "그 속에 비밀이 있다. 사막의 수호여신 겸 공주인 나르떼라는 사람이 있었다. 사막을 지키며 언젠가 사막을 찾아오는 사람을 기다리며 사막 속에서 잠들고 있다."

학교생활에 적응하지 못하는 중학교 3학년 여학생의 그림이다. 오랫동안 교우관계의 어려움을 느끼고 있으며, 누구에게도 다가가지 못하는 외로운 마음이 그대로 보인다. 병아리의 큰 눈(음영), 사람의 선글라스 안의 큰 눈(섬세한 묘사와 음영)이 관계성에 어려움을 보여주나, 내면에서는 외부에 대한 수줍은 접근으로 보인다.

Appendix

부록

1. 집-나무-사람 검사 보고서 양식

HTP검사 보고서

이름		나이		성별		생년월일	
주소						집전화	
직업						직장전화	
학교		검사일시				검사자	
의뢰사유							

가족배경 및 개인력	Family Tree
가족배경 개인력	

검사자의 행동관찰

요약 및 검사자의 견해

2. 동적 학교 생활화(KSD) 검사의 채점기준표

동적 학교 생활화(KSD) 검사의 측정 영역과 채점기준

영역	항목	반응 내용	점수	자기상	교사상	교우상
활동 차원	활동 수준	생략	0			
		앉다	1			
		서 있다	2			
		무엇을 한다	3			
	상호 작용 수준	전혀 없다	0			
		보고 있다	1			
		놀고 있다	2			
		접촉하고 있다	3			
	협력 수준	협력이 없다	0			
		공부하고 있다	1			
		함께 놀고 있다	2			
		함께 공부하고 있다	3			
그림 특성 차원	몸	몸이 없다	0			
		두상과 목이 있다	1			
		두상과 목, 몸통만 있다	2			
		두상과 목, 몸통, 다리가 있다	3			
	눈	눈이 없다	0			
		눈동자가 없는 눈이다	1			
		갖춰진 눈이다	2			
		없다	3			
	얼굴	얼굴 윤곽만 있다	0			
		얼굴 윤곽, 눈이 있다	1			
		눈과 코 혹은 눈과 입만 있다	2			
		눈, 코, 입 모두 있다	3			
	얼굴 표정	얼굴이 없다	0			
		불친절한 표정	1			
		중립적 표정	2			
		친근한 표정	3			

영역	항목	반응 내용	점수	자기상	교사상	교우상
	인물	생략	0			
		생략하지 않음	1			
	치아	있다	0			
		없다	1			
	필압	인물 생략	0			
		흐린 선	1			
		진한 선	2			
		정상 선	3			
위치 거리 장벽 차원	우월성	인물 생략	0			
		하단에서 25%	1			
		상단에서 25%	2			
		하단에서 50%	3			
		머리 위치가 상단에서 50%	4			
	인물상 간의 방향	인물 생략	0			
		혼자 있다	1			
		양쪽이 밖으로 향한다	2			
		한 명은 보고 한 명은 외면하고 있다	3			
		양쪽이 사물을 같이 본다	4			
		양쪽이 마주보고 있다	5			
	거리	반응 내용		나와 교사	나와 친구	
		90mm 이상	0			
		60mm	1			
		30mm 이하	0			

3. 동물 가족화 검사 보고서 양식

동물 가족화 검사 보고서

<table>
<tr><th>대상자</th><td></td><th>검사일</th><td></td></tr>
<tr><th>그림</th><td colspan="3"></td></tr>
<tr><th rowspan="6">동물 가족화
해석상의
지표</th><td>선의 질</td><td colspan="2"></td></tr>
<tr><td>그린 순서</td><td colspan="2"></td></tr>
<tr><td>동물의 종류</td><td colspan="2"></td></tr>
<tr><td>상호관계</td><td colspan="2"></td></tr>
<tr><td>행동 및
태도</td><td colspan="2"></td></tr>
<tr><td>동물의 성격</td><td colspan="2"></td></tr>
<tr><th>동물
가족화에
표현된
'본인과
가족관계'의
분류</th><td colspan="3"></td></tr>
<tr><th>평가</th><td colspan="3"></td></tr>
</table>

4. 동적 물고기 가족화 그림검사 전용 검사지

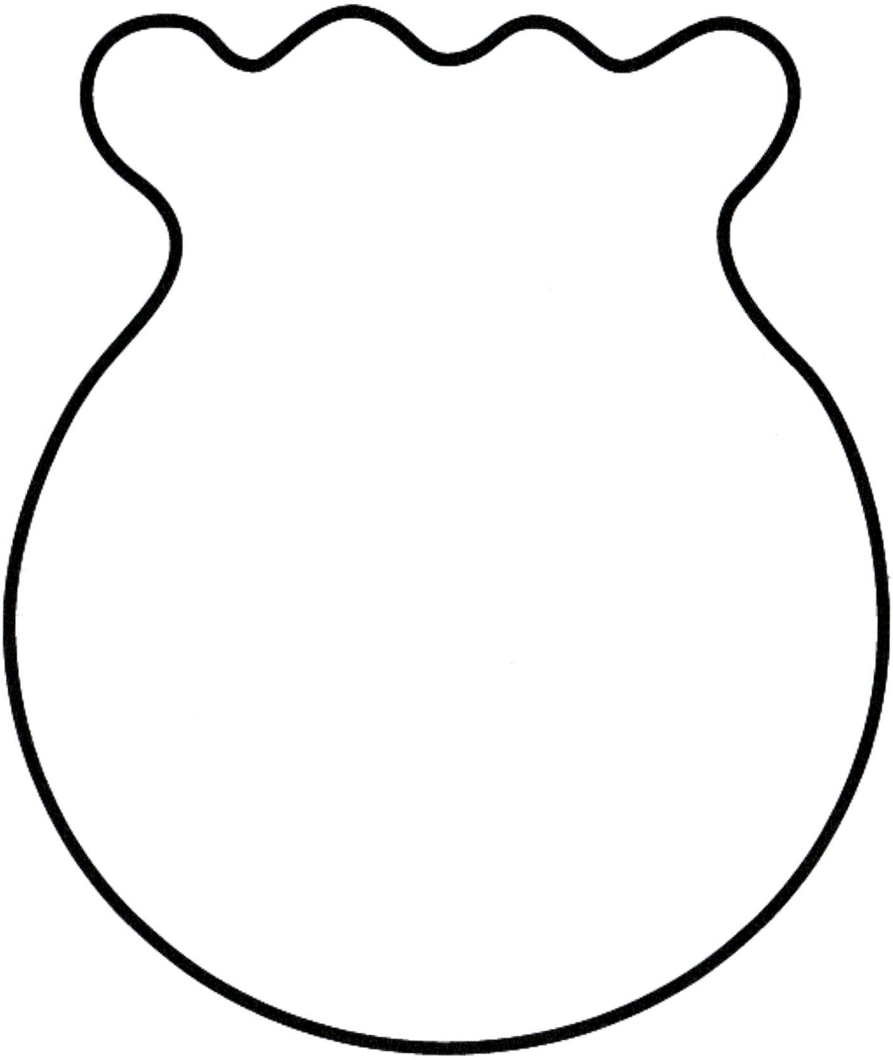

5. 모애착 척도 설문지

모애착 척도

◈ 다음 문항은 어머니에 관한 질문들입니다. 자신의 어머니를 머릿속에 그려본 후 떠오르는 생각이나 느낌을 솔직하게 답해주시기 바랍니다. 어머니가 안 계실 경우, 어머니의 역할을 해주시는 분을 생각하시면 됩니다. (1점은 낮음, 5점은 높음으로 5점 척도를 사용함)

1. 나의 어머니는 내 감정을 존중해주신다.

   1 2 3 4 5

2. 나는 나의 어머니가 '훌륭한 분'이라고 생각한다.

   1 2 3 4 5

3. 나는 현재의 어머니가 아닌 다른 어머니 밑에서 태어났더라면 하고 바란다.

   1 2 3 4 5

4. 어머니는 나를 있는 그대로 받아들여주신다.

   1 2 3 4 5

5. 해결해야 할 문제가 있을 때, 나는 어머니를 믿고 의지할 수 없다.

   1 2 3 4 5

6. 나는 걱정거리가 있을 때 어머니의 의견 듣기를 좋아한다.

   1 2 3 4 5

7. 어머니에게 내 감정을 드러내봤자 아무 소용없다고 생각한다.

1 2 3 4 5

8. 어머니는 내가 무엇인가에 기분이 상해 있을 때 금방 알아채신다.

1 2 3 4 5

9. 어머니와 내 문제들에 대해 이야기할 때 내가 부끄럽게 느껴진다.

1 2 3 4 5

10. 어머니는 나에게 너무 많은 것을 기대하신다.

1 2 3 4 5

11. 나는 어머니와 집에 있으면 쉽게 기분이 상한다.

1 2 3 4 5

12. 나는 어머니가 생각하는 것보다 훨씬 더 혼란스럽다.

1 2 3 4 5

13. 토론이나 대화를 할 때, 어머니는 내 견해를 고려해주신다.

1 2 3 4 5

14. 어머니는 내 판단을 믿어주신다.

1 2 3 4 5

15. 어머니는 여러 가지 문제들로 골치 아프므로 나는 내 문제로 어머니를 괴롭히지 않는다.

1 2 3 4 5

16. 어머니는 내가 나 자신을 더 잘 알도록 도와주신다.

1 2 3 4 5

17. 나는 어머니에게 내 걱정거리나 문제에 대해 이야기한다.

1 2 3 4 5

18. 나는 어머니에 대해 화가 난다.

1 2 3 4 5

19. 나는 어머니에게 별 관심을 받지 못했다.

1 2 3 4 5

20. 어머니는 내가 어려운 점을 이야기할 수 있도록 격려해주신다.

1 2 3 4 5

21. 나의 어머니는 나를 이해해주신다.

1 2 3 4 5

22. 나는 요즘 어머니를 믿고 의지해야 할지 잘 모르겠다.

1 2 3 4 5

23. 내가 어떤 일로 화가 났을 때, 어머니는 나를 이해하려고 애쓰신다.

1 2 3 4 5

24. 나는 나의 어머니를 신뢰한다.

1 2 3 4 5

25. 어머니는 요즘 내가 어떻게 지내고 있는지를 이해하지 못하신다.

1 2 3 4 5

26. 털어놓고 싶은 문제가 있을 때, 어머니를 믿고 의지할 수 있다.

1 2 3 4 5

27. 어머니는 나를 이해해주지 못한다고 느낀다.

1 2 3 4 5

28. 어머니는 내게 고민거리가 있다는 것을 아시면, 그것을 물어보신다.

1 2 3 4 5

5-1 애착장애 행동 특성

애착장애는 아동의 모든 기능에 영향을 미친다. 아동은 행동, 사고, 정서, 관계, 물리적이고 도덕적/정신적 측면의 주요 증상에 공통적인 특성을 다음 〈표 1〉과 같이 나타낸다.

〈표 1〉 애착장애의 행동 특성

주제	증상
행동	저항적, 반항적, 충동적, 파괴적, 거짓말, 도벽, 공격적, 그리고 욕설을 한다. 과잉행동, 자기 파괴, 동물에게 잔인함, 무책임함, 방화행동
사고	자기나 타인, 그리고 일반적인 생활에 대한 부정적 신념(부정적 내적 작업 모델). 예) 인과적 사고 결여, 부주의와 주의력 결핍, 학습문제를 가짐
정서	강렬한 분노, 울화, 슬픔, 우울과 무기력, 시무룩함, 부적절한 정서적 반응
관계	진실 결여, 지배적임, 속임수적, 애정과 사랑을 진심으로 주거나 받지 않음, 낯선 사람과 무분별하게 애정을 가짐, 불안정한 또래관계, 자신의 실수나 문제에 대해 타인을 비난하고, 다른 사람을 희생시키거나 희생당함
물리적 측면	희박한 위생 개념, 촉각적 방어, 야뇨증, 사고 칠 경향이 있는 심각한 근심, 유전적 경향(우울, 과잉행동)
도덕적/정신적 측면	신뢰, 동정심, 양심가책, 의미, 다른 사회적 가치 결여, 나쁜 것과 동일시, 생활의 어두운 면과 동일시

5-2 애착장애 설문지

Randolph 애착장애 설문지

'Randolph 애착장애 설문지(Randolph Attachment Disorder Questionnaire : RADQ)'는 Randolph에 의해 1997년에 처음으로 제작되어 1999에 개정판이, 그리고 최근 2000년에 제3판이 개정되었다.

RADQ는 5~18세 아동들의 애착장애의 정확한 진단척도임이 입증되었으며, 2000년 개정판의 요강은 신뢰도와 타당도를 분명히 제시하고 있다.

Randolph 애착장애 설문지 총점이 50점 이상인 아동들은 상위집단으로서 애착문제가 있을 가능성이 높은 것으로, 그리고 50점 미만인 아동들은 하위집단으로서 애착문제가 있을 가능성이 낮은 집단으로 평정된다.

Randolph 애착장애 설문지는 총 30개 문항으로 구성되어 있으며, 5점 척도이다. 채점은 30개 문항의 각 평정 점수들을 합산한 점수에서 30점을 뺀 것이 총점이 되며, 이 총점을 아동의 애착점수라고 한다. Randolph 애착장애 설문지의 주요 해석기준을 요약하면 다음 〈표 2〉와 같다.

〈표 2〉 Randolph 애착장애 설문지의 해석기준

총점	해석
50~60점	애착장애(attachment disorder : AD)는 아니지만 애착문제가 있을 가능성 있음
65점 미만	애착장애와 일치하는 아동 초기 역사(30번 문항)가 있으면 애착장애는 아니지만, 심한 애착문제 가능성 있음
65점 이상	30번 문항 점수가 4 또는 5점일 경우, 애착장애 가능성 / 30번 문항에 해당이 없으면 심한 행동문제를 시사함
65~75점	대개 가벼운 애착장애를 갖고 있지만, 애착장애 점수범위(65~75)의 낮은 쪽 점수이면, 회피 애착장애 또는 불안 애착장애 / 치료에서 진전을 잘 보이는 경향 / 가족 상황에서 생활할 수 있음
76~89점	중간 정도의 애착장애 가능성 / 회피 애착장애, 불안 애착장애, disorganized 애착장애 가능성 / ambivalent 애착장애는 아님
90점 이상	어머니와 함께 과대평가 가능성 검토해야 함

애착장애 설문지

작성자 : 어머니 아버지 ____________ 기타 ____________

아동의 성명 ________________ 연령 ____________ 세

날짜

지시 : 아래의 각 문항을 읽고 아동이 그 행동을 얼마나 자주 하는지를 가장 잘 기술하는 숫자에 ○표 하시오. 만일 아동이 그 행동을 늘 하면(시간의 90% 이상) 5에 ○표 하시오. 만일 그 행동을 자주 하면(시간의 75%) 4에 ○표 하시오. 만일 그 행동을 시간의 약 절반쯤 하면 3에 ○표 하시오. 만일 그 행동이 가끔 나타나면(시간의 25%) 2에 ○표 하시오. 만일 그 행동이 드물게 나타나거나 전혀 나타나지 않으면(시간의 10% 이하) 1에 ○표 하시오. 각 문항에 하나의 숫자에만 ○표 하고, 그 숫자를 확인하시오. 숫자들 사이에 표시하지 마시오. 아동의 지난 2년간의 행동을 생각하여 평정하기 바랍니다.

5 늘 4 자주 3 때때로 2 가끔 1 드물게

1. 나의 아동은 지나칠 정도로 귀엽게 행동하며, 자신이 원하는 것을 하게 하도록 다른 사람들을 매혹시킨다.

5 4 3 2 1

2. 나의 아동은 어른들이 원할 때 시선 접촉을 하기가 곤란하다.

5 4 3 2 1

3. 나의 아동은 낯선 사람들에게 지나칠 정도로 친절하다.

5 4 3 2 1

4. 나의 아동은 나로부터 무엇을 바라지 않으며, 내가 껴안으려 할 때 나를 밀어내거나 경직된다.

5 4 3 2 1

5. 나의 아동은 터무니없는 일을 장시간 고집한다.

5 4 3 2 1

6. 나의 아동은 모든 것을 지배하려는 강한 욕구를 갖고 있으며, 일이 자기 생각대로 되지 않으면 매우 흥분을 일으킨다.

5 4 3 2 1

7. 나의 아동은 놀랄 만큼 순진하게 행동하거나, 또는 잘못된 어떤 일을 하여 잡힐 때는 그 일이 그렇게 나쁘지 않은 체한다.

5 4 3 2 1

8. 나의 아동은 매우 위험한 일을 하며, 그 일을 하는 중에 다칠 수 있음을 무시한다.

5 4 3 2 1

9. 나의 아동은 고의로 물건을 깨뜨리거나 못쓰게 만든다.

5 4 3 2 1

10. 나의 아동은 자신의 행동에 대해 나이에 적합한 죄의식을 느끼지 않는 것 같다.

5 4 3 2 1

11. 나의 아동은 다른 아동들을 괴롭히거나, 해치거나, 잔인하다.

5 4 3 2 1

12. 나의 아동은 일을 충동적으로 하여 행하는 것을 멈출 수 없는 것 같다.

5 4 3 2 1

13. 나의 아동은 남의 물건을 훔치거나 가지고 나타나며, 그 물건을 갖게 된 이유가 미심쩍다.

5 4 3 2 1

14. 나의 아동은 물건을 부탁하는 대신에 명령하듯 요구한다.

5 4 3 2 1

15. 나의 아동은 실수와 잘못된 행동으로부터 배우지 않는 것 같다(내가 어떤 중요성을 부여하든 그 행동을 계속한다).

5 4 3 2 1

16. 나의 아동은 내가 자기를 학대 또는 무시한다고 말함으로써 다른 사람들로부터 동정을 구하려고 한다.

5 4 3 2 1

17. 나의 아동은 상처를 받을 때 고통을 안 느끼는 척하고, 어떤 사람이든 자기를 위로하는 것을 거부한다.

5 4 3 2 1

18. 나의 아동은 부탁했다면 가질 수 있었을지라도 허락 없이 물건을 가져가기를 좋아한다.

5 4 3 2 1

19. 나의 아동은 병리적인 거짓말쟁이다(사실을 말하는 것이 더 쉬울 때도 거짓말하거나, 분명하거나 터무니없는 일에 관해 거짓말한다).

5 4 3 2 1

20. 나의 아동은 다른 아동들이나 어른들에 대해 매우 두목 행세한다.

5 4 3 2 1

21. 나의 아동은 음식을 모으거나, 슬쩍하거나, 다른 이상한 식습관(종이, 가공하지 않은 밀가루, 즉석 조리식품, 빵의 초콜릿 등을 먹는 것)을 갖고 있다.

5 4 3 2 1

22. 나의 아동은 1주일 이상 친구와 친할 수 없다.

5 4 3 2 1

23. 나의 아동은 2시간 이상 지속되는 짜증을 부린다(벌컥 소리를 지르고, 물건을 던지고, 벽을 치거나 발로 찬다).

5 4 3 2 1

24. 나의 아동은 쉬지 않고 말하거나, 아무런 의미 없는 일에 관해 반복적인 질문을 하거나, 중얼거리거나, 말에 기타 기이함이 있다.

5 4 3 2 1

25. 나의 아동은 사고치는 경향이 있거나(많이 다친다), 모든 작은 아픔과 고통에 대해 불편을 많이 한다(항상 임시 수단을 필요로 한다).

5 4 3 2 1

26. 나의 아동은 동물을 괴롭히거나, 해치거나, 잔인하다.

5 4 3 2 1

27. 나의 아동은 조금만 더 노력하면 할 수 있을 때조차 학업을 잘하지 못한다.

5 4 3 2 1

28. 나의 아동은 불을 지르거나, 불의 광경에 빠져든다.

5 4 3 2 1

29. 나의 아동은 폭력적인 만화 또는 TV쇼, 공포영화 보기를 좋아한다(당신이 이것을 허락하든 하지 않든 간에).

5 4 3 2 1

30. 나의 아동은 학대/무시당했거나, 심한 만성적 고통을 경험한 적이 있거나, 아이를 돌보는 사람이 한 번 이상 바뀐 적이 있으며, 어머니와 이틀 이상 떨어진 적이 있거나, 생후 첫 2년 안에 고아원에서 지낸 적이 있다.

5 4 3 2 1

6. Beck의 우울척도검사

벡의 우울척도(BDI : Beck Depression Inventory)

실시일 : ______________ 이름 : ________________

다음 4개의 문항을 읽어보고, 요즈음 자신에게 가장 적합하다고 느끼는 문항에 ○표 하세요.

1. (0) 나는 슬프지 않다. (　　)
   (1) 나는 슬프다. (　　)
   (2) 나는 항상 슬프고 기운을 낼 수 없다. (　　)
   (3) 나는 너무나도 슬프고 불행해서 도저히 견딜 수 없다. (　　)

2. (0) 나는 앞날에 대해 별로 낙심하지 않는다. (　　)
   (1) 나는 앞날에 대해 용기가 나지 않는다. (　　)
   (2) 나는 앞날에 대해 기대할 것이 아무것도 없다고 느낀다. (　　)
   (3) 나는 앞날이 아주 절망적이고 나아질 가망이 없다고 느낀다. (　　)

3. (0) 나는 실패자라고 느끼지 않는다. (　　)
   (1) 나는 보통사람들보다 더 많이 실패한 것 같다. (　　)
   (2) 내가 살아온 과거를 되돌아보면, 실패투성이인 것 같다. (　　)
   (3) 나는 인간으로서 완전한 실패자라고 느낀다. (　　)

4. (0) 나는 전과 같이 일상생활에서 만족하고 있다. (　　)
   (1) 나의 일상생활은 예전처럼 즐겁지 않다. (　　)
   (2) 나는 요즘 어떤 것에서도 별로 만족을 얻지 못한다. (　　)
   (3) 나는 모든 것이 다 불만스럽고 싫증 난다. (　　)

5. (0) 나는 특별히 죄책감을 느끼지 않는다. ( )
   (1) 나는 죄책감을 느낄 때가 많다. ( )
   (2) 나는 죄책감을 느낄 때가 아주 많다. ( )
   (3) 나는 항상 죄책감에 시달리고 있다. ( )

6. (0) 나는 벌을 받고 있다고 느끼지 않는다. ( )
   (1) 나는 내가 어쩌면 벌을 받을지도 모른다고 느낀다. ( )
   (2) 나는 벌을 받을 것 같다. ( )
   (3) 나는 지금 내가 벌을 받고 있다고 느낀다. ( )

7. (0) 나는 나 자신에 대해 실망하지 않는다. ( )
   (1) 나는 나 자신에 대해 실망하고 있다. ( )
   (2) 나는 나 자신에게 화가 난다. ( )
   (3) 나는 나 자신을 증오한다. ( )

8. (0) 내가 다른 사람보다 못한 것 같지는 않다. ( )
   (1) 나는 나의 약점이나 실수에 대해 나 자신을 탓하는 편이다. ( )
   (2) 내가 한 일이 잘못되었을 때는 언제나 나를 탓한다. ( )
   (3) 주위에서 일어나는 모든 잘못된 일은 다 내 탓이다. ( )

9. (0) 나는 자살 같은 것은 생각하지 않는다. ( )
   (1) 나는 자살할 생각을 가끔 하지만, 실제로 하지는 않을 것이다. ( )
   (2) 나는 자살하고 싶은 생각이 자주 든다. ( )
   (3) 나는 기회만 있으면 자살하겠다. ( )

10. (0) 나는 평소보다 더 울지는 않는다. ( )
   (1) 나는 전보다 더 많이 운다. ( )
   (2) 나는 요즈음 항상 운다. ( )
   (3) 나는 전에는 울고 싶을 때 울 수 있었지만, 요즈음은 울래야 울 기력조차 없다. ( )

11. (0) 나는 요즈음 평소보다 더 짜증을 내는 편은 아니다. (　　)

(1) 나는 전보다 쉽게 짜증이 나고 귀찮아진다. (　　)

(2) 나는 요즈음 항상 짜증을 내고 있다. (　　)

(3) 전에는 짜증스럽던 일에 요즘은 너무 지쳐서 짜증조차 나지 않는다. (　　)

12. (0) 나는 다른 사람에 대한 관심을 잃지 않고 있다. (　　)

(1) 나는 전보다 다른 사람들에 대한 관심이 줄었다. (　　)

(2) 나는 다른 사람들에 대한 관심이 거의 없어졌다. (　　)

(3) 나는 다른 사람들에 대한 관심이 완전히 없어졌다. (　　)

13. (0) 나는 평소처럼 결정을 잘 내린다. (　　)

(1) 나는 결정을 미루는 때가 전보다 더 많다. (　　)

(2) 나는 전에 비해 결정내리는 데에 더 큰 어려움을 느낀다. (　　)

(3) 나는 더 이상 아무 결정도 내릴 수 없다. (　　)

14. (0) 나는 전보다 내 모습이 나빠졌다고 느끼지 않는다. (　　)

(1) 나는 나이 들어 보이거나 매력 없이 보일까 봐 걱정한다. (　　)

(2) 나는 내 모습이 매력 없게 변해버린 것 같은 느낌이 든다. (　　)

(3) 나는 내가 추하게 보인다고 믿는다. (　　)

15. (0) 나는 전처럼 일을 할 수 있다. (　　)

(1) 어떤 일을 시작하는 데에 전보다 더 많은 노력이 든다. (　　)

(2) 무슨 일이든 하려면 나 자신을 매우 심하게 채찍질해야 한다. (　　)

(3) 나는 전혀 아무 일도 할 수 없다. (　　)

16. (0) 나는 평소처럼 잠을 잘 수 있다. (　　)

(1) 나는 전만큼 잠을 자지 못한다. (　　)

(2) 나는 전보다 한두 시간 일찍 깨고 다시 잠들기가 어렵다. (　　)

(3) 나는 평소보다 몇 시간이나 일찍 깨고, 한 번 깨면 다시 잠들 수 없다. (　　)

17. (0) 나는 평소보다 더 피곤하지는 않다. (　)
    (1) 나는 전보다 더 쉽게 피곤해진다. (　)
    (2) 나는 무엇을 해도 피곤해진다. (　)
    (3) 나는 너무나 피곤해서 아무 일도 할 수 없다. (　)

18. (0) 내 식욕은 평소와 다름없다. (　)
    (1) 나는 요즈음 전보다 식욕이 좋지 않다. (　)
    (2) 나는 요즈음 식욕이 많이 떨어졌다. (　)
    (3) 나는 요즈음에는 전혀 식욕이 없다. (　)

19. (0) 요즈음 나는 몸무게가 별로 줄지 않았다. (　)
    (1) 나는 전보다 몸무게가 2kg가량 줄었다. (　)
    (2) 나는 전보다 몸무게가 5kg가량 줄었다. (　)
    (3) 나는 전보다 몸무게가 7kg가량 줄었다. (　)
   * 나는 현재 음식 조절로 체중을 줄이고 있는 중이다. (예, 아니오)

20. (0) 나는 건강에 대해 전보다 더 염려하고 있지는 않다. (　)
    (1) 나는 여러 가지 통증, 소화불량, 변비 등과 같은 신체적인 문제로 걱정하고 있다. (　)
    (2) 나는 건강이 염려되어 다른 일은 생각하기 힘들다. (　)
    (3) 나는 건강이 너무 염려되어 다른 일은 아무것도 생각할 수 없다. (　)

21. (0) 나는 요즈음 성(sex)에 대한 관심에 별다른 변화가 있는 것 같지 않다. (　)
    (1) 나는 전보다 성(sex)에 대한 관심이 줄었다. (　)
    (2) 나는 전보다 성(sex)에 대한 관심이 상당히 줄었다. (　)
    (3) 나는 성(sex)에 대한 관심을 완전히 잃었다. (　)

총점

체크한 문항의 번호를 합산해 일반적으로 16점 이상이면 우울증으로 의심해볼 수 있다. 하지만 이 점수만으로 우울증을 진단하거나 경중을 판단하는 데는 한계가 있다. 아래의 기준을 참조하되 점수가 높게 나온 경우, 전문가의 면담을 받는 게 좋다.

- 0~9점 : 우울하지 않은 상태
- 0~15점 : 가벼운 우울 상태
- 6~23점 : 중간 우울 상태
- 4~63점 : 심한 우울 상태

7. 사과 따는 사람 그림검사(PPAT) 채점표

그림 No.		채점자	

형식척도 평가

번호	문항	0	1	2	3	4	5
1	색칠 정도						
2	색의 적절성						
3	내적 에너지						
4	공간						
5	통합						
6	논리성						
7	사실성						
8	문제해결력						
9	발달단계						
10	세부묘사와 주변 환경						
11	선의 질						
12	사람						
13	기울기						
14	의미 없이 반복되는 선						

내용척도 평가

번호	문항	평가
1	그림의 방향	
2	전체 그림에 사용된 색	
3	사람의 유무	없으면 10번으로
4	사람에 사용된 색	
5	사람의 성	
6	사람의 실제적인 에너지	
7	사람의 얼굴 방향	
8	나이	
9	옷	
10	사과나무	
11	사과나무의 색	
12	주변 환경의 묘사	
13	다른 형태들	

8. 별-파도 그림검사 전용 검사지(가로 15.3mm×세로 10.3mm, 두께 1mm)

예시

9. 그림 이야기법 그림검사 전용 검사지

나의 그림

생각한 스토리는 무엇입니까?

현재의 기분 상태는 어떻습니까?

참고문헌

기정희 · 최외선 · 김갑숙 공역(2012). 풍경구성기법. 학지사.

김동연 · 공마리아 · 최외선 편저(2002). HTP와 KHTP심리진단법. 동아문화사.

김동연 · 정현희(1990). 동그라미 중심 가족화에 의한 심리진단과 치료. 대구대학교 출판부.

김선현(2006). 마음을 읽는 미술치료. 넥서스books.

김선현(2009). 똑똑한 내 아이를 위한 미술치료 쉽게 생각하기. 진선 아트북.

김종희 역(2004). 미술치료를 위한 평가도구. 시그마프레스.

김종희 역(2007). 미술치료를 위한 평가도구. 시그마프레스.

김재은(1998). 그림에 의한 아동의 심리진단. 서울: 교육과학사.

김재환 외(2006). 임상심리검사의 이해. 학지사.

김정해(2010). 취업준비생의 스트레스와 우울 수준에 따른 그림검사 반응 특징 연구—DAS (Drawa-story) 그림검사를 중심으로—. 건국대학교 디자인대학원 석사학위논문.

김혜숙 · 이상현 · 박현주 공저(2001). 유아그림의 심리진단. 세종출판사.

박현주(2009). 미술치료 진단기법의 이해. 양서원.

손현숙(2009). 아동-청소년의 우울 및 공격성과 DAS 반응특성의 관계 아동-청소년의 우울 및 공격성과 DAS 반응특성의 관계. 영남대학교 박사학위논문.

신민섭 외 지음(2002). 그림을 통한 아동의 진단과 이해 —HTP와 KFD를 중심으로—. 서울: 학지사.

옥금자(2005). 미술치료 평가방법의 이론과 실제. 하나의학사.

이은진 · 장선철 공저(2008). 미술치료. 동문사.

임나영(2014). 청소년 정서행동문제 그림검사 개발 및 타당화 연구. 고려대학교 대학원 박사학위논문.

최외선 · 김갑숙 · 최선남 · 이미옥 공저(2006). 미술치료 기법. 서울: 학지사.

최외선 · 김갑숙 · 정은주 · 정광석 공저(2013). 미술치료 기법 II. 서울: 학지사.

Buck, J. N.(1948). The H-T-P Test. *Journal of Clinical Psychology, 4*(2), 151-159.

Buck, J. N. & Hammer, F. E.(1969). *Advances in the H-T-P Technique: Variations and Application*. Los Angeles: WPS.

Burns, R. C.(1980). What Children are telling us in their human figure drawings. *Early*

Childhood Council, 11(3), 51-60.

Burns, R. C. & Kaufman, S. F.(1970). *Kinetic Family Drawing(K-F-D): An introduction to understanding children through kinetic drawings*. NY: Brunner/Mazel.

Brewer. F.(1980). *Children's interaction patterns in Kinetic Family Drawings*. Unpublished doctoral dissertation, United States International University. Cited in Handler & Habenicht.

Goodenough, F. L.(1929). *Measurement of intelligence by drawings*. NY: Brace & World.

Hammer, E.(1958). The clinical application of projective drawings Springfield, IL: Charles C Thomas.

Hammer, E.(1969). *Hierarchical organization of personality and the H-T-P, achromatic and chromatic*. In Buck J. N. & Hammer, E. F.(Eds.) Advances in House-Tree-Person Techniques: Variation and Applications: los Angels: Western Psychology Services, 1-35.

Harris, D. E.(1963). *Children's drawings as measures of intellectual maturity: A revision and extension of the Good enough Draw-A-Man Test*. N. Y.: Brace & World, Inc.

Koch, C.(1952). *The Tree Test*. Berne: Hans Huber.

Koppitz, B. M.(1968). *Psychological evaluation of children's buman fiqure drawing*. NY: Grune and stratton.

Koppitz, E.(1968). *Psychological evaluation of human figure drawings*. New York: Grune & Stratton.

Koppitz, E.(1984). *Psychological evaluation of human figure drawings by middle school pupils*. New York: Grune & Stratton.

AUTHORS 저자소개

오승진

홍익대학교 미술대학 학사 및 홍익대학교 산업미술대학원 석사졸업
원광대학교 대학원 보건학과 예술치료전공 박사
전북대학교 대학원 심리학과 인지심리전공 박사 수료
현 광주여자대학교 상담심리학과 교수, 사회개발대학원 예술치료학과 주임교수
한국예술심리치료학회 회장

<저서 및 논문>

색채심리(동문사)
민화야 놀자(공저, 박영사)
힐링민화 컬러링북(공저, 박영사)
박수근회화의 특징과 나무그림검사를 통해본 심리특성 외 다수
조선백자의 흰색을 통해 본 한국인의 원형적 심상연구 등 다수

<작품발표>

2010년 전남대 박물관 초대전
2019년 광주디자인비엔날레 국제초대전 작품출품
한국색채학회 국제초대전 외 단체전 다수

류정미

전남대학교 예술대학 미술학과 학사
원광대학교 일반대학원 보건학과 예술치료전공 석사
원광대학교 일반대학원 보건학과 예술치료전공 박사
현 광주여자대학교 언어치료학과 교수
한국예술치료학회 이사

<저서 및 논문>

창조적 예술치료기법(공역, 학지사)
힐링민화 컬러링북(공저, 박영사)
통합예술치료가 비행청소년의 대인관계 및 자기지각에 미치는 영향
대인관계 및 우울에 대한 매개모형의 탐색과 비행청소년에서 매개 모형을 이용한 미술치료의 효과
집단미술치료가 만성정신질환자의 우울 및 삶의 질에 미치는 영향 외 다수

<작품발표>

2013년 성장하는 자아-미술치료전
2013년 Art as Therapy 광주여자대학교 교수 3인전 외 다수

투사그림 검사의 이해

미술심리진단평가 개정판

초　판 1쇄 발행 / 2014년 10월 14일
개정판 1쇄 발행 / 2025년 8월 25일

•

공저자 / 오 승 진 · 류 정 미
발행인 / 이 중 수
발행처 / **동 문 사**

•

서울특별시 서대문구 홍제원 1길 12
(홍제동 137-8)
Tel : 02)736-3718(대), 736-3710, 3720
Fax : 02)736-3719
등록번호 : 1974.04.27 제9-17호
가격 : 21,000원

•

ISBN : 979-11-6328-712-4 (93180)
E-mail : dong736@naver.com
www.dongmunsa.com